Julius Gross

Kronstädter Drucke 1535-1886

Ein Beitrag zur Kulturgeschichte Kronstadts

Julius Gross

Kronstädter Drucke 1535-1886
Ein Beitrag zur Kulturgeschichte Kronstadts

ISBN/EAN: 9783743657458

Hergestellt in Europa, USA, Kanada, Australien, Japan

Cover: Foto ©ninafisch / pixelio.de

Weitere Bücher finden Sie auf **www.hansebooks.com**

KRONSTÄDTER DRUCKE

1535–1886.

EIN BEITRAG ZUR KULTURGESCHICHTE KRONSTADTS

VON

JULIUS GROSS

PROFESSOR UND BIBLIOTHEKAR AM EV. GYMNASIUM A. B. ZU KRONSTADT.

FESTSCHRIFT

DEM VEREIN FÜR SIEBENBÜRGISCHE LANDESKUNDE GELEGENTLICH SEINER JAHRES-VERSAMMLUNG ZU KRONSTADT IM AUGUST 1886 GEWIDMET.

KRONSTADT.
DRUCK VON JOHANN GÖTT & SOHN HEINRICH.
1886.

IN KOMMISSION BEI H. ZEIDNER.

Inhalt.

Vorwort.

Die erste Buchdruckerei Siebenbürgens wurde im Jahre 1533 vom Reformator **Johannes Honterus** in Kronstadt errichtet; im Jahre 1535 erscheinen die ersten uns bekannten Kronstädter Drucke.*) Nach dem Tode des Honterus wurde seine Druckerei von **Valentin Wagner** und dessen Nachfolgern bis zum Schlusse des 16. Jahrhunderts fortgeführt. Von 1594—1625 scheint die von Honterus begründete Buchdruckerwerkstätte geruht zu haben, da wir aus dieser Zeit keine Kronstädter Drucke kennen. Im Jahr 1627 beginnt **Martin Wolffgang** und nach ihm **Michael Herrmann** wieder zu drucken, und nun dauert die Thätigkeit der Kronstädter Buchdruckereien bis zur Gegenwart ununterbrochen fort.**) Ihre Erzeugnisse von 1535—1886 möglichst vollständig aufzuzählen, ist die Absicht der folgenden Blätter. In den darin verzeichneten Kronstädter Druckschriften spiegelt sich das Kulturleben der Stadt Kronstadt innerhalb eines Zeitraumes von 350 Jahren nach den verschiedensten Seiten treu ab; in diesem Sinne wird die vorliegende Schrift ein Beitrag zur Kulturgeschichte Kronstadts genannt und dem um die Erforschung und Förderung siebenbürgischen Kulturlebens so hochverdienten Verein für siebenbürgische Landeskunde gewidmet.

Die **erste Abteilung** umfasst wissenschaftliche und andere selbständige Werke in chronologischer Reihenfolge und nach der Sprache geordnet, in der sie verfasst sind. Die fortlaufenden Jahreszahlen in den Seitenecken geben in dieser, wie in den folgenden Abteilungen den Zeitraum an, innerhalb dessen die auf je zwei gegenüberstehenden Seiten verzeichneten Werke erschienen sind. Die Namen der Verfasser oder Herausgeber sind in fettem Druck vorangestellt, die nicht im Titel vorkommenden eingeklammert; bei den Schriften ohne Namen sind die Anfangsworte, wenn sie bezeichnend genug waren, oder ein folgendes Schlagwort durch fetten Druck hervorgehoben. Das erste Schlussverzeichnis enthält die Namen der Verfasser und Herausgeber dieser und der folgenden Schriften, oder die fett gedruckten Schlagworte in alphabetischer Ordnung. Die mit einem Sternchen versehenen Werke sind im Besitze der Bibliothek des evangelischen Gymnasiums A. B. in

---

*) Vgl. Kurz, Magazin II. 340 ff. — Archiv des Vereins für siebenbürgische Landeskunde XIII. S. 110.

**) Vgl. das Buchdruckerverzeichnis am Schluss dieser Schrift.

Kronstadt. Quellenangaben, Anmerkungen und alles Übrige, nicht zum Titel eines Werkes Gehörige ist cursiv gedruckt.

Das Verzeichnis der Kronstädter Hochzeits- und Leichengedichte gibt nicht den vollständigen Titel, sondern bei den meisten Gedichten nur den Inhalt derselben (H. G. = Hochzeitsgedicht, L. G. = Leichengedicht, L. R. = Leichenrede), die Persönlichkeiten, auf die sie sich beziehen, und in einigen Fällen auch den Verfasser an; Druckort, Drucker und Druckjahr sind, wo sie vorhanden waren, wörtlich aus den Gedichten abgedruckt. Die Verfasser alle mitzuteilen, gestattete der zu Gebote stehende beschränkte Raum nicht; fast jedes Gedicht enthält deren mehrere, es waren gewöhnlich die Rektoren und Lehrer des Gymnasiums in jener Zeit. „Es wurde keine auch nur halbwegs bedeutende Hochzeit gefeiert und kaum Jemand begraben, der in der Stadt etwas bedeutet hatte, ohne dass Glückwunsch und Trauer der Freunde des Hauses in deutschen oder lateinischen Versen sich hätte hören lassen.“ Wer über hervorragende Persönlichkeiten Kronstadts schreibt, wird nicht versäumen dürfen, die Gelegenheitsgedichte des betreffenden Zeitraumes einzusehen. Auch für die Buchdrucker- und Familiengeschichte Kronstadts, vornehmlich im 17. und 18. Jahrhundert, enthalten die gedruckten, sowie die zahlreichen geschriebenen Gelegenheits-Gedichte und -Reden in der Trauschischen Handschriftensammlung wertvollste Beiträge. Ein besonderes Schlussverzeichnis über diese Abteilung soll die Benützung derselben erleichtern.

Die dritte Abteilung enthält ausser den Veröffentlichungen politischer und kirchlicher Behörden die Programmabhandlungen sämtlicher Schulanstalten in und bei Kronstadt nebst ihren Verfassern.

In der vierten Abtheilung sind unter Nr. 1545 ausser den von Trausch, Szabó und Hellebrant angeführten Drucken nur die in der Kronstädter evang. Gymnasialbibliothek vorhandenen Kronstädter Kalender aufgezählt.

Auf die in der fünften Abteilung chronologisch geordneten Vereinsschriften folgt im 3. Schlussverzeichnis eine Aufzählung der darin vorkommenden Kronstädter Vereine in alphabetischer Reihenfolge.

Die in der sechsten auf Theater und Musik in Kronstadt bezüglichen Abteilung angeführten 30 Bände Theaterzettel der Kronstädter Gymnasialbibliothek verdienen in kulturgeschichtlicher Beziehung hohe Aufmerksamkeit.

Als hauptsächlichste Quellen dienten dem Verfasser:

1. Die Bücher und Handschriftensammlung des Kronstädter evangel. Gymnasiums.

2. „Aufgerichtetes Denkmahl der Königlichen freyen Stadt Kronen in Siebenbürgen: das ist Kurzes Verzeichniss derjenigen Schriften, welche entweder in Kronstadt gedruckt, oder auch von Kronern ediret worden, gestellet von Josepho Teutsch, z. Z. ordentlicher Praeceptore der Teutschen Classe. 1749. M. Mart.“ Trausch, Manuskript. Folio. 67.

Über Absicht und Form seiner Schrift schreibt Teutsch in der Vorrede dazu Folgendes:

„Ich bin mit nichten entschlossen, durch dieses Verzeichniss eine weitläufige Beschreibung derjenigen, so etwas in unserer werthen Vaterstadt Cronen drucken lassen, oder aber was Kroner-Kinder schriftlich verfasset, zu geben, (ob ich gleich wünschte Documenta zu haben, der Auctorum rühmliches Leben mitberühren zu können), sondern nur derselben Schriften anzuführen, deren Innhalt zu zeigen und also gleichsam ein hageres Gerippe vom Körper, oder einen Schatten vom Wesen selbsten auf die Nachkommen zu erhalten, damit die Nachwelt wisse, dass auch in den alten Zeiten Ihre Vorfahren sich rühmlichst bemühet, dem Vaterland auf alle Weise zu dienen, mithin auch Ihrem Namen ein immerwährendes Denkmahl zu stiften, einfolglich durch solcher lobenswürdiger Bemühung angefeuert werde, in derselben Fusstapfen treten, und also den Ruhm ihrer Voreltern erhöhen. Die Sammlung solcher Schriften hat viele Mühe gekostet, davon zwar die meisten in eigenen Händen gehabt, und also bestermassen den Innhalt derselben geben können, welche aber zu sehen nicht das Glück gehabt, solche werden auch nur dem Titel nach angeführt, und zwar nach der Zeit, in welcher der Auctor sie ediret hat. Der geneigte Leser wird sich genügen lassen, und so Er einige weiss, solche auf gleiche Art der Welt nicht zu entziehen sich gütigst bemühen sollen."

Das Teutschische Verzeichnis umfasst 170 Nummern und reicht bis 1748. Es schliesst mit den Worten: „Was in den folgenden Jahren in Kronstadt zum Druck ist befördert worden, überlasse einem andern anzumerken. Der Herr aber erhalte uns bei der Freyheit, Bücher drucken zu können, und erwecke jederzeit solche Männer, die sich um das Wohl der Christen auch in dieser Art bemühen mögen." Dann folgt ein 65 Namen umfassendes „Register derer, die etwas ediret haben".

3. „Schriftsteller-Lexikon oder biographisch-literärische Denk-Blätter der Siebenbürger Deutschen von Joseph Trausch." Kronstadt, 1868, 1870, 1871. 3 Bde. (Mit Trausch I. II. III. citiert.)

4. „Catalog der in Kronstadt gedruckten Bücher zur Ergänzung und Fortsetzung des von Joseph Teutsch aufgerichteten Denkmahls der königl. freyen Stadt Kronen in Siebenbürgen etc. verfasst von Joseph Franz Trausch." Dem Verzeichnis Teutsch's beigebunden.

Dieser Catalog zählt die dem gelehrten Verfasser bekannten Kronstädter Drucke (es sind im Wesentlichen die in das „Schriftsteller-Lexikon" aufgenommenen mit ähnlichen literarischen Hinweisen) in fortlaufender Reihenfolge, nach dem Erscheinungsjahr geordnet, bis 1871 auf und fügt den schon im Teutschischen Verzeichnis enthaltenen Schriften die Nummern desselben im Rande bei.

5. „Régi magyar könyvtár. II-ik kötet. Az 1473-tól 1711-ig megjelent nem magyar nyelvű hazai nyomtatványok könyvészeti kézikönyve. Irta Szabó Károly. Budapest 1885".

Dieses verdienstvolle bibliographische Werk wird durch vorliegendes

Verzeichnis, namentlich durch die zweite Abteilung desselben, auch bis zum Jahre 1711 nicht unwesentlich ergänzt.

6. Die Geschäftsbücher der gegenwärtig in Kronstadt bestehenden Buchdruckereien und die Sammlung der seit dem Jahre 1877 an die Kronstädter Komitatsbehörde eingereichten Pflichtexemplare im Komitats-Archiv. Letztere hat der Herr Obergespan Graf Andreas Bethlen und der Herr Untergespan J. v. Roll in liebenswürdiger Weise dem Verfasser zur Benützung überlassen; es drängt mich, den geehrten Herren auch an dieser Stelle dafür Dank zu sagen.

7. Die Verlagsverzeichnisse der Kronstädter Buchhandlungen. Die erste Buchhandlung in Kronstadt, verbunden mit einer Leihbibliothek, errichtete am 1. Dezember 1822 Wilhelm Heinrich Thierry von Menonville, aus Mühlhausen in der Schweiz gebürtig. Dieselbe brachte Wilhelm Németh aus Pressburg, der sie von Anbeginn besorgt hatte, im November 1830 käuflich an sich. In dieser Buchhandlung war der Dichter Max Leopold Moltke von 1842—1849 als Buchhalter beschäftigt. Im Dezember 1859 verkaufte Németh seine Buchhandlung an L. J. Haberl und Karl Sindel. Im Oktober 1862 trennte sich Sindel von Haberl und errichtete am 1. Dezember 1863 die zweite Buchhandlung. Haberl aber nahm Johann Hedwig zum Geschäftsteilhaber auf. Thierry, Németh und Haberl haben auch Leihbibliotheken gehalten und Verzeichnisse derselben drucken lassen. Hedwig liess die Gemeinschaft mit Haberl und den Buchhandel im Juni 1866 auf. Im November 1867 kaufte Heinrich Zeidner die Buchhandlung nebst Leihbibliothek von Haberl und ergänzte die letztere mit neueren Erscheinungen der schönen Literatur. Im Jahre 1870 liess er den „Katalog der Leihbibliothek deutsch- und französischer Werke von Heinrich Zeidner Kronstadt. Römer & Kamner 8° 95 S.“ drucken, gab aber im Jahre 1881 die Leihbibliothek gänzlich auf. Im Jahre 1868 kauften Fr. Wilhelm Frank und Heinrich Dressnandt die Sindel'sche Buchhandlung und führten seit 1. April 1869 dieselbe gemeinschaftlich bis Februar 1878; in diesem Jahre trennten sie sich und Dressnandt errichtete eine eigne Buchhandlung. Die Frankische Buchhandlung wurde im Jahre 1882 aufgelöst; die Dressnandt'sche ging im November 1882 durch Kauf in den Besitz H. Zeidner's über, der sie seit dieser Zeit unter der Firma „H. Dressnandt's Nachfolger“ führt. Im Juni 1878 errichtete Anton Altstädter, am 1. August 1880 Nic. I. Ciurcu eine neue Buchhandlung in Kronstadt.*)

8. Die Archive der in Kronstadt bestehenden Vereine, das Kronstädter Stadt-Archiv, das Archiv der römisch-katholischen Kirchengemeinde und die Bibliothek des römisch-katholischen Gymnasiums. Die Vorstände und Ver-

*) Über die ältere Zeit vgl. Dr. Fr. Teutsch, Zur Geschichte des deutschen Buchhandels in Siebenbürgen. Archiv für Geschichte des deutschen Buchhandels. Leipzig 1879. IV. 15.

walter dieser Sammlungen haben mit dankenswerter Willfährigkeit die Benützung derselben ermöglicht.

Bei der Zusammenstellung der romänischen Schriften haben den Verfasser Herr Professor A. Bârseanu und Herr Prediger A. Tontsch, bei der Sammlung der magyarischen Drucke Herr Professor Baráczy S. und Dr. E. Morres, bei der Anfertigung der Schlussverzeichnisse Herr Professor F. W. Seraphin, bei der Abschrift des Manuskriptes und bei der ersten Korrektur mehrere Schüler der oberen Klassen des evang. Gymnasiums unterstützt. Ich erfülle eine angenehme Pflicht, wenn ich ihnen allen auch hier meinen innigsten Dank dafür ausspreche; insbesondere danke ich Herrn Professor A. Bârseanu für seine ausgiebige Hülfe bei der Ergänzung und Ordnung des romänischen Schriftenverzeichnisses.

Unbedingte Vollständigkeit ist bei einem Werke, wie das vorliegende, ausgeschlossen. Ich ersuche daher Jeden, der in irgend einer Weise meine Sammlung zu ergänzen oder zu berichtigen in der Lage ist, mir seine Bemerkungen zukommen zu lassen. Auch ersuche ich die etwaigen Besitzer der in der Kronstädter evang. Gymnasialbibliothek nicht vorhandenen Drucke um Überlassung derselben an diese Bibliothek zum Zwecke der Vervollständigung ihrer diesbezüglichen Sammlungen.

So übergebe ich denn das Verzeichnis der Kronstädter Drucke von 1535 bis 1886 der Öffentlichkeit mit dem Wunsche, dass es im Geiste jenes Wortes aufgenommen und beurteilt werden möge, das K. M. Kertbeny seinem verdienstvollen Werk „Magyarországra vonatkozó régi német nyomtatványok 1454—1600 (Ungarn betreffende deutsche Erstlings-Drucke 1454 bis 1600) Budapest 1880“ vorgesetzt hat:

„Eine Literatur ohne Bibliographie gleicht einem Vermögen ohne Inventar, oder einem Lande, das noch nicht mappirt ist.“

Kronstadt, am 10. August 1886.

Der Verfasser.

I. Wissenschaftliche und andere selbständige Werke.

1. Lateinische und griechische Schriften.

1. **(Wagner Valentinus.)** Compendium Grammatices Graecae. Coronae. 1535. 12° 4 Bogen.

Teutsch Joseph Nr. 2:

„Dieses ist das erste Buch, welches in Kronstadt gedruckt worden, wie dessen Caspar Pestiensis in Praef. Libri sui, Epitome Adagiorum betitult, gedenket und ist also der Anfang und Grund zu einer soliden Wissenschaft damit geleget worden.

Es erkennet aber solches den hochberühmten Herrn M. Valent. Wagnern für seinen Auctorem, welcher nach seiner Ankunft in Cronen sich nichts so heftig angelegen seyn lassen, als der schrecklichen Unwissenheit, so bis hero die Siebenbürger und also auch die sonst lehr- und kunstbegierige Croner gefangen und gefesselt gehalten, abzuhelfen und den im Schatten des Todes sitzenden ein Licht zu ihrer Erleuchtung aufzustellen.

Damals befanden sich viele junge Leute, ja sogar von fremden Nationen z. E. Griechen in Cronen, welche eine Begierde bezeigten, etwas Rechtschaffenes zu erlernen, welcherwegen dieser vortreffliche Mann diese Griechische Grammatique schrieb und drucken liess.

Es besteht aber dieses Werkchen aus 3 Büchern, davon das 1. die Articulos, Nomen und Pronomen in sich fasset, das 2. Buch das Verbum, Adverbum, Praeposition und Conjunction begreifet, und das 3. Syntaxin nebst einem Anhang von den Verbis Anomalis. Es ist dasselbe ziemlich gut und ordentlich und könnte auch noch heut als ein Compendium bei Kindern mit gutem Nutzen gebraucht werden.

Der Ort, wo solches zum Druck befördert worden, ist Kronstadt, in welcher der vortreffliche Mann Herr Johann Honterus Reformator eine Druckerei auf eigene Kosten anlegen lassen. Die Herausgabe fällt ins 1535 Jahr, als in welchem zuerst in Cronen Bücher sind gedruckt worden, wie solches der Verfasser der Chronik in dem Kronstädtischen Kalender und andere angemerket haben. Herrmann in den Annalibus Eccl. schreibt solches in's 1533. Jahr.

Es ist solches zu desto bequemerem Gebrauch in 12 herauskommen und bestehet ohngefähr aus 4 Bögen, und nachdem selbiges abgegangen und vielleicht zu verschiedenenmalen aufgelegt worden: befand 1630 der damalige Inspector Scholae für gut, es wieder der Presse zu unterwerfen und also der Jugend in die Hände zu stellen."

2. (**Honterus Johannes.**) Compendii Grammatices Latinae Libri II. Coronae 1535. 12° 12 Bogen.

Teutsch Joseph Nr. 3:

„Dieses ist das andere so dem vorigten unmittelbar gefolget, wie uns solches der obangeführte Auctor bekannt gemacht hat und von dem Weltberühmten und Hochgelehrten Mann M. Johanne Hontero Coronensi und Reformatore Ecclesiarum in Transilvania (wie er mit allem Recht wegen seiner unermüdeten Bemühung, Siebenbürgen in einen glückseligen Zustand zu setzen, heissen mag) durch seine eigene Buchdruckerey bekannt machen lassen.

Die höchstrühmliche Absichten des theuern Mannes waren mit des Herrn Wagners einstimmig, mit welchem er sich gleichsam um die Wette bestrebte, der Jugend Mittel zu verschaffen, dass sie durch Lesung Griechischer und Lateinischer Auctorum (worinnen die allermeisten Bücher geschrieben waren) zur Erkenntnis göttlicher und natürlicher Wahrheiten gelangen könnten. Was nun des seligen Herrn Wagners Fleiss im Griechischen that, das suchte der Eifer des Herrn Honteri im Lateinischen und Teutschen zu bewerkstelligen, dergestalt, dass sie noch bei ihren Lebzeiten die Früchte ihrer glückseligen Bemühung geniessen konnten.

Das Werk selbsten aber ist in 2 Bücher abgetheilt, da im 1. die 8 partes Orationis, nemlich Nomen, Pronomen, Verbum, Participium, Adverbium, Conjunct. Praepos. und Interjectio, im 2. aber Syntaxis und zwar in einer schönen Ordnung abgehandelt worden. Es scheinet, ob sei dieses Compendium aus seinen 30 Büchern von Grammatikalischen Observationen (deren Czvittinger in Spec. Hung. Litt. p. 182 gedenket) zusammengezogen.

Es ist solches in Kronstadt und vermuthlich in eben demjenigen Jahre, in welchem die Griechische Gr. ediret worden, d. i. 1535 und ist in 12° aus 12 Bögen bestehend zu sehen gewesen und seines nutzbaren Gebrauchs wegen 1567 wieder aufgelegt."

3. *(**Honterus Johannes.**) Rudimenta Praeceptorum Dialectices ex Aristotele et aliis collecta. Compendium Rhetorices ex Cicerone et Quintiliano M. D. XXXIX. *Am Schluss:* Impressum in Inclyta Transylvaniae Corona. Anno. M. D. XXXIX. 8° 64 S.

4. *(**Honterus Johannes.**) Sententiae ex libris Pandectarum Juris Civilis decerptae. Anno. M. D. XXXIX. *Am Schluss:* Impressum in Inclyta Transylvaniae Corona. Anno M. D. XXXIX. 8° 104 S.

Auf dem Titelblatt und auf der letzten Seite das ungarische Wappen und darin das Zapolya'sche Wappen. Vorn die Widmung an König Johann von Ungarn.

5. *(**Honterus Johannes.**) Επιτομη της του Αριστοτελους Διαλεκτικης.

Επιτομη της τοῦ ἀυτοῦ Ρητορικης. M. D. XXXIX. *Am Schluss:* Ετυπωθη εν Κορωνη της Τρανσυλουανιας. Ετει της θεογονιας α. φ. λ. θ. (= 1539). 8° 48 S.

6. *(**Honterus Johannes.**) Sententiae ex omnibus operibus divi Augustini decerptae. Anno. M. D. XXXIX. *Am Schluss:* Impressum in Inclyta Transylvaniae Corona. 8° 104 S.

Vorn die Widmung an die Königin Isabella von Ungarn.

7. ***Honterus Johannes.*** Συνοψεως γραμματικης βιβλια δυο. I. H. C. (d. i. Johannis Honteri Coronensis) M. D. XXXIX. *Am Schluss:* Ετυπωθη εν Κορωνη της Τρανσυλουανιας. Ετει της Θεογονιας α. φ. λ. θ. (1539) 8° 96 S.

8. (**Honterus Johannes.**) Lucii Annei Senecae De quatuor virtutibus Liber unus. Eiusdem De Moribus. Lib. unus. M. D. XXXIX. *Am Schluss:* Ex Inclyta Transylvaniae Corona. 4° 24 S.

Bibliothek des Mediascher ev. Gymnasiums.

9. *(**Honterus Johannes.**) Divi Aurelii Augustini Hipponensis Episcopi Haereseon Catalogus. M. D. XXXIX. *Am Schluss:* Impressum in Inclyta Transylvaniae Corona. Anno. M. D. XXXIX. 8° 68 S.

Vorn die Widmung an den Bischof von Fünfkirchen Johann Esseki.

10. *(**Honterus Johannes**). Mimi Publiani. Enchiridion Xisti Pythagorici. Dicta Sapientum ex Graecis. M. D. XXXIX. *Am Schluss:* Ex Inclyta Transylvaniae Corona. 8° 48 S.

11. *(**Honterus Johannes.**) Catonis Disticha Moralia. Sententiae Septem Sapientum ex Ausonio. Ex Eodem Opusculum de Monosyllabis. M. D. XXXIX. *Am Schluss:* Ex Inclyta Transylvaniae Corona. 8° 32 S.

12. *(**Honterus Johannes.**) Νειλου Μοναχου κεφαλαια. Αββα Θαλασσιου ἐκ τῶν περὶ ἀγάπης και ἐγκρατειας κεφαλαιων M. D. XL. *Am Schluss:* Ex Inclyta Transylvaniae Corona. 8° 40 S.

13. *(**Honterus Johannes.**) Epitome Adagiorum Graecorum et Latinorum juxta seriem Alphabeti. Ex Chiliadibus Eras. Roterodami. MDXLI. *Am Schluss:* Impressum in Inclyta Transylvaniae Corona. M. D. XLI. 8° 128 S.

In der Vorrede des Gaspar Pestiensis, der diese Schrift der Kronstädter Schuljugend widmet, werden alle bis dahin in Kronstadt gedruckten Honterus'schen Schriften aufgezählt.

14. *(**Honterus Johannes.**) Πλατωνος οροι. Αριστοτελης περι Κοσμου. M. D. XLI. 8° 16 S. Αριστοτελης περι Κοσμου. M. D. XLI. 8° 40 S. *Am Schluss:* Ετυπωθη εν Κορωνη Τρανσυλουανιας. Ετει της Θεογονιας α. φ. μ. α. (= 1541).

15. (**Honterus Johannes.**) Disticha Novi Testamenti Materiam et ordinem capitulorum cuiusque libri per literas initiales indicantia. M. D. XLI. *Am Schluss:* Impressum Coronae. 8° 24 S.

Bibliothek des Schässburger ev. Gymnasiums.

16. *(**Honterus Johannes.**) Rudimenta Cosmographica. Cum vocabulis

rerum. MDXLI. *Am Schluss:* Impressum in Inclyta Transylvaniae Corona. 8° 88 S.

17. *(Honterus Johannes.) Rudimenta Cosmographica. M. D. XLII. 8° 88 S.

Mit 16 Karten, auf der vierten: Coronae M. D. XLII. Zwei von Honterus selbst geschnittene Holzstücke zu der Karte von Gallien und Germanien bewahrt die Antiquitätensammlung des ev. Gymnasiums in Kronstadt auf.

Archiv des Vereines für siebenbürg. Landeskunde. XIII. 137—143.

18. (Honterus Johannes.) Formula Reformationis Ecclesiae Coronensis et Barcensis totius Provinciae. Coronae. 1542. 8° 32 S.

Trausch II. 211.

Szabó K. II. 6. schreibt:

„Én azonban ezen 1542—diki kiadás létezésén kételkedem.“

Dem gegenüber ist hinzuweisen auf Teutsch Joseph Nr. 17:

„Cronen ist der Ort, wo bisher viele nützliche Büchlein zum Vorschein kommen, besonders aber dieses, welches eben in diesem Jahr 1542, als die Reinigung der Kirche in Kronstadt vorgenommen wurde, durch den Druck bekannt worden, wie wir solches aus des Hieron. Ostermeyer's Manuskript wissen. Es besteht aus 3½ Bogen in 8°.“

In Hieronymus Ostermeyer's Chronik heisst es unter 1542:

„Item hat Herr Johannes Fus durch den hocherleuchten, und rechtgelehrten Mann M. Joannem Honterum die Reformation der Kirchen aufgericht in Burzenland, und in Druck lassen ausgehen. Dieses ist der Königin und Herrn Schatzmeister Frater Georg hart zuwider, als folgen wird. Gott aber der allmächtige wolle wider all Toben und Wüthen dies angezündete wahre Licht bei uns, und unsern Nachkömmlingen gnädiglich erhalten, und biss in Ewigkeit uns scheinen lassen. Amen.“ Kemény. Deutsche Fundgruben, I. 27. 28.

19. (Honterus Johannes.) Reformatio Ecclesiae Coronensis Ac Totius Barcensis Provinciae. M. D. XLIII. *Am Schluss:* Impressum in Inclyta Transylvaniae Corona. 8° 32 S.

Bibliothek des Schässburger ev. Gymnasiums.

In demselben Jahr von Philipp Melanchthon mit einer Vorrede in Wittenberg herausgegeben.

20. (Honterus Johannes.) Constitutio Scholae Coronensis 1543.

Trausch II, 217. Vgl. Nr. 87.

21. (Honterus Johannes.) 'Ησιοδου του ασκρ. Εργα και ἡμεραι και Θεογονια. MDXLIII. *Am Schluss:* Ετυπωθη εν Κορωνη της Τρανσυλουανιας. 8°

Bibliothek des Schässburger ev. Gymnasiums.

22. (Honterus Johannes.) Approbatio Reformationis Ecclesiae Coronensis ac totius Barcensis Provinciae a Clariss. D. Martino Luthero, Philippo Melanchthone et Joanne Pomerano Viteberga Cibiniensi Pa-

stori, suae Ecclesiae reformationem petenti transmissa, ex autographo sive originali descripta. Coronae 1543 8° 8 S.

Trausch II, 216, 217.

23. **Wagner Valentinus.** Praecepta vitae Christianae. Valent. Wagneri Coronen. Coronae 1544. *Am Schluss:* Impressum in Inclyta Transylvaniae Corona. Anno M. D. LXIIII. 8° 40 S.

Szabó K. II. 7. 8.

24. **Wagner Valentinus.** Κατηχησις Ουαλεντινου του Ουαγνήρου Κορωνιως. 1544. 8°.

Teutsch Joseph Nr. 19:

„Der Übersetzer ist der vortreffliche Herr M. Valent. Wagner, der in der Griechischen Sprache excellirte und ebendamals Rector beim Croner Gymnasio war, als er diesen Catechismus edirte.

Die Absichten, die der sel. Mann dabei gehabt, gibt der Titul zu erkennen, dass nemlich die Griechen zu Cronen, die in gleicher Finsterniss mit den damaligen catholischen Bürgern herumirreten, auch etwas von dem Licht des Evangelii erblicken könnten und etwa dadurch bewogen werden, aus der Unwissenheit sich befreyen zu lassen. Wie aber diese heilsame Bemühung von ihnen aufgenommen worden, kann aus der Historie nicht angezeigt werden.

Es mag aber dasselbe aus den 5 Hauptstücken des kleinen Catechismi bestanden haben, wie zu vermuthen: denn ich habe das Büchlein selbst nicht zu Händen gehabt.

Dieser griechische Catechismus kam in Cronen heraus 1544 s. Czwitting. Spec. Hung. Lit."

25. *(**Honterus Johannes.**) Compendium Juris Civilis in usum Civitatum ac Sedium Saxonicarum in Transylvania collectum. M. D. XLIIII. *Am Schluss:* Impressum in Inclyta Transylvaniae Corona. M. D XLIIII. 8° 208 S.

26. *(**Honterus Johannes.**) Disticha Novi Testamenti materiam et ordinem Capitulorum cuiusq. Libri per literas initiales indicantia. MDXLV. *Am Schluss:* Impressum Coronae. 8° 24 S.

27. (**Wagner Valentinus.**) Θεογνιδος Μεγαρεως Γνωμαι Ελεγειακαι. *Beigefügt:* Φωκυλίδου ποιημα νουθετικον und χρυσα επη του Πυθαγορου *Am Schluss:* Ετυπωθη εν Κορωνη της Τρανσυλουανιας

Bibliothek des Schässburger ev. Gymnasiums.

28. *(**Honterus Johannes.**) Reformatio Ecclesiarum Saxonicarum in Transylvania. Coronae. M. D. XLVII. 8° 56 S.

29. (**Honterus Johannes.**) Odae cum Harmoniis ex diversis Poetis in usum Ludi literarii Coronensis decerptae. Coronae. 1548. 8° 80 S.

Trausch II. 216.

30. **Wagner Valentinus.** Compendii Grammatices Graecae Libri Tres. Val. Wag. Coron. MDXLIX. 8° 120 S.

Szabó K. II. 9.

31. (**Wagner Valentinus.**) Amnon incestuosus. Tragoedia. Coronae. 1549. 8° 2 Bogen.

Trausch III. 471.

32. **Wagner Valentinus.** Κατηχησις Ουαλεντινου του Ουαγνῆρος Κορωνέως MDL. 8° 205 S.

Vgl. Nr. 24.

Szabó K. II. 10.

33. ***Kyr Paulus.*** Sanitatis studium ad imitationem aphorismorum compositum. Item Alimentorum vires breviter et ordine Alphabetico positae. Autore Paulo Kyr, medico. *Am Schluss:* Impressum in Inclyta Transylvaniae Corona. Anno M. D. LI. 8° 88 S.

34. ***Wagner Valentinus.*** Praecepta vitae Christianae. Valent. Wagneri Coron. . . . Coronae. MDLIIII. *Am Schluss:* Impressum in Inclyta Transylvaniae Corona. Anno M. D. XLIIII. 8° 40 S.

Nur das Titelblatt und die übrigen Blätter des ersten Bogens neu gedruckt, die übrigen Blätter aus der ersten Auflage des Jahres 1544, daher am Schluss die Jahreszahl 1544. Vgl. Nr. 23.

35. **Melanchthon Philippus.** Responsio Philippi Melanthonis de Controversiis Stancari. Scripta Anno M. D. LIII. Impressa Anno M. D. LIIII. 8° 40 S.

Szabó K. II. 12.

Gross J., Katalog der von der Kronstädter Gymnasialbibliothek . . . ausgestellten Druckwerke. Kronstadt, 1883. 15. S.

36. ***Melanchthon Philippus.*** Definitiones multarum appellationum, Quarum in Ecclesia usus est. Autore Philippo Melanthone. Accessit D. August. Liber De Essentia Divinitatis. Coronae. Anno M. D. LV. 8° 60 S.

37. ***Philonis Judaei*** Eloquentissimi Libellus. De Mercede Meretricis non accipienda in Sacrarium. graecolatine. Coronae M. D. LV. 8° 24 S.

38. ***P. Fausti Andrelini*** Foroliviensis, Poetae Laureati, atque oratoris clarissimi Epistolae proverbiales et morales. 8° 45—93 S. **Magni Turci** Epistolae, Per Landinum Equitem, Hierosolymitanum latinitati donatae. Item aliae quaedam variorum autorum Epistolae lectu dignissimae. Libellus, Sententiarum et Verborum gravitate refertissimus. Coronae (1555). 1—44 S.

Am Schluss: Impressum in Inclyta Transylvaniae Corona.

39. ***Aristotelis*** Libellus, De Virtutibus, Et Vitiis, Sententiae diversorum autorum de eadem materia. Coronae M. D. LV. 8° 24 S.

40. * Ἀριστοτέλους Περὶ ἀρετῶν βιβ. α. Δημητριου Φαληρέως των ἑπτὰ σοφῶν ἀποφθέγματα. Σωσιάδου τῶν ἑπτὰ σοφῶν ὑποθῆκαι. Coronae. *Am Schluss:* Ἐτυπωθη εν Κορωνη της Τρανσυλουανίας, ἔτει ἀπο της ἐν σαρκου οικονομίας Ἰησοῦ, χιλιαστῷ πεντακοσιαστῷ πεντικοσιαστῷ (!) πέμπτῳ. 8° 32 S.

41. ***Seneca L. Anneus.*** Insignes ac elegantissimae Sententiae ex L. Annei Senecae ad Lucilium Epistolis, caeterisque eiusdem autoris scriptis

selectae, & in usum Studiosae iuventutis editae. Coronae M. D. LV. *Am Schluss:* Coronae ex officina typographica Valent. Wagneri. 1555. 12° 192 S.

Sententiae insigniores ex L. Annei Senecae Libris de Ira. Coronae. 8° 36 S.

Elegantiores Sententiae ex L. Annei Senecae Libris de Beneficiis, selectae in usum studiosae iuventutis. Coronae M. D. LV. 12° 36 S.

Diesen Sententiis ist auf 8 Seiten vorgedruckt die Widmung an Johannes Benkner, den Sohn des gleichnamigen Kronstädter Stadtrichters: „Valent. Wagn. Coron. amplissimae spei puero Joanni Beugnero, filio clarissimi viri Joannis Bengneri Judicis Coron. S. P. D." *Die Schlussworte lauten:* „Volui autem, mi Joannes, hunc libellum sub tui nominis auspicio edere, ut sit publicum et perpetuum pignus mei erga vestras familias pectoris ac amoris. Et spero, ex hac literaria strenna tum alios multos, tum te aliquando uberrimam frugem percepturum esse."

42. ***(Wagner Valentinus.)** Prima Rudimenta Christianae Religionis. In usum pueritiae Coronensis. . . . Coronae M. D. LIIII. 8° 13 S. *Dann* Institutio vitae christianae et piorum officiorum. Juxta diversos hominum ordines et status. S. 14—21. Catalogus dierum et mensium anni S. 22. Sententiae sacrae selectae pro pueris. S. 23—27.

43. **Cicero.** Epistolae elegantiores ex familiaribus epistolis Ciceronis 8° 10½ Bogen.

Trausch Joseph Nr. 32: „*Wer dieselbe herausgegeben ist unbekannt. Die Absicht aber ist offenbar, nemlich die Jugend zu einem reinen Leben anzugewöhnen, oder auch zugleich nach des Cicero Methode Briefe zu verfertigen. Diese Episteln, welche auch anderswoher bekannt, sind in 3 Bücher eingetheilet, und von verschiedenen Materien. Sie sind in Cronen dem Druck übergeben worden 1555 in 8° und bestehen aus 10½ Bogen.*"

44. **Melanchthon Philippus.** Farrago Epigrammatum Philippi Melanchthonis. Coronae 1556. 8°.

Trausch III 477.

45. ***Bomelius Thomas.** Chronologia Rerum Ungaricarum. A Primo Unnorum In Pannoniam adventu, ad millesimum quingentesimum quinquagesimum Sextum à nato Christo annum. Per Thomam Bomelium Coronensem collecta, & Inclito Senatui Coronensi dicata. Coronae M. D. LVI. 4° 22 S.

46. **Melanchthon Philippus.** Sententiae Veterum De Coena Domini, ut Cyrilli, Chrysostomi, Vulgarii, Hilarii, et aliorum, collectae a Philippo Melanchthone. . . Anno M. D. LVI. *Am Schluss:* Impressum in Inclyta Transylvaniae Corona. 4° 32 S.

Szabó K. II. 15

47. **Aphtonii** Progymnasmata. Coronae 1556.

Trausch III. 477.

48. **Siegler Michael.** Brevia praecepta de moribus puerorum recte formandis, carmine Elegiaco conscripta a Michaele Sieglero Cibiniensi. Additus est etiam ordo studiorum a domino Philippo Melanchthone, studiosae juventuti praescriptus. A. D. 1556. 8°

Trausch III. 301.

49. ***Wagner Valentinus.** Novum Testamentum Graece ac Latine juxta postremam D. Erasmi Rot. translationem. Industria ac Impensis M. Valent. Wagneri Coronen. Coronae Ann. M. D. LVII. 4° VII. 659 S.

50. ***Wagner Valentinus.** Imagines mortis selectiores, cum δικαστιχοις Valent. Wagneri Coronen. Item Praecepta Vitae Christianae, et alia quædam Epigrammata, Carmine Elegiaco. Eodem authore. Coronae. Industria ad sumptibus Valent. Wagneri Coron. 8° 40 S.

Dem Birthälmer Pfarrer Franz Salicaeus zugeeignet. Coronae in Transylvania pridie Idus Maji M. D. LVII.

Mit 16 Holzschnitten nach Holbeins Totentanz.

51. **Pub. Terentii Aphri** Comoediæ Sex. Post omnes omnium editiones summa vigilantia recognitae. . . . . Coronae M. D. LVII. 8° 460 S.

Szabó K. II. 16.

52. (**Sommer Johannes.**) Arbor Illustrissimae Heraclidarum familiae., quae et Dasorina, Basilica ac Despotica vocatur, justificata, comprobata, monumentisque et insignibus adaucta ab invictissimo Carolo V. Rom. Imp. & ab Imperiali Consistorio An. 1555.

Trausch III. 322.

53. (**Wagner Valentinus.**) Compendium Grammatices Græcæ. Coronæ. 1562. 8°.

Trausch III. 470.

54. (**Honterus Johannes.**) Odae Cum Harmoniis ex diversis Poetis in usum Ludi literarii Coronensis decerptæ. M. D. LXII. 8° 48 S.

Szabó K. II. 19.

55. *(**Hebler Mathias.**) Brevis Confessio de Sacra Coena Domini Ecclesiarum Saxonicarum et coniunctarum in Transylvania. Anno 1561. Una cum judicio quatuor Academiarum Germaniae super eadem controversia. Psal. CXIX. Servus tuus sum ego, da mihi intellectum, ut sciam testimonia tua. Cum gratia et Privilegio Serenissimi Principis nostri, electi Regis Hungariae etc. M. D. LXIII. *Am Schluss:* Excusum Coronæ, in Transylvania. 4° 46 Bl.

Trausch II. 80.

56. **Sylvula** Complectens Eruditam et Copiosam Enumerationem verborum Heteroclitorum, Anomalorum et Defectivorum in lingua Græca, iuxta seriem literarum Alphabeti, desumta Ex Ruelando. Coronae. M. D. LXIIII. 8° 56 S.

Szabó K. II. 20.

57. ***Honterus Johannes.** Compendii Grammatices Libri duo. I. H. C. M. D. LXVII. 8° 96 S.

58. ***Wagner Valentinus.** Compendii Grammatices Graecae Libri Tres. Val. Wag. Coron. M. D. LXIX. 8° 128 S.

59. **Honterus Johannes.** Rudimentorum Cosmographicorum Joan. Honteri Coronensis libri III. cum tabellis Geographicis elegantissimis De variarum rerum nomenclaturis per classes, liber I. M. D. LXX. 8° 64 S.
Szabó K. II. 31.

60. (**Honterus Johannes.**) Compendii Grammatices Latinae. Libri II. Editio tertia. 1577. 8° 94 S.
Trausch II. 206.

61. **Decani Joannes.** Ode congratulatoria Stephano Bathori de victoria relata de Moschis. Coronae praelo Honteriano. A. 1580.
Trausch I. 245.

62. ***Flechner Caspar.** Vita Juliani Apostatae, Imperatoris Romanorum vicesimi noni, ex ecclesiasticis scriptoribus excerpta a Caspare Flechnero Coronensi Transylvano. . . Coronae in Officina Joannis Nirei Cibiniensis M. D. LXXX. 4° 8 Bl.

63. ***Lascovius Petrus de Barovia.** Speculum exilii, et indigentiae nostrae, sive Libellus. In quo utilis et divinus verum Deum verè invocandi modus traditur. Et illa Dominica oratio, brevibus quidem, sed planissimis explicationibus, in gratiam, aeternum Jehovam, Patrem. Filium et Spiritum Sanctum, in Spiritu, et veritate invocantium. exponitur. Ex praelectionibus Petri Lascovii de Barovia. Ludirectoris Scholae Vasarhelinae. 1. Pet. 4. ver. 7. Omnium finis appropinquavit. estote igitur prudentes et vigilantes in orationibus. Coronae Anno MDLXXXI. 8° 868 S.
Anhang: Nablium Praeceanum, in Quo Illustrium Aliquot Transilvaniae Hærouu laudes decantantur. Authore Petro Lascovio de Barovia. 23 S. (*Gedichte an Sigism. Báthori, Dionysius Chaki, Wolfg. Kornsolozky, Alex. Kendi, Stephan Báthori j., Joann. Iffju, Joann. Galfy, Casimir Horvat Petrytenicz, Franc. Kendi und Franc. Gezti.*)

64. ***Fronius Matthias.** Statuta Jurium Municipalium Saxonum In Transylvania: Opera Matthiae Fronii revisa, locupletata et edita. Cum gratia, et privilegio decennali. 1583. *Am Schluss:* Impressum in Inclyta Transsylvaniæ Corona. 4° XXI. 110 S.

65. **Wagner Valentinus.** Praecepta Vitae Christianae versibus elegiacis conscripta a Valent. Vagner. 1584. 8°.
Cornides, Catalogus Bibliothecae Hungar. p. 253.
Trausch, Katalog.

Schriften aus dem 16. Jahrhundert ohne Jahrangabe.

66. (**Wagner Valentinus.**) Brentii Catechesis.
Trausch III. 477.

67. (**Wagner Valentinus.**) Tabula Cebetis.
Trausch III. 477.

68. **(Honterus Johannes.)** Enchiridion totius orbis terrarum. Coronae.
Szabó K. II. 83.

69. **P. Terentii Aphri** Comoediae Sex cum argum. Philippi Melanthonis. 8°. 1 Alphabet und 8 Bogen.
Trausch II. 216.

70. **(Wagner Valentinus.)** Odium Calvinianorum. 8°.
Trausch III. 475.

71. ***(Wagner Valentinus.)** Medicina animae tam iis, qui firma, quam qui adversa corporis valetudine praediti sunt, in Mortis agone et extremis his periculosissimis temporibus maxime necessaria. 8° 67 S.
Anhang: Ratio et methodus consolandi periculose decumbentes 21 S.

72. **(Honterus Johannes.)** Libellus Graecae Grammaticae Philippi Melanchthonis, adjectis Tabulis flexionum quarundam. Coronae. 8°.
Trausch II. 216.

73. **(Melanchthon Philippus.)** Grammatica . . Coronae. 8° 48 S.
Trausch Joseph. Nr. 39:
„Wer diese Grammatique nachdrucken lassen, ist unbekannt, mag aber wohl durch und unter der Aufsicht des damaligen Rectoris Gymnasii H. Martin Oltard seyn besorget worden. . . Sie ist in Cronen aufgeleget 1570 in 8°.“
Szabó K. II. 84.

74. **(Wagner Valentinus.)** Compendium Grammatices Graecae. Coronae. per Mart. Wolfgangum. 1630. 8°.
Trausch III. 470.

75. **(Monavius Fridericus.)** Programma, quo munus professorium Brassovii, quam Coronam vocant, auspicatus est Eidibus Octobr. A. 1635. Folio.
Trausch II. 442, 443.

76. ***Comenius Joh. Amos.** Janua Linguarum Reserata Aurea: Sive Seminarium Linguarum Et Scientiarum Omnium. Hoc est: Compendiosa Latinam (& quamlibet aliam) Linguam, unà cum scientiarum artiumque omnium fundamentis, perdiscendi Methodus, sub Titulis centum, Periodis mille comprehensa. Editio Quarta. Prioribus omnibus castigatior, & sesquimille circiter vocabulis auctior, cum versione Germanicâ, & titulorum indice.

Aestimat ut sapiens preciô, non pondere gemmas:
Utilitate probat sic quoque mentis opus.

Ex impressione Lipsiensi excusa Coronae, Typis & sumptibus Mich. Hermanni. M. DC. XXXIIX. 8° XIV. 274 S. Index 9 S.

Vorn: Lectori benevolo-Scholasticis Coronensibus „Coronae 19. Calend. Febr. Anno Dei-Hominis. M. DC. XXIIX. Simon Albelius, Ecclae. Coron. Pastor, Scholaeque ibidem Inspector“.

77. ***Molnar Gregorius.** Elementa Grammaticae Latinae, Pro recta institutione Juventutis Scholasticae, ex prolixioribus Grammaticorum Praeceptis, in breve Compendium contracta, A Gregorio Molnar piae memoriae. Nunc denuo excusa singulari studio & a plurimis mendis purgata et locupletata. Coronae, Typis Michaelis Hermanni. Anno, M. DC. XLIII. 8° 68 Bl.

78. **Comenius Johan-Amos.** Jannae Linguarum Reseratae. Aureae Vestibulum, Quo Primus ad Latinam Linguam aditus Tirunculis paratur. Editum A Johann-Amoso Comenio. Coronae, Typis Michaelis Hermanni. 1649. 8°. IV. 35 Bl.

Szabó K. II. 191.

79. **Albrich Martinus.** Synopsis Logica In qua Praecepta selectiora exemplis illustrantur, Controversiae nobiliores breviter deciduntur, Canones utiliores declarantur. Collecta In usum Iuventutis Scholasticae Coronensis Opera et Studio Martini Albrichii Phil. Mag. et p. t. Scholae Coronensis Rectoris. Coronae. Typis Michaelis Herrmanni. Anno M. DC. LV. 8° XVI. 256 S.

80. ***Albrich Martinus.** Disputatio De Natura et Constitutione Logicae In Celebri Gymnasio Coronensi Praeside Martino Albrichio Phil. Magistro & p. t. Scholae Coron. Rectore, Respondente Stephano Dechano Bistriciênse, Scholae ejusdem Alumno Publicé proposita, Ad diem 7. Junii horis matutinis. Coronae Typis Michaelis Hermanni Anno MDCLV. 4°. 56 S.

81. **Albrich Martinus.** Theses. De Coena Magna Luc. 14. à vers. 16. ad vers. 24. descriptâ. Quas Auspice Deo publicé ventilandas proponit Praeses, Martinus Albrichius Phil. Mag. & p. t. Schol. Coronen. Rector, Respondente Bartholomaeo Falck Rupense, In Celebri Gymnasio Coron. Ad diem 12. Junii, horis matutinis. Coronae, Typis Michaelis Hermanni Anno M. DC. LV. 4° 8 S.

Szabó K. II. 226.

82. ***Albrich Martinus.** Disputatio Theologica. De Invocatione Sanctorum. Quam Auspice Deo solo invocando Publice ventilandam proponit Praeses Martinus Albrichius Philos. Mag. & p. t. Schol. Coron. Rector, Respondente Johanne Kleinio Alesio Coronense, Scholae ejusdem Alumno. In celebri Gymnasio Coronensi. Ad diem. . . . . Decemb. Horis antemeridianis. Coronae. Typis Michaelis Hermanni Anno MDCLV. 4° IV. 28 S.

Teutsch Joseph Nr. 60:

„Der Auctor hievon ist der vorberühmte H. M. Martinus Albrich, Rector Cor., der solche in dem Auditorio Gymn. von einem Studirenden Joh. Klein von Ohlisch vertheidigen liess und sie dem Woywoden in der Wallachei Constantino Cantacuzeno dedicirte, dass sie die Wallachische Bischöfe beantworten möchten. Die Absicht war sehr heilsam, weil er suchte, diese Verehrer der Verstorbenen vom Irrthum abzuführen.“

83. ***Albrich Martinus.** Dicta Sacrae Scripturae, maximam partem Cardinalia & Stringentia, una cum Definitionibus Locorum Theologicorum Principalioribus B. Conradi Dieterici aliorumquè quorundam Theologorum. Ad Locos XXIX. In usum Juventutis Scholasticae Coronensis methodicè redacta. Coronae, Typis Michaëlis Herrmanni (1656) 8°. VIII. 110 S.

Teutsch Joseph Nr. 62:

„Der Collector dieser Definitionen und dazu sich schickenden Beweis- und Kern-Sprüche war . . H. Albrich, welcher auch auf diese Art der studirenden Jugend zu Hülfe kommen wollte, wie er in der Praefation gedenket.

Es fasset dieses Büchlein 39 Artic. Fidei in sich. Ein jeder Articul ist in gewisse Aphorismos eingetheilet und mit tüchtigen Sprüchen H. Schrift bewiesen.

Dasselbe ist in Cronen herauskommen 1656 u. bestehet aus 8 Bögen in 8°.“

84. ***Luther M.** Catechesis Minor D. Martini Latheri, Germanice & Latine, Coronae, Typis & Sumptibus Michaelis Herrmanni M. DC. LVI. 8° 56 S.

Am Schluss:

Ein jeder lern sein Lection,
So wird es wohl im Hause stohn.

Cuique sit primis magnae sua Lectio curae:
Ut domus officiis stet benè recta suis.

85. **Albrich Martinus.** Theses Miscellaneae, quas In inclyto Coronensium Gymnasio Praeside M. Martino Albrichio Gymnasii Ejusdem Rectore Publice defendendas suscipit Jacobus Gotterbarmet Mediensis. Scholae ejusdem Alumnus. Die 11. 12. Septembris, Horis matutinis. Coronae, Charactere Her manniano. A. cIↄ. Iↄc LVI. 4° 2 Bl.

Szabó K. II. 232.

86. ***Albrich Martinus.** Opusculum Metaphysicum, In quo Primò, Praecepta in debitâ suâ universalitate sunt proposita, &. post expeditas Distinctiones Nominales, fideliter explicata. Secundò, Controversiae Nobiliores breviter decisae, solutis potioribus objectionibus. Tertiò, Canones utiliores limitati, confirmati. & exemplis illustrati. Quartò, Ubique fermè usus, quem tùm hi, tùm istae & illa in Theologiâ habent, insinuatus. Adornatum à. M. Martino Albrichio Mediense Transylvano, p. t. Gymnasii Coronensis Rectore, Coronae, Typis & Sumptibus Michaelis Herrmanni, 1657. 4° X. 219 S.

Inhalt:

1. Disputatio Prima. De Natura Metaphysicae . . . . Resp. Johannes Müllerus Rupensis Ad diem 8 Decembr. horis matutinis. Coronae 1657. 1—8 Bl.

2. Disputatio II. De ente ejusque Distinctionibus Nominalibus . . .

Resp. Petrus Fanneuschmiedius Coronensis Ad diem 27 Octobr. horis matutinis. Coronae 1656. 9—26 S.

3. Disputatio III. De principio entis, affectionumque essentia . . . Resp. Georgius Kapesius Szenavereschensis A. 1656 ad. d. . . Novemb. Coronae . . . 27—38 S.

4. Disputatio IV. De affectionibus entis in genere, et perfectione ejus in specie . . . . . Resp. Michael Clausenburgerus Mediensis. Ad diem . . . Febr. Coronae . . . 1657. 39—62 S.

5. Disputatio V. De vanitate et veritate . . . Resp. Johannes Falck Rupensis. Ad diem . . Mart. Coronae 1657. 63—86 S.

6. Disputatio VI. De Bonitate, Duratione et Ubietate . . . . Resp. Andreas Grellius Schassburgensis. Ad diem . . Apr. Coronae 1657. 87—104 S.

7. Disputatio Nona. De Necessitate et Contingentiâ Actu & Potentiâ . . . Resp. Georgius Meschner Coronensis, Ad diem . . Octobr. Coronae 1657. 105—120 S.

8. Disputatio Septima. De Dependente & Independente, Creato & Increato, Finito & Infinito, Corruptibili & Incorruptibili . . . Resp. Andreas Lutschius, Bistriciensis . . . Coronae 1657. 121—136 S.

9. Disputatio Octava. De principio & Principiato, Causa & Causato . . . . . Resp. Jacobus Gotterbarmet Mediensis, Ad diem 22. Sept. Coronae 1657. 137—162 S.

10. Dissertatio X. De affectionibus disjunctis Primariis Mediatis, Completo & Incompleto, Eodem & Diverso, Naturali & Artificiali, Permanente & Successivo, Definitio & Indefinitio. Resp. Johannes Schulerus, Bathoschiensis . . Coronae 1657. 163—184 S.

11. Dissertatio XI. De Absoluto & Respectivo, Subjecto & Adjuncto, Signo & Signato, Mensura & Mensurato . . . . Resp. Michael Roth Rupensis, Ad diem . . Octobr. Coronae 1657. 185—204 S.

12. Disputatio XII. De expressioribus essendi rationibus ad certas classes revocandis, Subsistentiâ & Inhaerentiâ . . . . Resp. Thomas Graffius Coronensis, Ad diem . . Decemb. Coronae 1657. 205—219 S.

Teutsch Joseph Nr. 63:

„Der Auctor dieses Werkes ist gleichfalls der berühmte H. M. M. Albrich, Rector Cor., welcher dasselbe von 13 Studenten Stückweise pro Cathedra Scholastica vertheidigen liess in 12 besonderen Abschnitten und dadurch seine anvertraute im Verfechten der Wahrheiten auf alle Wege exercirte, welches rühmliche Bemühen ihm die Ehre eines rechtschaffenen Schulmannes erworben hat.“

Seivert S. 116 erwähnt ein Opusculum Metaphysicum, 4°, des Rektors Joh. Gorgias aus dem Jahr 1667; es scheint aber das Albrichische vom Jahre 1657 zu sein.

87. **Honterus Johannes.** D. O. M. S. Constitutio Scholae Coronensis a B. M. Jo. Hontero, primo Reformatore ecclesiae Coronensis, con-

sentiente et approbante Amplissimo Senatu Anno MDXLIII. lata et promulgata. Coronae Recusum Charactere Herrmanniano 1657. Folio 2 S. *Trausch II. 217.*

88. **Molnar Gregorius.** Elementa Grammaticae Latinae. Pro recta institutione Juventutis Scholasticae, ex prolixioribus Grammaticorum Praeceptis in breve Compendium contracta. A Gregorio Molnar piae memoriae. Nunc denuo excusa singulari studio & a plurimis mendis purgata et locupletata. Coronae, Typis Michaelis Hermanni, Anno 1658 kl. 8⁰ 120 S. *Trausch, Katalog.*

89. ***Comenius J. A.** Janua Linguarum Reserata Aurea etc.: Sive Seminarium Linguarum & Scientiarum Omnium . . . Editio decima. Prioribus omnibus castigatior, & sesquimille circiter vocabulis auctior, cum versione Germanica & titulorum Indice . . . Ex impressione Lipsiensi recusa Coronae, Typis & sumptibus Mich. Hermanni, M. DC. LVIII. 8⁰ XX. 274 S. Index 9 S.

90. ***Albrich Martinus.** Canones Logici Selectiores. Quos In Celebri Gymn. Coronensi tempore Examinis publici Præside M. Martino Albrichio Rectore Gymnasii ejusdem ad Disputandum proponit Respondens Martinus Herrmannus Coronensis. Ad diem 8 Octob. Anno 1659. horis matutinis. Ibidem. typis Herrmannianis repræsentati. 4⁰ 4 Bl.

91. ***Albrich Martinus.** Disputatio De Consummatione Seculi, Quam Favente Deo Opt. Max. In Celebri Gymn. Coronensi tempore Examinis publici Præside M. Martino Albrichio Rectore Gymnasii ejusdem Publice defendendam suscepit Respondens Johannes Schulerus Bathoschensis. Ad diem 8. Octob. Anno 1659. horis matutinis. Ibidem. typis Hermannianis repraesentata. 4⁰ 2 Bl.

92. **Fuchsius Johannes.** Fasciculus Disputationum Philosophicarum, quem Jehova Feliciter Concedente, In Electorali ad Albim Academiâ Wittebergensi Florentissima, totoque orbe celeberrimâ Consentiente tamen & Permittente in eadem Amplissimâ Facultate Philosophicâ. Publici Academici Exercitii gratiâ. placido dextrê Philosophantium Examini exposuit in Auditorio Philosophorum. A. C. M. DC. LIII. & LIV. Johannes Fuchsius, Coronensis, Typis Michaelis Herrmanni. 4⁰. *Voran geht die Widmung an den Kronstädter Rat.* 2 Bl. *Am Schluss:* Dab. Coronæ è Museo meo. A. 1659. d. 18. Febr. *Dann folgen:*

D. O. M. A. De Constitutione Metaphysicae Dissertatio I., quam Sub praesidio M. Aegidii Strauchs, Witteb. publicae ventilationi submittit Johannes Fuchsius. Coronâ-Transsylvanus. In Auditorio Collegii Veteris. Ad diem X. Augusti. Horis matutinis. Wittebergae. Excudebat Johannes Röhnerus. Acad. Typogr. Anno clɔ Iɔc LIII. 4⁰ 6 Bl.

J. N. J. Collegii Metaphysici Disputatio II. proponens axiomata Affectiones Entis Disjunctas Partim Primarias, Partim Secundarias Concernentia. Quam Praeside M. Johanne Weissen, Isenaco-Thuringo.

Ampl. Fac. Phil. Adjuncto, Publico Eruditorum Examini submittit Respondens Johannes Fuchsius, Coronâ-Transsylvanus. d. XVIII. Maji in Auditorio minore.

Wittebergae Literis exscribebat Johannes Röhnerus, Acad. Typogr. Anno M. DC. LIII. 4° 8 Bl.

I. N. J. Exercitatio Metaphysica De Ratione Entis In Ordine Ad Inferiora, Quam, Ente Entium Annuente, Amplissimâque Facultate Philosophicâ in celeberrimâ ad Albim Academia consentiente, Sub Praesidio M. Josiae Christoph. Neandri Lubenâ-Lusati Publicé ventilandam sistit Johannes Fuchsius Coronâ-Transylvanus. In Auditorio Philosophorum, Ad diem XXV. Junii Horis matutinis. Wittebergae. Typis Michaelis Wendt. Anno M. DC. LIII. 4° 10 Bl.

Exercitationum Physicarum Disputatio Secunda De Causis Corporis Naturalis In Genere, Et In Specie De Materia, Bono cum Deo In illustri Leucoreâ ad ventilandum publicé placido Eruditorum examini proposita Praeside M. Johanne Frid. Tatinghoff Enchusâ-Bátavo. Respondente Johanne Fuchsio, Coronâ-Transylvano. In Auditorio Philosophorum, Ad d. XXIII. Julii, Wittebergae. Typis Michaelis Wendt, Anno M. DC. LIII. 4° 10 Bl.

Jehova Feliciter Concedente! De Coelo Ex Physicis Praeside Viro Clarissimo, atque Prae-Eximio Dn. M. Johanne Frid. Tatinghoff, Enchusâ-Batavo, Ampl. Fac. Philos. Adjuncto meritiss. Fautore ac studiorum suorum Promotore honoratissimo: Publicé disputabit Johannes Fuchsius Coronâ-Transylvanus. Aut-Resp. In Auditorio Majori Ad diem 23. Junii Wittebergae Typis Michaelis Wendt. Anno M. DC. LIV. 4° 10 Bl.

Centuriae Primae Axiomatum Sive Regularum Philosophicarum Decas IX. Quam Sub Gratioso Dei Ter-Optimi, Maximi Auspicio. Praeside M. Christophoro Grau-Müllero, Eisenbergense Osterlando. Facult. Philosophic. Adjuncto, Publice Ventilationi submittit Johannes Fuchsius, Coronâ-Transylvanus. In Auditorio veteri horis antemeridianis ad Diem .. Februarii. Wittebergae Litteris Johannis Röhneri. Acad. Typogr. Anno M. DC. LIV. 4° 22 Bl.

Am Schluss:

An H. Fuchsen, als Er zu Witenberg zum fünfften mahl öffentlich im Wält-weisen Wort-Streit sich rühmlich hielte.

WElch eine Brunst zur Kunst häufft sich bei dir zusammen?
Sie bricht so eifrig aus, und wirfft gekrümmte Flammen
Biss an die Sterne hin. Welch ein erhoosste Last
Zur Weissheit hat, H. Fuchs, erhitzet deine Brust?
Du bist nach Wittenberg so eine wilde weite
Aus deinem Vaterland zu suchen weise Leute
Mit frohem Fuss gereist, und nichtes nicht gescheut,
Was einem Reisenden Verdruss, Last, Mühe dreu't
Und manchen Schweiss erreg't. Man sehe nur die Felder,
Die Berge, Wildflüsse, viel graue Klippen, Wälder

Manch Wetter, manche Lufft, Gefahr, und was noch mehr;
Das war dir nicht so wild, dass du nicht werst bisher
Nach Wissenschafft gereis't: dass manchem Weichling stinkket,
Der hinterm Ofen sitz't, und Mutter-Milch nur trinkket;
Und kommt gleich einer biss in unser Zips hinein,
So mein't er schon dass da die rechten (a) Moser sein,
Und kehr't bald wieder umb. Du bist noch nicht vergnüget
Mit reisen und mit seh'n: dein Zwekk, der dir oblieget,
Ist Wissenschafft und Kunst. Drumb hastu auch bereit
Schon hier zu Wittenberg die Vier-bejahr'te Zeit
Gar köstlich angewand: Nicht Gläser, nicht den Degen,
Nicht Schmäuse, nicht Tabak, nicht ander's angelegen
Und lieb dir lassen sein, was vielen angenehm
Und täglich wohl belieb't; das doch gantz unbekwehm
Auff das Cur Hic sich räumt. Du hast vielmehr in Büchern
Dein' Arbeit lassen sein, als die dich recht versichern
Der Beute Deines Zweck's. Das stehet nun am Tag'
Und ist kein Zweiffel d'ran. Die gutten Bäume mag
Mann kennen an der Frucht. Du hast schon zu Viermahlen
Den Fleiss mit höchstem Ruhm' im Wort-Streit lassen strahlen,
Und bei uns klar gemach't. Jetzt folg't der fünffte Preiss.
Du steigest wiederumb mit unermüd'tem Fleiss
Auff der gelehrten Stuhl, brauch'st die bered'ten Lippen
Mit scharff-gehirn'tem Geist', und stössest umb die Klippen
(Die dir doch sind wie nicht's) der Wort-Betrügerei
Den falsch-geschraubten Satz, und legt der Wahrheit bei.
Was, Bruder, denkk'stu wohl? hat deine nasse Stirne
Umbsonsten sich bemüh't? was hoffet dein Gehirne,
Dein scharff-gesaltz'ner Schweiss? du trägest genug davon.
Die güld'ne Wissenschafft ist ihr selbst-eigner Lohn.
Doch hoffe noch was mehr: Dein Siebenbürgen freuet
Und spitzet sich auff dich. Es hat sich dir geweihet
Glükk, Segen, Ehre, Ruhm; Liebinne steh't bereit
Mit köstlichem Geschenkk' und wartet deiner Zeit
Mit einem schönsten Stükk'. Und Juno hat Verlangen
Mit Ehre, Reichthum, Gutt, zugleich samt dir zuprangen,
Und reich't das reich'ste Stükk' dir zur Verehrung dar.
Was wilstu mehr, Herr Fuchss? Die allgemeine Schaar,
Die gantze Leiberei der mildesten Göttinnen
Hat völlige Begier zulohnen dein Beginnen.
Sie alle warten auff mit dem, was Fuchsen sol,
Und zeigen klar, dass sie dem Fuchsen wollen wol.
So, so wird dir der Weg und auch die Müh bezahlet;
In dem dir lauter Lust und volles Glükke strahlet.
Schau! schau! man trincket in Gesundheit deiner schon!
Mach fort, Herr Fuchss, und nim, was dir bestellt, davon!

Seinem sonderlich-würthen und lieben Bruder-Freunde, und Tisch-genossen aus geneig'ter Schuld-fertigkeit

Christoph Klesch von Iglo
aus der Graffschafft Zips in Ober-Ungarn.

(a) Germanos sic vocant Transylvani. Fraelichius in Viator: putat contemtim. Malim putare, quod sit nomen Honoris. Quidem quod Monseur, paucnlis More ipsorum mutatis. Quod Vocabulum Incolae ab exteris Gallis sive Germanis audiisse videntur, ut ipsi quidam autumant, & sic ad posteros longo usu propagasse.

93. **Honterus Johannes.** De necessario et contingenti. Praeside M. Joh. Hontero Rect. Coronensi disputavit Casparus Rauss Stud. Cor. die 24. Mart. 1661. Coronae 4°.
Trausch II. 220.

94. ***Molnar Gregorius.** Elementa Grammaticae Latinae. Pro recta institutione Juventutis Scholasticae. ex prolixioribus Grammaticorum Praeceptis in breve Compendium contracta. A Gregorio Molnar piae memoriae. Nunc denuo singulari studio & a plurimis mendis purgata et locupletata. Recusa Brigae. 1670. Coronae Apud Nicol. Molitorem venalia exstant. 8° 128 S.

95. ***Johannis Buchleri** Elegantiarum Regulae. Lectissimis Scriptorum, maximè Ciceronis exemplis illustratae. Omnibus eloquentiae Candidatis apprimè observatu necessariae: Antehac Fusè & indigestim ab Autore traditae: nunc verò contractae, & ordine Alphabetico digestae. Per Franciscum Rhetherum Coronâ-Trans. SS. Th. Stud. Impressum Coronae, impensis Autoris. cIↄ Iↄc LXXI. 8° 48 S.
Teutsch Joseph Nr. 74:
„H. Franciscus Rheter Cor. als Lector Gymn. Cor. erwies sich auch in seinem Vaterland unermüdet und achtete es seinem Amt gemäss, diese Regeln auch in Cronen zu publiciren, um seinen anvertrauten Schülern, die er im lateinischen Style unterrichtete, hiermit aufzuhelfen.“

96. **Comenius J. Amos.** Janua Linguarum etc. (*wie* Nr. 89) 1672. 8°.
Trausch, Katalog.

97. ***Joannis Bucelleni** Officina Epithetorum, Appellativorum, & Nominum Propriorum, De Novo Revisa, & In Gratiam Tyronum Poeseos manuductionibus quibusdam locupletata: Sedulitate Francisci Rhetheri Scholae Coronen. Lector. Coronae, Typis Michaelis Herrmanni. Anno cIↄ. Iↄc. LXXIV. 8° 208 S.
Teutsch Joseph Nr. 75:
„Der dieses Buch herausgegeben und vermehret, ist der vorangeführte treufleissige H. Franc. Rheter, welcher die Poesie beim Gymnasio docirte und hierdurch den Lernenden einen leichten Weg zeigte, zu ihrem Zweck zu gelangen.“

98. ***Dietericus Cunradus.** Epitome Catechetica, Auctore Cunrado Dieterico, SS. Theol. Doct. Antehac Practicae Philosophiae Paedagogiarchâ Gissae, nunc Pastore ac Superintendente Ulmensi. Editio nova renovata. Impressum in Inclyta Transylvan. Corona, Typis Michaelis Herrmanni, Sumptibus verò Stephani Jüngling, Typog. Cibin. Anno 1674. 12° 143 S.

99. **Fabricius Johannes.** Solidissimus Coelestis Veritatis Malleus, quo Zephyrium Sambario-Debredianum Ovum, M. Johannes Fabricius, Gymnasii Cassoviensis Catholico-Lutherani Rector & Prof. Primar. concussit, Contrivit & Disjecit. Apocal. 18, V. 4, & 5. Exite de illa etc. Stephanopoli, Recusus. Anno M. DC. LXXIV. 4° 42 Bl.
Szabó K. II. 366.

100. **Fabricius Johannes.** Adamas Coelestis Veritatis, Quo Veritatis expertem Pumicem Sambario-Debredianam falso appellatum Lapillum Danielis M. Johannes Fabricius, in Gymnasio Cibiniensi Publicus Professor, Contrivit. Theopoli, Sub Signo Providentiae Divinae (1674) 4° X. 36 S.

Szabó K. 366.

101. ***Comenius J. Amos.** Orbis Sensualium Pictus, Bilinguis, Hoc est: Omnium fundamentalium in Mundo rerum, & in vita actionum, Pictura & Nomenclatura. Latina & Germanica. Die sichtbare Welt, in zweyen Sprachen, Das ist: Aller vornehmsten Welt-Dinge und Lebens-Verrichtungen Vorbildung, wie auch, Lateinische und Deutsche Benamung. Coronae. Typis & Figuris Petri Pfannenschmidii excudit Nicolaus Molitor. Anno 1675. 8° XVI. 327 S. Index 9 S.

102. ***Comenius Johan-Amos.** Januae Linguarum Reseratae Aureae. Vestibulum, Quŏ Primus ad Latinam Linguam aditus Tyrunculis paratur: Editum à Johan-Amoso Comenio. Coronae. Typis Petri Pfannenschmiedii, excudit Nicolaus Molitor. 1677. 8° 40 Bl.

103. ***Gorgias Johannes.** Gemma Quaestionaria, ex Synopsi Logicâ admodum Reverendi & Clarissimi Viri D. M. Martini Albrichii, Pastoris Eccl. Rosen. famigeratissimi et praecellentissimi, excerpta, & Thesium loco in Illustri Coronensium Gymnasio exhibita. Praeside M. Johanne Gorgia P. & Rectore Scholae Coronensis & Respondente Georgio Mathaesio Sarkanyio, Scholae Coronensis Alumno, ad diem . . Aprilis, horâ locoque solito. Coronae. Typis Herrmannianis, mandavit Nicolaus Molitor, Anno 1679. 8°. Disputatio I—V. 31 Bl. *Inhalt:*

I. N. J. C. Disputatio II. De Prädicamentis. Quam Deo Ter Opt. Max. fortunante, in Illustri Coronensium Gymnasio, Praeside M. Johanne Gorgia, P. & Rectore Scholae Coronensis, defendet Georgius Leps, Bistriciensis, Scholae Coronen. Alumnus. Ad diem Aprilis, horâ locoque Solito, Coronae, Typis Herrmannianis, mandavit Nicolaus Molitor, Anno 1679.

Disputatio III. De Enunciatione. Quam Deo Ter Opt. Max. favente in Illustri Coronensium Gymnasio, Praeside M. Johanne Gorgia, P. & Rectore Scholae Coronensis, in Eruditorum Consessu defendet Respondens Martinus Jung Parimontanus. p. t. Gymn. Coron. Orator, ejusdemque Alumnus, ad diem 13. & 26. Maji, horâ locoque solito. Coronae. Typis Herrmannianis, mandavit Nicolaus Molitor, Anno 1679.

Disputatio IV. De Syllogismo. Quam Jehovah juvante & fortunante, in Illustri Coronensium Gymnasio, ad disputandum exhibuit, Praeside M. Johanne Gorgia, P. & Rectore Scholae Coronensis, Respondens Thomas Rothmann, Czidensis, Scholae Coronen. Alumnus. Ad diem 10 & 12 Junii, horis locoque solito. Coronae Typis Herrmannianis, mandavit Nicolaus Molitor, Anno 1679.

Disputatio V. De Doctrina Topica. Quam Deo Ter Opt. Max.

adjuvante, in Illustri Coronensium Gymnasio, Praeside M. Johanne Gorgia, P. & Rectore Scholae Coronensis, Eruditorum Examini Subjicit Respondens Martinus Jeckelius, Purimontanus, Scholae Coronen. Alumnus. Ad diem 17. Mensis Junii, horis locoque solito. Coronae, Typis Herrmannianis, mandavit Nicolaus Molitor. Anno 1679.

104. **Evangelia et Epistolae** dominicales et festivales. Stephanopoli impensis Marthae Pfannenschmidin, recudit Nicol. Molitor. 1685. 12° 14 Bögen.

Trausch, Katalog.

105. ***Greissing Valentinus.*** In B. D. Leonh. Hutteri Compendium Locorum Theologicorum Disputatio Exegetico-Polemica, Eaque Praeliminaris Prima. De titulo sive inscriptione Compendii. Quam in Gymnasio Coronensi publicè ventilandam proponit Praeside M. Valentino Greissing, Patrii Gymnasii Rectore, Respondens Martinus Jeckelius, Purimontanus, Praenominati Gymn. hactenus Praefectus, nunc Ministerii Candidatus. Ad diem 18 Novembr. l. hq. consuetis. Coronae, Typis Michaelis Herrmanni, Anno 1687, 4° 8 S.

106. ***Greissing Valentinus.*** In B. D. Leonh. Hutteri Compendium Locorum Theologicorum Disputatio Exegetico-Polemica, Eaque Praeliminaris Altera, De Theologiae Prolegomenis. Quam in Gymnasio Coronensi publice ventilandam proponit Praeside M. Valentino Greissing, Patrii Gymnasii Rectore, Respondens Johannes Abrahami, Prasmariensis, ad illustriores Scholas, quas Academias vocant, propediem, Deo duce, abiturus. Ad diem 18. Decembr. l. hq. consuetis. Coronae, Typis Michaelis Herrmanni, Anno 1687. 4° 8 S.

107. ***Greissing Valentinus.*** In B. D. Leonh. Hutteri Compendium Locorum Theologicorum Disputatio Exegetico-Polemica, Eaque Praeliminaris Tertia, De Religione. Quam in Gymnasio Coronensi publicè ventilandam proponit Praeside M. Valentino Greissing, Patrii Gymnasii Rectore, Respondens Lucas Fernengel, Alb. Ecclesiensis, vocatus Patriae Scholae Rector. Ad diem 24. Decembr. l. hq. consuetis. Coronae, Typis Michaelis Herrmanni. Anno 1687. 4° 10 S.

108. ***Greissing Valentinus.*** In B. D. Leonh. Hutteri Compendium Locorum Theologicorum Disputatio Exegetico-Polemica, Eaque Praeliminaris Quarta, De Articulis Fidei. Quam in Gymnasio Coronensi publicè ventilandam proponit Praeside M. Valentino Greissing, Patrii Gymnasii Rectore, Respondens Andreas Conradi Mediensis, Academias propediem salutaturus. Ad diem 20. Decembr. A. O. R. M. DC. LXXXVIII. Coronae, Typis Michaelis Herrmanni, Anno supranotato. 4° 10 S.

109. **Comenius J. Amos.** Janua linguarum etc. (*wie* Nr. 89) 1688. 8°.

Trausch, Katalog.

110. **Rudimenta linguae latinae** in usum Scholae Albensis hoc modo elaborata, ut puer unius anni spatio ex illis legere, declinare, comparare, conjugare, initia denique Syntaxis et radices silvae vocabulorum

harmonice addiscere possit. Editio postrema. Coronae, typis Mich. Hermanni. 1688. 8° 11 Bögen.

Trausch, Katalog.

111. ***Catonis** Disticha Moralia. Cum Germanica & Hungarica versione, nunc castigatiùs, quàm antea, edita.

Ad minus candidum lectorem:

Cur ducis vultus, & non legis ista libenter
Non tibi, sed parvis, parva legenda damus.

1688. Coronae. Typis & impensis Michaelis Hermanni. 8° 72 S.

112. ***Greissing Valentinus.** In B. D. Leonh. Hutteri Compendium Locorum Theologicorum Disputatio Exegetico-Polemica, Eaque Quinta, De Scriptura Sacra in genere. Quam in Gymnasio Coronensi publicè ventilandam proponit Praeside Valentino Greissing, Patrii Gymnasii Rectore, Respondens Simon Werther, Lapidensis, Praenominati Gymnasii hactenus Orator, nunc Reipub. Rupensis Notarius. Ad diem 20. Augusti. Anno aerae Christianae MDCLXXXIX. Coronae, Typis Michaelis Herrmanni, Anno 1689. 4° 5 Bl.

113. ***Scharsius Andreas.** Disputationis Theologico-Logicae Solennioris Musis Mediensibus In Exordio anni paulo post nobis inituri, qui Epochae Redianae M. DC. XC. numerabitur. Praeside Andrea Scharsio Mediensi, Gymnasii Patrii Rectore, Respondente verò Thoma Scharsio, dicto loco Logicae & Oratoriae Studioso. Strenae nomine dicandae. Theses De Mysterio S. S. Trinitatis, termino item homonymo, & per se apto incompleto consentaneo, tam synonymico quàm paronymico. Stephanopoli, Typis Michaelis Herrmanni. 4° 10 S.

114. **Scharsius Andreas.** Positiones Theologico-dialecticae, de essentia Dei absolute considerata, et hanc consequentibus attributis absolutis; classibus item praedicamentalibus, disputatione solenniori in Gymnasio Mediensi, Praeside Andrea Scharsio . . . Respondente Valentino Filkeno, ejusdem Gymnasii studioso, ad diem . . Julii. 1690. Coronae. 4°.

Trausch III. 161.

115. **Scharsius Andreas.** Disputationis Theologico-Dialecticae, A Gymnasio Mediensi, Honori Novi sui Inspectoris, primum se invisuri, Viri puta summè Reverendi, Venerabilis atque Clarissimi Dn. Stephani Gundhardi Ecclesiae hactenus Zabesiensis Antistitis vigilantissimi, Capitulique Antesylvani Decani de Republ. Ecclesiastica jam olim praeclarè meriti; jam nunc Mediam. urbem patriam, translocati, ibidemque coetui sanctiori solenniter praefecti Pastoris Primarii, In qualecunque observantiae suae testimonium, dicatae Theses De Attributis Dei Operativis, Termino item Incomplexo Dissentaneo, atque Complexo. Qua Praeside Andrea Scharsio Mediensi. dicti patrii Gymnasii Rectore. Respondente vero Daniele Schullero Mediensi. AA. LL. Studioso. Ad diem . .

curr. XCI. ventilabuntur. Coronae, Typis Michaelis Herrmanni, mandavit Nicolaus Molitor. 4° 5 Bl.

Szabó K. II. 456, 457.

116. ***Feliciter! Feliciter!*** Quum Vir Reverendâ dignitate, Doctrinae excellentiâ, variarumque rerum usu & experientiâ clarissimus, Theologus insignis Dn. Martinus Harnung Pastor hactenus Ecclesiae Brendorffensis tres & triginta annos praeclarè meritus, ac almi Capituli Barcensis Decanus gravissimus, communi Senatûs, Patrumque Conscriptorum suffragio, totiusque Urbis applausu, in solenni Panegyri Antistes Basilicae, Caeterarumque Filialium Ecclesiarum quae Coronae Christo colliguntur, Gymnasiique Inspector, publicè renunciaretur, ac inaugurararetur. Anno, Mense & Die:

Vt noVVs AntIstes nostrâ se sIsteret Vrbe
OCtobrIs MeDIo LVX Iterabas Iter

toto affectu applaudebant Gymnasii Coronensis Rector et Lectores. (12. Sept. 1691) Stephanopoli Typis Herrmannianis mandavit Nicolaus Molitor.

Trausch, Manuskr. Fol. 51 I. Nr. 36, S. 77 (1 Bl.)

117. ***Greissing Valentinus.*** Paradoxa Logica Quadraginta passim observata, ad ventilandumque proposita In Gymnasio Coronensi, die 2. Jan. Anno ineunte M. DC. XCII. Praeside M. Valentino Greissing, Rectore & Respondente Georgio Waad, Schönensi, praedicti Gymnasii Oratore. Coronae, Charactere Herrmanniano, mandavit Nicolaus Molitor. 4° 8 S.

118. **Greissing Valentinus.** In B. D. Leonh. Hutteri Compendium LL. Th. Disputatio Exegetico-polemica, Eaquê Sexta & Septima, De Essentiali Divisione Libb. Biblicorum in Canonicos & Apocryphos Quas in Gymnasio Coronensi publicè ventilandas proponunt Praeside M. Valentino Greissing Respondentes Georgius Nussbacher Coron. Gymn. Patrii Orator. Et Simon Roth Mariae-vallensis Gymn. Cor. Stud. ad diem 6. & 7. Jan. Anno ineunte 1693. Coronae, Typ. Lucae Seuleri, M. D. mandavit Nicolaus Molitor. 4° 16 S.

119. **Greissing Valentinus.** Donatus Latino-Germanicus tyronum captui accomodatus oder Kinder-Donat, darinen die angehenden Schulknaben bald nach gebrauchtem ABC-Buch zum rechten Aussprechen, Buchstabiren und Lesen, fürnemlich aber zum Decliniren und Conjugiren, und dann zum Wortfügen, durch allerhand Exempel, Latein und Deutsch, aufs Vortheilhafteste und Deutlichste angeführt und zur Grammatik fort angewiesen werden. 1693. 8° 96 S.

Trausch II. 34.

120. ***Scharsius Andreas.*** Disputatione Theologico-Dialectica Solenniori Circa Opera Divina in Genere Creationem ac Providentiam in specie. Itemque: Enunciationem ut sic, ejus partes, & harum proprietates. In Gymnasio Mediensi Praeside Andrea Scharsio Mediensi, ejusdem Rec-

tore Respondens Simon Drauth, Patric. Coron. AA. LL. Studiosus. Ad diem 22. Octobr. labentis M. DC. XCIII. anni in Auditorio sequentes defendet Theses. Coronae, Charactere Lucae Seuleri, M. D. impressit Nicolaus Molitor. 4° 10 Bl.

121. ***Parnassus** Coronensis exultans, seu Gaudia Publica, quum Vir Nobilis, Praecellens, atque Clarissimus, Dominus M. Valentinus Greissing, Facultatis Philosoph. in Academia Wittebergensi antehac Adjunctus dignissimus, postea Gymnasii Patrii Rector fidelissimus, ac undiquaque meritissimus, post exantlatos decem, & quod excurrit, annorum labores scholasticos longè gravissimos, tædiosissimas item pulverulentæ Musarum officinæ molestias feliciter superatas, præviâ electione legitimâ, â Virga ad Pedum, vocatus viduatæ Rosonensis Ecclesiae novus Antistes, consuetis inaugurandi ritibus adhibitis constitueretur: Laetitiae pariter ac debitæ venerationis contestandæ ergò ipso inaugurationis die qui erat XI Novemb. Divo Martino sacer. Anni clɔ Iɔc XCIV. Carminibus votivis exposita, ab Athenæi Coronensis Rectore, Lectoribus, Collegis, Civibus. Coronæ Typis Lucae Seuleri, M. D. mandavit Nicolaus Molitor. 4° 8 Bl.

122. ***Greissing Valentinus.** Dissertatio Gymnica De Philosophia ac Philosophorum celebrioribus Sectis in genere. Quam In Gymnasio Coronensi publico Examini submittit Praeside M. Valentino Greissing Respondens Michael Ungar Szenevareschensis, Gymn. Cor. hactenus Studiosus, nunc vocatus Rector Scholae patriae pridie Festi D. Matthiae, Anno nuper ineunte 1694. Coronae, Typis Seulerianis deproperata. 4° 12 S.

123. **Epistolae & Evangelia.** Quae annuatim secundum ritum veteris Ecclesiae, in Templis leguntur. Et Ea Evangelia Ac Epistolae, quae in praecipuis Sanctorum feriis tractantur. Coronae, Typis & Impensis Lucae Seulers, M. D. recudit Nic. Molitor. M. DC. XCVI. 8° 124 Bl.

Szabó K. II. 495.

124. **Scharsius Thomas.** Quod diligentibus Deum et sapientiæ studiosis faustum ac salutare esse cupit. Σκιαγραφίαν totius Philosophiae praeliminarem, in gratiam et usum discentium suorum breviter conscriptam, occasione examinis publici, in celebri Gymnasio Regiae Civitatis Mediensium, disputandam sistit Thom. Scharsius, Gymn. Rector, Respondente Sam. Conradi. Metaph. et Theol. cultore An. 1696 dieb. Decemb. Coronae, typis Lucae Seulers. 12° 93 S.

Trausch II. 163.

125. ***Hutter Leonhartus.** Compendium Locorum Theologicorum, Ex Scripturis sacris, & Libro Concordiae, Jussu & Autoritate Serenissimi Electoris Saxoniae Christiani II. & Collectum & ab utraque Facultate Theologicâ, Lipsiensi & Wittebergensi approbatum. In usum tum trium Scholarum illustrium, tum reliquarum Trivialium in his regionibus. Operâ & studiô Leonhardi Hutteri SS. Theol. D. & Prof. in Acad. Witteb. ordinarii. Coronae,

Typis & Impensis Lucae Seulers M. D. mandavit Nicolaus Molitor. M. DC. XCVI. 12° XVI. 310 S. Elenchus, Errata, Oratiuncula 9 S.

Teutsch Joseph Nr. 124:

„Wer solches zum Druck verordnet, habe nicht erfahren können, muthmasslich ist es geschehen mit Zuthun des Herrn Rect. Gymn. Martin Zieglers und Genehmhaltung des Herrn Inspect. Schol.

Es sollte solches der studirenden Jugend dienen, weil beim Gymnasio darüber gelesen wurde. Vier und dreissig Glaubensartikel werden in Frag und Antwort abgehandelt, welche mit nöthigen Sprüchen der H. Schrift und der Augsburgischen Konfession bewiesen."

126. ***(Müller Nicolaus.)** De conservanda bona valetudine liber Scholae Salernitanae. Coronae, Charactere Lucae Seulers, M. D. recudit Nic. Molitor. Anno 1696.

Trausch, Manuskr. Fol. 51. I. N. 51. S. 111 (1 Bl.)

127. **Haner Georgius.** Acroasium Theologicarum ex D. Cunradi Dieterici Institutionibus Catecheticis, Discentibus Gymnasii Schaesburgensis ostensarum Disputatio prima, post binas praeliminares de Scriptura Sacra, quam sub moderamine, S. S. Trinitatis Praeside M. Georgio Haner Schaesburgensi, Gymnasii patrii Rectore, publicae disquisitioni submittet Respondens Georgius Seraphinus Schaesburgensis, S. S. Theol. et Philos. Stud. anno 1697. Coronae. Typis Seulerianis, impressit Nicolaus Molitor. 8° 23 S.

Trausch II. 57 S.

128. **Haner Georgius.** Acroasium Theologicarum ex B. D. Cunradi Dieterici Institutionibus Catecheticis. Discentibus in Gymnasio Schaesburgensi, ostensarum Disputatio II. post binas praeliminares, De Deo Uni-Trino, quam sub moderamine Dei Uni-Trini. Praeside M. Georgio Haner Schaesb. Disc. Lun. et Gymn. Patrii Rectore, publice defendet Andreas Helvig Rupensis, S. S. Theol. et Phil. Stud. Schaesb. in Audit. Studios. die . . . . . Coronae. Typis Seulerianis, praesentavit Nicolaus Molitor. (1698.) 8° 10 Bl.

Szabó K. II. 521 und 522.

129. **Haner Georgius.** Acroasium Theologicarum ex B. D. Cunradi Dieterici Institutionibus Catecheticis, Discentibus in Gymnasio Schaesburgensi ostensarum Disputatio Tertia super Articulo: De Scriptura Sacra Praeside M. Georgio Haner Schaesb. Gymnasii patrii Rectore . . . Coronae, Typis Lucae Seuler. 1698. 8° 24 S.

Szabó K. II. 522.

130. ***Fronius Marcus.**

Cum coelum levius sit, sitque gravissima terra,
Quare plus istâ ponderis illud habet?
Obscura est terra, & parva est, dat febriculosa
Gaudia, inops rerum est, denique plena malis;
At coelum illustre est, tegit omnia, & omnia transit:

Abeunt inde vices, nescit item lachrymas:
Marte ac Morte caret, nil dat nisi gaudia plena,
Solum felices aut facit, aut recipit.

Rectè judicavit adeò, Pietatisque juxta & prudentiae argumentum reliquit Samuel Sinonius, Veri piique Studiosus, dum illam cum isthôc A. clↄ Iↄ cc. XXI. Martii commutavit.

Terra vale, dixit, salve, dixit quoque, coelum,
Illic sunt luctus, hic habitare bonum est.

Impressum Coronae, Typis Lucae Seuleri, M. D. 8° 15 Bl.

131. ***Sinonius Samuel.** Cantator cygnus funeris ipse sui. Samuel Sinonius Coronaeus. Coronae, Typis Lucae Seulers, M. D. excudit Nicolaus Molitor, 1700. 8° 16 Bl.

132. ***Heyden Sebaldus.** Colloquiorum Puerilium Formulae, Latino-Germanico-Ungaricae, pro primis Tyronibus scriptae. Per Sebaldum Heyden. Ad Nasutum Lectorem.

Consultum pueris volumus: Nasute valeto,
Queritur his fructus, gloria nulla mihi.

Stephanopoli, Typis & Impensis Lucae Seulers M. D. recudit Nicolaus Molitor. Anno M. DCCI. 8° 32 Bl.

133. ***Eckhard Michael.** Cum Egregiae summeque Spei Adolescentulo Johanni TrauGott Seulero, Excellentissimi, Prudentissimi, juxtà ac Doctissimi Dn. Lucae Seuleri, M. D. experientissimi, ut & inclutae Reip. Coronen. Oratoris Amplissimi, filiolo natu minori fasces regii inferiorum classium publicè d. 17. Oct. MDCCI auspicatò imponerentur, simplici Carmine eos ornare voluit . . Michael Eckhard Heltviniensis in Gymn. Coron. p. t. Studiosus. Impressum Coronae, Anno MDCCI.

Trausch, Manuskr. Folio 53 I. Nr. 11. S. 97 (1 Bl.)

134. ***Luther Martinus.** Catechesis Minor D. Martini Lutheri. Germanice & Latine. Coronae. Typis & Sumptibus Lucae Seuleri M. D. M. DCCII. 8° 28 Bl.

135. **Comenius Joh. Amos.** Orbis Sensualium Trilinguis, Hoc est: Omnium fundamentalium in Mundo rerum & in vita actionum Nomenclatura. Latina, Germanica & Hungarica. In usum & commodum scholasticae nostrae Juventutis noviter emissa. Coronae. Typis Lucae Seuleri M. D. per Michaël. Heltzd. Anno 1703. 8° 263 S.

Szabó K. II. 583.

136. **Molnar Gregorius.** Elementa Grammaticae Latinae (*wie* Nr. 77) Coronae. Apud Lucam Seulerum, M. D. per Michaelem Heltzdörffer. Anno MDCCIII. 8° 76 Bl.

Szabó K. II. 583.

137. ***Fronius Marcus.** Tusculanae Heltesdenses. Excusum Coronae, typis Lucae Seuleri. M. D. per Stephanum Müller. Anno MDCCIIII. 4° VI. 140 Bl.

Auf der Rückseite des Titelblattes:

J. E. Dissertationes. De SS. Theologia. Quibus. Articulorum. Fidei. Omnium. Connexio. Methodo. Scripturaria. é. Septem. Omnino. S. Sc. Locis. Deducta. Commonstratur. Ventilatae. Praeside. Marco Fronio. P. M. & n. Past. Cor. Respondentibus. Quorum. Nomina. Dabunt. Singulae.

I. Ingressio. Act. XIV. 17. Respond. Simon Gust.. Rosis. XIII. Kal. Dec. Anno. MDCCI. exeunte.

II. De Theologiae Praecognitis. Paul. Tit. I. 1—3. Tit. I. 1—3. Respond. Trost-Fried. Greissing Coron... Rosis prid. Id. Decembr. A. hujus seculi primo.

III. De Theologiae Subjecto, quod est Homo Peccator. Rom. 5. 12. Respond. Nathanael Trausch, Coron... Rosis III. Non. Febr. A. CIↃ IↃ CCII.

IV. De Salutis Nostrae Causis. Joh. 3, 16—19. Respond. Lucas Kolbius, Coron. Rosis. VI. Id. Mart. A. M. DCCII.

V. De Conferendae Salutis Modo. Salvus Fit Homo hoc modo, Tit. 3, 4—7. Respond. Valentinus Igel.. Rosis ipsis Non. Jul. A. h. s. III.

VI. De Mediis Salutis Humanae. 1. Joh. 5, 8. Respond. Martinus Albrich.. Ros. Prid. Non. Aug. (1703).

VII. De Ecclesia. Eph. 4, 15. sq. 30. Respond. Johannes Barbenius. Cor. Ros. A. R. S. CIↃ IↃ CCIII. Prid. Non. Aug.

VIII. De Novissimis. 1. Cor. 15, 22, 23, 24, 28. Respond. Georgius Drauth jun... Ros. Dom. XVII. p. Trin. A. h. s. III.

IX. Conclusio. Act. XX. 27. Respond. Joseph Schobel.. Cor. prid. Kal. Jun. A. MDCCIIII.

Vgl. Blätter für Geist, Gemüth und Vaterlandsk. 1857. Nr. 13 und 14.

138. ***Römer Lucas.** Eridos Pomum. In Panegyrin. Praestantissimorum Virorum. Studiosorum Academicorum. Projectum. Quod. Suae. Palladi asseret. Lucas Roemerus. S. S. Th. & Ph. Stud. Coronae Ineunte Anno C. CIↃ IↃ CCIIII. Typis Lucae Seuleri. M. D. Excudit Stephanus Molitor. 8°. 8 Bl.

Trausch Joseph Nr. 134:

„Der Auctor dieses so betitulten Zankapfels war H. Lucas Römer von Weidenbach, der die darinnen enthaltenen Paradoxa den H. Academicis aufzulösen vorwarf. Es sind derselben bei 138 und aus verschiedenen Disciplinen hergenommen.“

139. ***(Fronius Marcus.)** Α Ω. Patriam quaerens Exul Psyche.

Terra domus animis non est accomoda nostris.
Altius it nostrae conditionis honos.
Qui nimium terras amat et mortalia tecta.
Fallitur. Est alio patria nostra loco.

Hic sumus extorres, alienaque regna tenemus
Sub gravis exilii servitiique jugo. J. B.

In placidum Eruditorum Examen Vocata a Marco Fronio P. D. P. C. *(Pro-Decano Pastore Coronensi)* M. DCCV. Coronae A. Curr. Febr. 8° 108 Bl.

140. ***Brecht Jos. Clemens.** A x Ω. Invitatio Solennis Ad Studium Historicum quod tanquam Catena Aurea Historica Nunquam Hactenus Visa Articulorum nullo interrupto quasi Catena Magnetica Articulo Articulum trahente A Condito Mundo ad nostra usque Tempora Spectatoribus ceu in Speculo uno introitu repraesentatur. Coronae typis Seulerianis. (1709) 8°. 8 Bl.

141. **Brecht Jos. Clemens.** Programma invitatorium ad demonstrationem emendationis temporum, qua errores Calendariorum corriguntur et certissimus temporum computus restituitur. Stephanopoli typis Seulerianis (1709?) 8°. 16 S.

Trausch I. 177.

142. **Heyden Sebaldus.** Colloquiorum Puerilium Formulae Latino-Germanico-Ungaricae 1714 *(wie* Nr. 132) 8° 48 S.

Trausch. Katalog.

143. **Tabellae** de verborum hungaricorum formatione recenter inventae et impressae in usum scholae Hungaricae Fogarassinae. Coronae 1715. Folio.

Catal. Bibliothecae Cornidesianae p. 180.

Trausch, Katalog.

144. ***Catonis** Disticha Moralia, cum Germanica & Hungarica Versione, nunc castigatius quam antea edita. Ad minus candidum Lectorem. Cur ducis vultus, et non legis ista libenter? Non tibi, sed parvis, parva legenda damus. Coronae, Typis Seulerianis, recudit Stephanus Müller, Anno 1715. 8° 72 S.

Teutsch Joseph Nro. 150:

„Dieses Büchlein ist noch im 16. Sec. durch Vermittlung des sel. Herrn Honteri zum Druck befördert worden, zweifelsohne nur Latein; nachgehends ist auch die teutsche und ungarische Version darzu kommen. Zu dieser Auflage mag vielleicht T. H. Paullus Neidel Gelegenheit gegeben haben, weil derselbe als Inspector Scholarum besonders Acht zu geben pflegte, wenn sich ein Mangel ereignete.

Es sollte fürnehmlich den Klass-Knaben dienen, weil viele schöne Lehren darinnen enthalten sind, wird aber heut nicht mehr gebraucht.

Zuletzt ist's 1715 in Kronen gedruckt worden und besteht aus $4^1/_2$ Bogen in 8°."

145. ***Abecedarium** Latinô-Hungaricum seu Elementa Linguae Latinae et Hungaricae Numer. Cap. VI. vers. 24. O puernli etc. Coronae, Typis et impensis Seulerianis, impressit Mich. Heltzdörffer. Anno 1720. 8° 32 S.

147. **Genealogia** atque indoles justitiae super funere Sp. D. Samuelis Biro de Homorod-Szent-Márton. 1721. 4°.
Catal. Bibl. Corvid. p. 96.
Trausch, Katalog.

148. **Comenii J. Amos** Vestibulum Linguae Latinae. 1722. (Latino-Hungaricum, prius A. Juliae 1642 per Piscatorem editum.) 8°.
Trausch, Katalog.
Josef Teutsch Nro. 154:
„Es ist dieses für die Schulknaben nützliche Büchlein unterschiedlichemal aufgelegt worden, zumalen aber in diesem Jahr 1722, so viel mir wisslich, zum letztenmal in Cronen in 8°."

149. **Csapai Franciscus.** Opusculum curiosum, quo nomen tricesimatorium a nomine teloniatorio, tam antiquis Judaeorum temporibus tento, quam modernis temporibus administrari solito a homonyma aequipollentia, in gratiam dominorum Tricesimatorum in Transylvania circa confinia Coronensia existentium, evidenter vindicatur. Opera et studio Francisci Csapai, Primarii Tricesimatoris Coronensis. Coronae, pridie Idunm Septembris Anno MDCCXXVI. Coronae typis Seulerianis excudit Michael Heltsdörffer. Anno 1726. Folio 8 S.
Thom. Tartler, Collectanea Fol. Nro. 16.
Trausch, Katalog.

150. **Alstedii J. H.** Rudimenta Linguae latinae 1726. 8 Bogen.
Siebenbürgische Quartalschrift V. 218.
Trausch, Katalog.
Teutsch Joseph Nro. 156:
„Dieses Büchlein hat ohne Zweifel der damalige Eigenthums-Herr der Buchdruckerey M. Lukas Seuler M. D. experient. auf Verlangen des Buchdruckers wieder auflegen lassen, nachdem die vorigten Exemplaria abgegangen waren, und die Reformirten besonders solches in den Schulen einführen wollten.
Solches ist meistentheils für die Ungarn vom Gelehrten Weissenburger Professor Joh. Henr. Alstedio geschrieben worden, dass sie daraus decliniren, compariren und conjugiren lernen sollten, zu welchem Zweck das Buch in 3 Abschnitte eingetheilt ist, nemlich in Nomen, Pronomen und Verbum.
Es ist in Cronen 1726 wieder gedruckt worden und ist 8 Bogen stark in 8vo.

151. ***Catalogus** Drum 100 Vrum Coronens. Anno 1727. Fol. 1 Bl.
Kronstädter Gymnasial-Bibliothek: „Kronstädter Miscellen".

152. ***Martini Lucas.** Vocabulorum Latino-Germanicorum Congeries Rythmica. Ex octo . . Partibus in usum juventutis prima latinae linguae . . . discentis Collecta per Lucam Martini, Hamelburgensem. Coronae Typis Seulerianis recudit Mich. Heltzdörffer Anno 1729 8° 16 S.

153. ***(Heyden Sebaldus)** Colloquiorum Puerilium Formulae Latino-Ger-

manico-Hungaricae (*wie* Nr. 132). Coronae Typis Seulerianis, Excudit. Michael Heltzdörffer, Anno 1730. 8° 48 S.

153. ***Donatus** Latino-Germanicus, Tyronum captui accomodatus, oder Kinder-Donat. Darinnen Die angehende Schul-Knaben, bald nach gebrauchtem A-B-C-Buch, zum rechten Aussprechen, Buchstabieren und Lesen, fürnemlich aber zum declinieren und conjugieren und dann zum Wort-Fügen, durch allerhand Exempel Latein und Deutsch, aufs vortheilhaffteste und deutlichste angeführet und zur Grammatic fort angewiesen werden. Fünfte, numehro verbesserte Aussfertigung. Cronstadt, in der Seuler'schen Buchdruckerey, druckts Michael Heltsdörffer im Jahr 1730. 8° XVI. 80 S.

Seite II bis XIV enthält: Nothwendiger Vor-Bericht an den Praeceptorem *von* Magister Valentinus Greissingius. Corona Transilvanus, scholae Coronensis Rector constitutus.

154. ***Vocabularium Latino-Germanicum** cum Tirocinio Paradigmatico. Ex quo Tirones Grammaticae tùm Exempla in usum et exercitium Declinationum et Conjugationum, tùm Materiam Linguae Latinae non contemnendam, sibi possunt depromere. Recensum Coronae. Typis Seulerianis, per Michaelem Heltzdörffer, MDCCXXX. 8° 104 S.

Teutsch Joseph Nr. 159:

„Dieses Vocabularium hat der Hocherfahrene Schulmann und nachgehends Doct. und Prof. Theol. bei der Hällischen Universität Herr Joach. Langius zusammengetragen, und es seiner Grammatique angefüget. Allhier aber ist solches auf Veranlassung des damaligen T. Herrn Inspector zum Besten der Jugend nachgedruckt worden.

Es befinden sich darinnen Vocabula über alle Declinationes und Conjugationes nebst einer kurzen Anweisung, wie solche zu gebrauchen.“

155. **Enyedi Samuel.** Praecepta morum institutioni puerorum accomodata, quae facilioris memoriae causa stylo juxta rectum solutum sonante carminibus comprehensa proponuntur opera Samuelis Enyedi M. D. Ut autem intelligentius disci possint, textus etiam e regione exhibetur, prout a Clar. ac Doct. Viro Jo. Am. Comenio collectus est: in usum Scholarum Transilvanicarum. Coronae typis Seulerianis recudit. Mich. Heltzdörffer 1731. 8° 32 S.

Trausch, Katalog.

156. ***Rudimenta Linguae Latinae.** In Usum Scholarum hoc modo elaborata, ut puer unius anni spaciô ex illis Legere, Declinare, Comparare & Conjugare, addiscere possit. Editio septima; mendis, quibus priores mirum in modum respersae fuerunt, pôst emundata.

Declinare probè qui novit, Con-que-jugare,
Grammaticum meritò dixeris esse bonum.

Coronae Typis Seulerianis, recudit Mich. Heltsdörffer, Anno 1733. 8° IV. 121 S. *Dann folgt:* Admonitio ad Praeceptorem 3 S. *(Das Übrige fehlt.)*

157. ***Comenii Joh. Amos** Janua Linguae Latinae Reserata Aurea; Sive

Seminarium Linguae Latinae et Scientiarum Omnium: Hoc est: Compendiosa Latinam (& quamlibet aliam) Linguam, unà cum Scientiarum & Artium fundamentis, perdiscendi. Methodus, sub Titulis centum, Periodis mille, comprehensa. Et in Usum Scholarum Hungariae, juxta Editionem postremam, accuratam et auctam in Hungaricam Linguam translata. Per Stephanum Benjamin Szilagyi Scholae Varadiensis Rectorem. Editio recens. Prioribus, qua fieri potuit industria, accuratior. Coronae. Typis Seulerianis, excudit. Mich. Heltzdörffer 1735. 8° XXI. 216 S. Index 16 S.

158. ***Colloquiorum Maturini Corderii Centuria.** Unà cum Erasmi Roterodami Colloquiis selectis, ac loquendi formulis, copiosôque verborum compendiô. In Usum Scholarum. Coronae, Excudit Mich. Heltzdörffer, Anno 1735. 8° 88 S.

159. ***Tartler Thomas.** *(Gratulationsgedicht an Samuel Herbert.)* Coronae, excudit Michael Heltzdörfer. 1736.

Kronstädter Gymnasialbibliothek: „Miscellen Kronstädter Geschichten."

160. **Comenii Joh. Amos** Janua linguae latinae etc. 1738. *(wie* Nr. 157.)

Trausch, Katalog.

161. **Ajtai A. Mich.** Illustr. Colleg. Enyed. Prof. Cel. Grammatica Latina Nova ac Naturali Methodo adornata. Scholis Coronensibus accomodata. 1750. 8°.

Trausch, Katalog.

162. **Comenii J. Amos** Janua linguae latinae etc. 1758. *(wie* Nr. 157.)

Trausch, Katalog.

163. ***Ajtai A. Mich.** Illustr. Colleg. Enyed Prof. Cel. Grammatica Latina Nova ac Naturali Methodo adornata. Editio tertia Scholis Coronensibus accomodata. Coronae in officina Seuleriana, typis expressit Joh. Georg Keller 1759. 8° X. 148 S. (*Vorrede von* Paul Roth.)

164. ***Primitiva Linguae Latinae.** Vocabula, e Christophori Cellarii Libro Memoriali, in usum infimarum Classium puerilium excerpta . . . Coronae. In Officina Seuleriana. Impress. per Martinum Brenndörffer. Anno 1761. 8° 78 S.

165. **Szötsi Nicolaus.** Applausus ad Illustr. D. Comitem Ludovicum Kálnoki etc. nomine Venerabilis unitariae Religionis porrectus. Auctore Nicolao Szötsi. 1766. 4°.

Coraides Bibliotheca Hung. p. 73.

Trausch, Katalog.

166. ***Imman. Joh. Gerhard Scheller's** kurzgefasste lateinische Sprachlehre oder Grammatik für die Schulen. Erster Theil. Cronstadt, In der Albrichischen Buchdruckerey, druckts Martin. Brenndörffer. 1783. 8° XIV. 144 S.

167. ***Imman. Joh. Gerhard Scheller's** kurzgefasste lateinische Sprachlehre etc. *(wie* Nr. 166). Zweiter Theil 1784. 8° 256 S.

168. ***Colloquia Langiana** Decuriis decem de rebus in vita communi

obviis concinnata. In usum scholarum seorsim excusa. Coronae. Typis exscripsit Johann Hardt 1797. 48 8° S.

169. *Rudimenta Linguae Latinae etc. Coronae, Typis Johannis Georgii Nobilis de Schobeln, impressit Friedericus Aug. Herfurth 1800. 8° 128 S.

170. Colloquia Langiana (*wie* Nr. 168) Coronae Typis J. G. de Schobeln, impressit F. A. Herfurth. 1802. 8° 48 S.

Trausch, Katalog.

171. *Rudimenta Linguae Latinae. In Usum Scholarum hoc modo elaborata, ut Puer unius anni spatio ex illis Legere, Declinare, Comparare et Conjugare addiscere possit. Editio Nova, Prioribus Emendatior.

Declinare probe qui novit, con-que-jugare
Grammaticum merito dixeris esse bonum.

Coronae. Typis Francisci Nobilis de Schobeln, impressit Fridericus Aug. Herfurth. 1822. 8° 128 S.

172. *Colloquia Langiana etc. (*wie* Nr. 168). Reimpressa Superiorum indultu Coronae Typis Francisci de Schobeln. 1833. 8° 47 S.

173. Νικολαος Δημητριος. Συντομος ἱερα Ιστορια της εκκλησιας της παλαιας και νεας διαθηκης. Μεταφρασθεισα εκ της των Ρωσσων διαλεκτου εις την καθ' ἡμᾶς ἁπλῆν γλωσσαν προς χρησιου των της Ανατολικης εκκλησιας ορθοδοξων τεκνων ὑπο Δημητριου Νικολαο του Δαρβάρουκς και εκδοθεισα δαπανη του τιμιου αὐταδέλφου αυτου 1839. Ιωαννου Νικολαου του Δαρβαρεος. ἐν τυποις Ιωαννου Γεττ. 1839. 8° 100 S.

Trausch, Katalog.

174. *Marosan Jacobus. Eucharisticon carmine elegiaco concinnatum, quod neo erectarum scholarum Gymnasioli Coronensis benefactoribus, die XXIV. Julii occasione distributorum praemiorum, alma juventus grate cecinit. Coronae in Transilvania. Typis Joannis Gött. (1842). 4° 8 S.

175. *Schiel Samuel. Übungsbuch für den ersten Unterricht in der lateinischen Formenlehre. Erster Kursus. Kronstadt. Johann Gött. 1843. 8° VIII. 77 S.

176. *Schiel Sam. Uebungsbuch für den ersten Unterricht in der lateinischen Formenlehre. Zweiter Kursus. Kronstadt. J. Gött. 1844. 8° VI. 93 S.

177. *Ode, honoribus Domini Nicolai Kovács de Tusnád Transsilvaniae Episcopi . . die 5-a Decembris 1844, a juventute Gymnasii neoerecti. Coronae pio pectore devota. Typis Joannis Gött. 1844. 4° 4 S.

Trausch, Manuskr. 4° 57 II b. S. 451—454.

178. *Trausch Josephus. Chronicon Fuchsio-Lupino-Oltardinum, Sive Annales Hungarici et Transilvanici, Opera et Studio Clarissimorum doctissimorumque virorum Simonis Massae et Marci Fuchsii, Pastorum Coronensium, nec non Cristiani Lupini et Joannis Oltard Pastorum Cibiniensium concinnati, quibus ex lucubrationibus Andreae Gunesch, Pastoris Sabaesiensis, aliisque Manuscriptis fidedignis quaedam adjecit Johannes Ziegler Schenckensis, Pastor in Districtu Bistriciensi Neo-

villensis. Edidit Josephus Trausch Coronensis. Pars I Complectens Annales Ann. 990 1630. Coronae MDCCCXLVII. Sumtibus Societatis ad penitiorem M. Principatus Transsilvaniae cognitionem promovendam coalitae Impressum Per Johannem Gött Typographum. 4° V. 324 S.

179. **Trausch Josephus.** Chronicon Fuchsio-Lupino-Oltardinum . . . Pars II. Complectens Annales. Ann. 1630—1699. Coronae MDCCCXLVIII. . . 4° VI. 307 S.

180. **Erös Franciscus.** Sermo funebris ad exequias Reverendissimi ac Magnifici Domini Parochi Coronensis Antonii Kovács de Felfalu, Abbatis, Archidiaconi, Decani, Scholarum Nationalium Inspectoris, S. C. R. Ap. Majestatis Consiliarii, SS. Pontificis Pii hoc nomine IX. Cubicularii, S. Sedis episcopalis Alb. in Transsilvania Assessoris; In templo parochiali ad Sanctos Petrum et Paulum Apostolos die 12. Dec. anno 1857. celebratas luci publicae datus. Per P. F. Modestum Erös Instituti S. Francisci ad S. Stephanum R. membrum jubilatum. Typis Römer et Kammerianis. 8° 23 S.

Trausch, Katalog.

181. ***Κρηπὶς θεσπισμάτων.** Ἐκ τοῦ Λατινικοῦ, ἐν μὲν τῇ Γερμανίδι ὑπὸ Ἐρρίκου Ναγεβόρεν καθηγητοῦ, ἐν δὲ τῇ Ἑλληνίδι μετενεχθέντων φωνῇ. ὑπὸ Ἀντ. Μοσχάτου Διδάκτορος Φιλοσοφίας. Ἐν Στεφανουπόλει τῇ 1. Ἰουλίου 1858. Τύποις Ἰωάννου Γὲτ 8° 87 S.

Unvollendet geblieben. Auf Kosten der griechischen Stadt-Kirchengemeinde im Streit gegen den griechisch-nicht-unirten Bischof B. Schaguna gedruckt.

182. ***Zerich Theodorus Dr.** Documenta et Testimonia, quae adversus calumnias Pseudo-Synodalium inimicorum vulgare coactus est Dr. Theodorus Zerich, Dioec. Transylvaniensis Presbyter, Consistorii Assessor, J. facultatis Theol. Pestinensis membrum collegiatum et Altarista a Summo Pontifice in perpetuum privilegiatus; antea in Lyceo Episcopali A. Carolinensi et in regia scientiarum Universitate Pestinensi Theologiae Professor publ. ord. Typis Coronae Römer et Kammerianis. 1865. 8° 24 S.

---

2. Deutsche Schriften.

183. (**Honterus Johannes.**) *Das Augsburgische Glaubensbekenntnis nebst Dr. Martin Luther's Katechismus und anderen Schriften desselben waren die Erstlinge der Honterus'schen Presse.*

Trausch II. 218.

184. ***Moldner Andreas.** Geistliche Lieder durch H. Andream Moldner gemacht. M. D. XLIII. 8° 24 S.

Vgl. Korrespondenzblatt des Vereines für siebenbürgische Landeskunde IX. Nr. 1.

185. ***(Honterus Johannes.)** Kirchen-Ordnung aller Deutschen in Sybembürgen. M. D. XLVII. *Am Schluss:* Gedruckt zu Cron in Sybembürgen M. D. XLVII. 8° 88 S.

186. ***(Honterus Johannes.)** Agenda für die Seelsorger und Kirchendiener in Sybembürgen. MDXLVII. *Am Schluss:* Getruckt zu Kron in Sybembürgen. M. D. XLVII. 8° 56 S.

187. **Luther Martin.** Der kleine Katechismus. Für die Pfarherr und Hausväter. Mart. Luther. *Am Schluss:* Gedruckt zu Cron in Sybembürgen M. D. XLVII. 8° 48 S.
Bruckenthal'sches Museum.

188. ***Luther Martin.** Der kleine Katechismus für die Pfarrherr und Hausväter. Mart. Luther. *Am Schluss:* Gedruckt zu Cron in Sybembürgen. M. D. XLVIII. 8° 48 S.

189. **(Wagner Valentinus.)** Geystliche Lieder vnd Psalmen, durch D. M. L. vnd andere gelerte Leuth gemacht. Zu Cron Mitt Priuilegien auff Fünff jahr. *Am Schluss:* Gedruckt zu Cron, jnn Sybenbürgen, bey M. Valent. Wagner (?). 1. *Auflage* 1553 oder 1554. 2. *Auflage* 1555.
Vgl. Korrespondenzblatt des Vereines für siebenbürgische Landeskunde IX. Nr. 7.

190. **Drei Lieder:** a) Danket dem Herrn heut, und allezeit, denn gross ist seine Güte, und Mildigkeit. b) Ich weiss mir ein Blümlein hübsch und fein, es thut mir wollgefallen. c) Lobet den Herrn, denn er ist sehr freundlich. *Am Schluss:* gedruckt zu Cron in Siebenbürgen.
Seivert, 480 und 481.

191. ***Luther Martin.** Der kleine Katechismus. Für die Pfarherr und Hausväter. Mart. Luther. M. D. LV. *Am Schluss:* Gedruckt zu Cron in Sybembürgen. D. D. LV. 8° 48 S.

192. ***Fronius Matthias.** Der Sachsen in Siebenbürgen Statuta: Oder eygen Landtrecht. Durch Matthiam Fronium übersehen, gemehret und mit Kön. Majest.: inn Polen, gnad und Privilegio in Druck gebracht. Anno MDLXXXIII. *Am Schluss:* Gedruckt in Kronstadt in Siebenbürgen durch George Greus, in verlegung Herrn Mathiæ Fronii. 4° XIX. 197 S.

193. **(Bogner Petrus.)** Tröstliche Gebete wider die Türken. Kronstadt. 1586. 8°.
Trausch I. 158.

194. **(Wagner Valentinus.)** Geistliche Lieder und Psalmen durch Dr. M. Luther und andere gelehrte Leut gemacht. 1588.
Trausch II. 165.

195. ***(Bogner Petrus.)** Tröstliche Gebett, wider den Türcken, in diesen gefährlichen zeiten, hoch nöttig zugebrauchen. Kronstadt. 1594. 8° 28 Bl.

196. ***Christliche Gebethlein** auff alle Tage in der Woche, Morgens und Abends zu sprechen. Sampt etlichen Schönen Liedern. Kronstadt 1625. 64° 124 S.

197. **Vier schöne neue geistliche Lieder.** Das erste: Wie schön

leucht uns der Morgenstern etc. Das andere: Mein junges Leben hat ein End etc. Das dritte: Herzlich thut mich verlangen etc. Das vierte: Gott ist mein Heil, mein Hilf und mein Trost etc. Gedruckt zu Kronstadt durch Martinum Wolffgangum. 1627. 8° 8 S.

Trausch, Katalog.

198. **Geistliches Gedicht.** Gedruckt zu Kronstadt im Jahr M. DC. XXXVII. Fol.

Zimmermann, Aus alten Einbänden von Rechnungen aus den Jahren 1506—1691. Hermannstadt 1884. S. 20.

199. ***Pest-Gebet.** Demnach es sich fast wil ansehen lassen, als woll der erzürnete Gott mit seiner Pest-ruthen abermalen hinter uns her sein, so ist es die höchste nohturfft dass wir dieser schweren straffe mit einem allgemeinen Gebet entgegen kommen, beten und sprechen mit andacht diss Gebet. 8° S. 1—5. *Dann folgt:* Pest-Gesang, auff die weiss: Ach wie elend ist unser zeit. S. 5—8. *Am Schluss: Das Kronstädter Wappen mit der Umschrift:* Corona Transylvaniae. *Darunter:* Gedruckt in Cronstadt. 1647. 8° 8 S.

200. (**Mederus Petrus.**) Ein gemeines Gebet um den allgemeinen Frieden, Erhaltung des lieben Vaterlandes, Beschirmung der Kirchen und Schulen, und Wiederbringung Ihrer fürstlichen Gnaden mit Gesundheit und wohlausgerichteter Sachen, nachdem dieselbige Anno 1657 aus Siebenbürgen nach Polen gezogen und seither nicht wieder kompt, und man auch keine gewisse Botschaft, wie es Ihrer Fürstl. Gnaden ergehe, haben kann. Welches in der burzenländischen Kirche, so wohl nach gehaltener Predigt, als zur Vesperzeit, bevoraus in Cronstadt, mit herzlicher Andacht gebethet worden. Anno 1657. 8° 16 S.

Trausch II. 404.

201. **Bericht** wie man sich bei der giftigen Seuche der Pestilenz zu verhalten habe. 1659. 4°.

Teutsch Joseph Nr. 66:

„*Ein Löbl. Magistrat von Kronen liess solches den Bürgern bei angehender Pest bekanntmachen, welche in diesem Jahr zu wüthen anfing und bis 2 Jahre fortdauerte. Es wird in diesem Bericht gezeiget, wie man sich mit gewissen Arzneyen zur Pestzeit versehen und brauchen sollte. Es wurde in Cronstadt gedruckt 1659 und besteht aus 1 Bogen in 4°.*“

202. ***Rhether Franciscus.** Seliger Schwalmen-Gesang, welchen eine in Christum Jesum verliebete Seele, bei heran-nahendem Todt behertzt singen kan. Mehrentheils auss dem Lateinischen übersetzet Durch Franciscum Rhetherum, von Kron-Stadt ausz Siebenb. der H. Schrifft Befliessenen. Kron-Stadt, In der Herrmannischen Drukkerey, drukts Nik. Müller. 1666. 12° 47 S.

203. ***Drey schöne Weihnacht-Lieder.** Das Erste: Neugeborne Himmels-Sonne. Das Ander: Jesu Salvator, Mundi amator. Das Dritte: Itzt spreusst herfür auss Davids Stämmelein etc. Mit beygefügtem Andächtigen Gebethe, der Jüngste Tag bald kommen wird etc. Kronstadt, Auff dem Katharinen-Hof zu finden. 1674. 8° 8 S.

204. **Das neue Testament** unseres Herrn Jesu Christi. 1675. 12° 1. Alphabet. 14 Bögen.

Teutsch Joseph Nr. 80:

„Dieses neue Testament hat H. Petrus Pfannenschmied, ein Priester bei der Kathedralkirche, in seiner Buchdruckerey drucken und auch verlegen lassen. Der H. Pfannenschmied hatte hiermit eine löbliche Absicht, seinen Zuhörern das Wort Gottes in die Hände zu geben, um nicht erst aus den entlegenen Örtern mit vieler Mühe zu verschaffen. Es ist in Cronen gedruckt worden 1675 und enthält 1 Alphabet und 14 Bögen in 12°."

205. **Gesang-Buch** .. Gedruckt zu Kron-Stadt 1676. 12° 456 S.

Programm des ev. Gymnasiums A. C. zu Mediasch 1858. S. 24.

206a. ***Schluss und Edikt** Eines Ehrsamen, Fürsichtigen und Wohlweisen Senats in Kronstadt, wie man sich in der Stadt und auf dem Lande des Burzenländischen Reviers, in gewissen Umbständen die Lohn- Kleider- Leichen- Hochzeit- und Wein-Ordnung betreffend, verhalten soll, dafern man ungestrafft bleiben will. Von der löbl. Hundertmannschafft erwehnter Stadt acceptieret, angenommen, und auch in allen Punkten und Clausulen approbiert und bewilliget. Mit Bewilligung E. E. W. W. Raths. Gedruckt zu Kronstadt in der Pfannenschmiedischen Druckerey durch Nicol. Müller. 1677. 4° 7 S.

Trausch, Manuskr. q. 18 II.

206b. **Schelker Stephanus.** Ein christlich Kirchen Handbuch, darinnen enthalten, und in gewisser Ordnung zu befinden: All, die in christlicher Versammlung zu Kron-Stadt, üblichen und lateinischen Gesänge. Wie auch: Vielerhand auserlesene Danksagungen und Gebethe. Zusammengetragen und verfertigt von Stephano Schelkero p. t. Cantore ordinario bey der Pfarrkirchen daselbsten. Kronstadt, In der Pfannenschmiedischen Druckerei, durch Nicolaus Müller. 1677.

Programm des ev. Gymnasiums A. C. zu Mediasch. 1858. S. 23 ff.

207. ***Müller Nicolaus.** (Gedicht auf Johannes Honterus, Stadtpfarrer in Kronstadt, 24. Aug. 1678.) Zu Kron-Stadt, bey der Verwittibten Martha Pfannenschmiedin, Druckts der Author. Fol. 1 Bl.

Vergl. J. Gross, Katalog der von der Kronstädter Gymnasialbibliothek ausgestellten Druckwerke. 1883. S. 58—62.

208. **Höffer Johann Cyriacus.** Himmelsweg, d. i. wie ein Christenkind in kurzer Zeit soll lernen der Hölle entgehen und selig werden 1879. 12° 4 Bogen.

Teutsch Joseph Nr. 84:

„Der Auctor ist Johann Cyriacus Höffer und ungewiss, ob er in Cronen gelebet habe. Dieses Büchlein ist sehr kurz und enthält in 735 Fragen eine Erklärung der 5 Haupt-Stücke des kleinen Catechismi Luthers. Der Ort ist Cronen, wo solches zum Druck befördert worden 1679 in 12° von etwa 4 Bögen.

209. ***Der Kern aller Gebethe** in wenig Worten für alle Menschen, in

allem Alter, in allen Ständen, in allem Anliegen, zu allen Zeiten, und demnach statt eines Morgensegens, Abendsegens, Kirchengebeths, und allen andern Beth-Andachten dienlich. Matth. VI. 7. Wenn ihr bethet, solt ihr nicht viel plappern. Gedruckt zu Kron-Stadt, in der Herrmannischen Druckerey. *Am Schluss:* Zu Kron-Stadt, In der Herrmannischen Druckerey, gedruckt durch Nicolaum Müllern im Jahre 1680. 12° 84 S.

210. ***Hyller Martin.** Das holdselige und liebreiche Mutter-Hertz Gottes, Kürtzlich, hertzlich, tröstlich abgebildet, Durch Martin Hyllern, Bey der Kirche zu St. Marien in der Fürstl. Stadt Oelsz Praepositum, Predigern zum Doeberle, und des Consistorii Adsessorem. Kron-Stadt, In der Herrmannischen Druckerey, druckts Nikolaus Müller. 1681. 12° 355 S. *Am Schluss:* Folget Ein schönes Lied, darinnen die Summa dieses Tractätleins begriffen ist. Auth. Joh. Heermanno, P. L. C. Melod. Freu dich sehr, O meine Seele, etc. 3 S. *(Das Uebrige fehlt.)*

211. ***D. Heinrich Müllers** Geistliche Erquick-Stunden, Oder Dreyhundert Haus- und Tisch-Andachten. Vor diesem eintzel in dreyen Theilen nacheinander heraussgegeben, jtzo aber durch und durch wieder vermehrt, und in ein Wercklein, auff vielfältiges Begehren zusammen getragen. Mit beygefügter Anweisung, wie diese Geistliche Erquick-Stunden zu Sonn- und Fest-tägiger Andacht bey den Evangelien und Episteln können gebrauchet und angewendet werden. 1681. Kron-Stadt, In der Herrmannischen Druckerey, druckts Nicolaus Müller. 12° XXVIIII. 677. S. Anweisung 27 S.

Teutsch Joseph Nr. 89:

„Der vorerwähnte Buchdrucker Nic. Müller liess dieses nützliche Büchlein auch in Cronen durch den Druck bekannt werden, wie er denn unterschiedliche schöne Sachen ediret hat.

Die Absicht desselben war abermal die allgemeine Erbauung der Bürgerschaft, welche solches auch noch stark zu lesen pflegt.

Des berühmten Müllers Schriften sind bekannter, denn dass allhier etwas dürfte angeführet werden.

Sie sind aber 1681 herauskommen in längl. 12° und sind ein Alphabet und 6 Bögen stark."

212. **Müller Georgius.** Compendium Arithmeticae vulgaris d. i. kurze Verfassung der Arithmetik, darinnen nebenst der Addition, Subtraction, Multiplication und Division auch die Regula de Tri und Regula Societatis gründlich gewiesen und mit einfältigen, doch bekannten Exempeln erkläret werden. Zur Privat-Information zusammengetragen und verleget von Georgio Müllern. Kronstadt, in der Herrmannischen Druckerei gedruckt durch Nicolaum Müllern. Anno 1681. 8° IV. 44 S.

Trausch, Katalog.

Teutsch Joseph Nr. 127:

„Der Verfasser ist Georgius Müller, ein Croner, welcher diese kurze

Arithmetique seinen Privat-Discipeln zum Gebrauch durch den Druck in die Hände stellen wollte. Er trägt darinnen nebst den 4 Speciebus auch die Reg. de Tri und Societatis vor, welche mit tüchtigen Exempeln erkläret werden. Es ist solches in Cronen gedruckt 1681 in 8° bestehet aus 3 Bögen.

213. ***Eigentlicher Abriss** und warhafftiger Bericht von dem Wunder-Stern, welcher sich den 5. Tag Martii dieses 1682. Jahres, zu Wienn in Oesterreich hat sehen lassen. Gedruckt zu Kronstadt in der Herrmannischen Druckerey.

Trausch Manuskr. Fol. 51. I. N. 18. S. 35. (1 Bl.)

214. **Bailius Ludovicus.** Schrifftmessiger Weg-Waiser, zur seligen Sterbe-Kunst. Das ist: Nothwendiger, und in Gottes Wort wohlgegründeter Bericht, wie sich die kranken Leute in ihrer währenden Krankheit verhalten, auch wie man ihnen auss Gottes Wort zusprechen und sie trösten solle, biss sie selig in Christo einschlaffen. Genommen auss dem schoenen Büchlein Praxis Pietatis, Hn. D. Ludovici Baili, gewesenen Bischoffen zu Bangodt in Engelland. Mit einer nützlichen Vorrede Hn. M. Johann Honteri, wohlbestellten Ober-Pharrherrns in Kron-Stadt. Kron-Stadt, in der Herrmannischen Druckerey. Anno 1683. *Am Schluss:* Zu Kron-Stadt, In der Herrmannischen Druckerey, gedruckt durch Nicolaum Müllern, im Jahr Christi M. DC. LXXXIII. 12°. XXIV. 203 S. *Anhang* 13 S.

Szabó K. II. 413.

Teutsch Joseph Nr. 88:

„Diese erbauliche Schrift ist ein Theil desjenigen Buchs, welches D. Ludwig Baile unter dem Titul: Praxis Pietatis edirt hat; welcher solches aber ins kleine gebracht und edirt in Cronen, ist der wegen seines Fleisses berühmte Kronstädtische Buchdrucker Nicolaus Müller.

Seine Absicht hiebey ist, dass ein Mensch, der nicht weiss, welchen Augenblick ihn der Tod übereilen werde, etwas habe, da er eine Anweisung zu einer würdigen Zubereitung, selig zu sterben, lernen könne.

Das Werkchen besteht aus 13 Betrachtungen, welchen auch die darzu gehörigen Gebete zugefüget sind. Hinten sind zu gleichem Zweck bis 5 geistliche Lieder angehangen.

Es ist solches in Cronen 1683 in länglicht 12° gedruckt worden von 12 Bögen, der damalige Croner Pfarrer H. M. Joh. Honterus hat dasselbe mit einer nützlichen Vorrede gezieret.“

215. **Wittwen- und Waysen Trostbüchlein** für hochbetrübte Wittwen und Waisen, die im Elende und groszen Kummer stecken und leben und allein bei dem Herrn Jesu Christo ihrem himmlischen Bräutigam, Vater und Richter, Rath, Trost, Schutz, Hülfe und Rettung suchen müssen. Geschrieben durch Christophorum Cnollium sen. Boless. Sil. Der Christlichen Gemeine zu Sprottau gewesenen treufleissigen Diaconum. Jtzo wegen des grossen Nutzens bei Wittwen

und Waisen auf Vieler Begehren wiederum zum Druck befördert und mit einem nützlichen Anhang vermehrt. In Verlegung Sophiae Böhmin, geborenen Blasiusin. Wittib. Gedruckt zu Kronstadt in der Hermannischen Druckerey 1683. 12° XX, 242. S.

Trausch Joseph Nr. 87:

„Dieses hochnützliche Büchlein des Christoph Caollii Diac. zu Sprottau in Schlesien liess die Wittwe Sophia Böhmin geborne Blasinsin (welcher Mann 16 Jahr in Cronen auf ein Amt vergeblich gewartet hatte) wieder auflegen und eine Dedication an verschiedene vornehme Wittwen in Cronen voransetzen.

Die Absicht war löblich, den betrübten Wittwen und Waysen ein Trost-Büchlein in die Hände zu stellen, aus welchem sie sich in ihrem Stande aufrichten und der theuersten Vaters-Treu sich versichern könnten.

Es ist solches Gesprächsweise verfasset, worzu der gütigste Menschenfreund Christus Jesus den Anfang machet, die Wittwen und Waysen aber ihre Klage vor demselben ausschütten, und das in 16 besondere Vorstellungen. Zuletzt sind 14 schön gesetzte aber heut unbekannte Lieder angehangen.

Dieses ist in Kronstadt gedruckt worden 1683 und ist 10 Bögen stark in 12°.“

Trausch, Katalog:

„Auf Kosten der Wittwe Sophia Böhm gedruckt und von ihr einigen Wittwen in Kronstadt zugeeignet, nemlich: der Marg. geb. Forgitsch verw. Petr. Mederus — Martha geb. Drandt verw. Boltos — Cath. geb. Clossiler verw. Barth. Hirscher — Marg. geb. Gockesch verw. Luc. Seuler — Anna Maria geb. Benkner verw. Georg Altzner — Rosa geb. Lorenz verw. Math. Hintz — Martha geb. Schunkabunk verw. Peter Wolf — Martha geb. Kattner verw. Peter Pfannenschmied — Martha geb. Lotz verw. Andr. Rauss und Martha geb. Zögin verw. Georg Gockesch“.

216. **Hyller Martin.** Das holdselige und liebreiche Mutterherz Gottes etc. (*wie* Nr. 210.) Wieder aufgelegt 1683. In kl. 12° 360 S.

Trausch Katalog.

217. ***Regis Simon.** Georgii Zölners, Jenensis, Geistreiches Hand-Büchlein, vor Fürstliche und andere Gottfürchtige Kinder: Aus Gottseliger reiner Lehrer Büchern und Schriften zusammen getragen. Jetzo aber, Gott zu Ehren, und zu Erbauung der Christlichen Schuhl-Jugend, auffs neue zum Druck befördert und verlegt durch Simonem Regis, bestelleter Jungfer-Schuhlmeister in Kron-Stadt. Gedruckt zu Kron-Stadt 1685. 12° XII 120 S.

218. ***Regis Simon.** J. N. J. Geistreiches Liederbüchlein Meisten theils In schönen, neuen und wohl gesetzten Jesus Liedern bestehend Gott zu Ehren, frommen Christen, sonderlich aber der lieben Schuhl-Jugend zur täglichen übung. Aus unterschiedenen neuen und approbierten

Autoribus, zusammen getragen und zum Druck befördert, durch Simonem Regis bestellten Jungfer-Schuhlmeister in Kron-Stadt. In Verlegung des Authoris. Daselbsten, in der Herrmannischen Druckerey, druckts Nic. Müller. Anno MDCLXXXV. 16° 108 S.

219. M. **Caspar Neumanns** anitzo Dienern des Worts bei der Kirchen zu Skt. Maria Magdalena in Bresslau, Kern aller Gebeths Andachten, in Bitte, Gebeth, Fürbitte und Danksagung, mit wenig Worten: für alle Menschen, in allem Alter, in allen Ständen, in allem Anliegen, zu allen Zeiten, und demnach statt eines Morgen Segens, Abend Segens, Kirchen Gebeths, und allen andern Beth Andachten dienlich: durch den Autorem selbst von neuem übersehen und an vielen Orten von denen eingeschlichnen Fehlern befreyet. Kronstadt, In der Herrmannischen Druckerey gedruckt und verlegt durch Nicolaum Müllern Anno 1686. 12° 68 S. *Dann folgt:* Andächtiger Herzwecker In Bethkämmerlein gläubiger Christen; bestehend in einem allgemeinen Morgen und Abend Segen nebst andern Gebethen und Danksagungen. 28 S.

Trausch, Katalog.

Teutsch Joseph Nr. 98:

„Dieses des M. Caspar Neumanns Werklein hat der schon mehrmals angeführte Croner Buchdrucker Nicol. Müller zum hiesigen Gebrauch aufgeleget, ohne Zweifel auf Gutbefinden des damaligen H. Inspect. Scholae. Es ist solches in 4 Abschnitte eingetheilet, der 1. fasset Gebete wider das Böse, der 2. um alles Gute, der 3. für alle Menschen, und der 4. für alles Gute, das wir haben. Diese Gebete sind in sehr kurzen Sätzen verfasset und hinten ist ein Anhang: Andächtiger Herzenswecker. Diese Andachten bekleiden etwa 4 Bögen in länglicht 12° und sind 1686 in Cronen gedruckt.“

220. ***(Gebeth- und Gesangbuch** in 2 Theilen.) *Am Schluss:* In Verlegung des Autoris gedruckt zu Kron-Stadt in der Herrmannischen Druckerey, durch Nicolaum Müllern, Anno 1686. 12° 1. Theil 496 S. 2. Theil 398 S. und Register.

Szabó's Datierung II. 400 ist unrichtig.

221. ***Vier schöne newe Tröstliche Lieder.** Das Erste: Ach, wie findest Du so selten Hülff und Beystand in der Noth etc. Das Andere: Weg mein Herz mit dem Gedancken etc. Das Dritte: Nicht so traurig, nicht so sehr, meine etc. Das Vierdte: Ach hilff mir, hilff, Herr Jesu etc. Ist ein hertzliches Buss-Lied, eines armen Sünders, der einen schweren Excess wider Gott begangen hat. Gedruckt zu Kronstadt, im Jahre 1686. 8°. 8 Seiten.

222. ***(Gesangbuch.)** Neu-vermehrtes auszerlesenes. Dr. Mart. Luth. und anderer geistreicher Männer. Gedruckt zu Kron-Stadt, bey Mich. Herrmann 1687. 12°. 486 S. Register 16 S. *(Das Uebrige fehlt.)*

223. ***Gebetbuch** . . . . Kronstadt 1687. 12° 108 S.
Beigebunden dem Gesangbuch, Nr. 222.

224. **Cronstädtisches Kirchen-Manual oder Handbuch.** 1687. 12°. $1^1/_2$ Alphab.
Vgl. Nr. 205.
Teutsch Joseph Nr. 122:
„Dieses Gebet- und Gesang-Buch ist jederzeit mit Genehmhaltung und fleissiger Vorsorge des Cronstädtischen H. Pfarrers aufgelegt worden. Dass der Zweck die Erbauung sey, ist ausser allem Zweifel. Zuvörderst stehet das Gebetbuch. Diesem folget das Gesangbuch, welche beide öfters vermehrter sind zum Druck befördert worden. Dieses wurde in Cronen 1694 gedruckt in längliche 12° fast $1^1/_2$ Alph. stark. 1687 war es auch aufgelegt worden, welches der damalige Kantor in Cronstadt Stephanus Schelcker besorget hatte."

225. ***Ein Busz-Gebeth.** Welches unter dem freyen Himmel, unter den Linden auff dem Kirch-Hoffe, mit grossem Wehemuth gebethet: Also Anno 1689. den 21. April, zwischen 4. und 5. Uhr nach Mittag, ein plötzliches Feuer an unterschiedlichen Orten in der Königl. Kron-Stadt auffgegangen, und innerhalb 4. Stunden, die gantze Stadt sampt der Pfarr- und andern Filial-Kirchen, und über die Helffte der öbersten Vor-Stadt, in Grund verzehret. Mit beygefügtem Klag-Liede, in welchem kurtzer Bericht geschicht, wie jämmerlich die Stadt durch solche Feuers-Brunst ist zugerichtet worden.
Fulva Corona suis gaudens radicibus, Urbi
Haerce suâ nostrae, nomina sponte dedit.
Gedruckt zu Kron-Stadt, im 1689sten Jahr. 8°. 4 S.
Teutsch Joseph Nr. 111:
„Der Verfasser hievon ist vermuthlich der damalige H. Pfarrer bei der Cathedralkirche H. M. J. Honterus, der sich die Noth der betrübten Bürger zu Herzen gehen liess."
Folget: Nicolai Müllers Klag-Lied, In welchem von dem Verlauf dieser Feuers-Brunst gehandelt wird. Im Ton: O Welt, ich muss dich lassen, etc. 4 S.

226. ***Ein neues Klag-Lied.** Oder: Traurige Relation, Von der erschröcklichen Feuers-Brunst, welche den 21. April, dieses 1689sten Jahrs, die gantze Königliche Kron-Stadt in Siebenbürgen, sampt der öbersten Vor-Stadt, Jämmerlich verzehret hat. Der lieben Posterität zur Nachricht und Erinnerung geschrieben und zum Druck befördert, durch einen Mitleydenden Teutschen... Daselbsten gedruckt, durch Nicolaum Müllern. 8°. 4 Bl.

227. **Tägliches Haus-Gebet** für die, welche entweder wegen Leibes Krankheiten, Alters, bösen Wetters, oder anderer sonderlichen Verhindernüssen, den öffentlichen KirchenVersammlungen und Gottesdienst, wie herzlich gern sie auch wollten, nicht beiwohnen können.

Pro se orare Necessitas jubet: pro aliis orare charitas hortatur. Chrysost. für sich beten, erfordert die eigene Nothdurft: für andere aber vermahnt die christliche Liebe: Kronstadt, bei Michael Hermann Druckts Nicolaus Müller Anno 1689. Länglich 12° 48 S.

Trausch, Katalog.

228. **Gundhart Stephan.** Ezechiels des Propheten Augenlust, aus dem 24. Kap. V. 15. & c. den 19. Januar 1692. Kronstadt. 4° 24 S.

Trausch II. 41.

229. ***Müller Nicolaus.** I. N. I. Als der Wohlgeachtete, Vorsichtige und Wohl-weise Herr Simon Draudth Wohl-meritierender Herr Richter der Königlichen Kron-Stadt, das Sechszehen-hunderte, zwey und neuntzigste Jahr nach der heilsamen Geburth unseres eintzigen Herrn und Heilandes Jesu Christi, sampt seiner gantzen Famili Gott Lob und Danck, glücklich angetretten hat. Wolte seine schuldigst-gehorsamste Congratulation mit folgenden schlechten Alexandrinischen Reimen ablegen . . . Nicolaus Müller, Buchdr.

Trausch Manuskr. Fol. 51. I. Nr. 37. S. 79 (1 Bl.)

230. **Cronstädtisches Kirchen-Manual oder Handbuch.** 1694. 12° $1^1/_2$ Alphab.

Vgl. Nr. 205 und 224.

231. **Relation** oder wahrhafte Beschreib- und Vorstellung über die in dieser 1695. JahrsCampagna zwischen der kayserl. HauptArmee und dem Veteranischen Corpo, des Feinds halber, geführte Concerto; das drauff mit besagtem geringen Corpo und dem ganzen Türkischen Schwarm bey Lugos vorbeygegangene sehr scharff dergleichen niemals gelesen, oder gehörten Treffen; und was sich vor- in- und nach dieser Action, auch wegen des berühmt- und heldenmüthigen Generalens Friedrichen Grafen Veterani seeligen Andenkens unverhofft und betrauerlichen Falls remarquabel zugetragen. Nachgedruckt zu Kronstadt, im Auszgang des 1695. Jahrs. 4° 29 S.

Trausch, Katalog.

232. (**Plecker Petrus.**) Inhalt der Bibel, aus einer Predigt C. Neumanns Kronstadts 1696. 12°. 24 S.

Trausch III. 67.

Vgl. Nr. 237.

Trotsch Joseph Nr. 125:

„H. Petrus Plecker, Coron. und ein Mitglied der Communität hat dieses in Cronen bekanntgemacht. Seine Absicht ist, auf eine leichte Art sich den Inhalt der Bibel bekanntzumachen. Es ist in Cronen gedruckt 1696 in 12 von 1 Bogen."

233. ***A. Ω.** Salus populi suprema lex esto. (Cic. lib. 3 de L. L. vol. Phil.) des Volcks Wohlfart soll das fürnehmste Gesetz seyn. **Neu verfasste Kron-Städtische Policey-Ordnungen.** betreffend

Einige Ceremonien Derer Hochzeit- und Leichen-Begängnüssen. . . Gedruckt zu Kron-Stadt, im Jahre 1697. 4° 8 S.

234. **Relations-Diarium** der grossen Feldschlacht zwischen den kaiserlichen und türkischen Krieges Waffen. 11. Sept. 1697 4° 8 S. *(Ohne Angabe des Druckortes, also ungewiss, ob in Kronstadt gedruckt.)*

Trausch, Katalog.

235. ***Müller Nicolaus.** Der verschmähete und erhöhete Jesus, in kurtzen, schlechten und einfältigen Alexandrinischen Reymen entworffen und gedruckt von Nicolao Müllern. Im Jahr Christi 1698. 4° 8 S.

Den „sämptlichen Raths-Geschwornen der Königlichen Kronstadt" *zugeeignet.*

236. **Evangelia und Episteln** auf alle Sonn- und Fest-Tage gerichtet. 1699 12° etwa 10 Bogen.

Teutsch Joseph Nro 129:

„*Wer solche zum Druck befördert, ist unbekannt, die Absicht ist desto löblicher, nemlich den Kindern eine Gelegenheit zu geben, dass sie die Wahrheiten, so in selben enthalten sind, ins Gedächtniss fassen könnten.*

Dieselben sind auch vordessen in Cronstadt gedruckt gewesen, aber nunmehro durch die grosse Feuers-Glut verloren gegangen. Diese wurden 1699 wieder aufgelegt in 12°, enthält etwa 10 Bögen".

237. (**Plecker Petrus.**) Kurzer Bericht von dem **Inhalt der** Bibel in Frage und Antwort über alle die Bücher, welche im alten Testament Moses und die Propheten hebräisch, im neuen die Evangelisten und Apostel griechisch geschrieben haben. Genommen aus dem ersten Theile einer Predigt, welche an dem 2. Ostertag 1699 durch Anleitung der Worte Lucae XXIV. 27. gehalten Caspar Neumann, der ev. Kirchen und Schulen in Breslau Inspektor. Kronstadt in Johann Pleckers Verlag. Mit Lucas Seulers M. D. Schriften druckts Nicolaus Müller 1699. 12° 35 S.

Vgl. Nr. 232.

238. ***Himmlische Taffel-Musica.** Oder: etliche schöne, auszerlesene neue Communion-Lieder, und andere Geistliche-Gesänge, Welche dieser Zeit in der Kron-Städtischen Kirchen-Versammlung gespielet und gesungen werden. . . . Gedruckt zu Kronstadt, Anno 1700. 12°, 12 S.

239. **Schallius Georgius.** Güldenes Kleinod der wiedergebohrenen Christen. 1701. 12° 5 Bogen.

Vgl. Nr. 254.

Teutsch Joseph Nr. 130:

„*Der Auctor oder vielmehr der solches zum Druck befördert ist Georgius Schallius, damaliger Mädchen-Schulmeister, der solches H. Petro Medero Pfarrer in Cronstadt dedicirt hatte . . . Es ist darinnen der kleine Catechismus Lutheri in Frag und Antwort deutlich und nach dem Begriff der Kinder erkläret. — Es ist zwar dieser Catechismus schon 1667 in Hermannstadt gedruckt, aber im Jahre 1701 wieder aufgeleget worden, und ist 5 Bögen stark in längl. 12° in Cronen gedruckt.“*

240. **Practica Arithmetica** eine neue Erfindung einer allgemeinen arithmetischen Practick Julii Cæsars von Padua, an allen Arten, Kaufen, Verkaufen und Verhandeln allerley Kaufmanns Waaren sowol in grossen als kleinen in allerhand Münze, auch die kleine Münze in grosse und die grosse in kleine zu verwandeln, dienstlich ist. Jetzo aufs neue mit Fleiss corrigirt und verbessert. Zu Kronstadt A. 1702 (bei Lucas Seuler) 16° VII. 217 S.

Vgl. die magyarische Ausgabe 1702.

241. **Auszug** der vornehmsten Psalmen. 1702. 12° 3 Bogen.

Teutsch Joseph Nr. 133:

„Es sind 28 Psalmen ausgelesen worden, dass sie für die Kinder in den Schulen dienen sollten. Sie sind gleichfalls in Cronstadt gedruckt 1702. 3 Bögen stark in längl. 12°.“

242. ***Fronius Marcus.** A. Ω. Von der zum Himmel führenden Heimlichen und verborgenen Weiszheit, wie sie uns Gott durch seine Propheten und Apostel hat wissen lassen. Psal. 51, 8. 1. Cor. 2, 7. Cron-Stadt, bey Lucas Seulern. M. D. druckts Stephanus Müller. (1704.) 8° 20 Bl.

Teutsch Joseph Nr. 136:

Der Auctor dieses vortrefflichen Werkchens ist . . . TH. M. Marcus Fronius, Pastor Cor. welcher sich äusserst angelegen seyn liess, die studirende Jugend in eine rechte Ordnung und zu einer gründlichen Erkenntniss zu bringen.

Zu solchem Zweck war auch diese Schrift aufgesetzt, dass sogar auch die Herren Academici in ihrem Vaterland in der Uebung möchten erhalten werden, wie sie denn die Theses unterm Vorsitz des damaligen H. Rectors Dan. Rhein vertheidigten, solche waren: H. Petrus Partsch, Gymn. Coll. H. Dan. Fronius, Sim. Drauth, Paulus Neidel, Martinus Herrmann, Joh. Böhm und Jos. Boltosch.

Es trägt aber der Gelehrte H. Fronius die Ordnung des Heils in derselben vor und zwar unter dem Bild einer auf der Wanderschaft sich befindenden Person, in 7 besondern Abschnitten: davon der 1. die Psyche auf ihrer Pilgrimschaft in den Vorhof stellet, der 2. ihren Fortgang, da sie unter die Mörder fällt, der 3. die Hülfe aus diesem Elende, der 4. die Leiter oder die Ordnung, in welcher sie zum Vaterland gelangen kann, der 5. die Flügel oder Mittel, der 6. stellet sie als eine Braut vor, und der 7. weiset ihr den Eingang zum gesuchten Vaterland oder ewigen Leben. Welches alles mit einer kurzen und lebhaften Schreibart, genugsamen Erklärung, grösstentheils mit verblümten Worten vorgetragen wird . . .“

243. ***(Fronius Marcus.)** Der Artikel Von der Busse, in etlichen Sermonen, fürgestellet aus denen Worten Des Propheten Joëls 2, 12, 13, 14, ...

Cronstadt. In der Seulerischen Druckerey. druckts Stephanus Müller, im Jahr. 1707. 8°. 196 S.

Teutsch Joseph Nr. 137:

Auch diese höchstnöthige und unentbehrliche Lehre des Christenthums in einem besonderen Traktat ausgeführet, erkennet den sel. H. Marc. Fronium für ihren Urheber, welcher keine Mühe sparte, allen zu dienen.

Die Absicht macht der Hochgelehrte Verfasser in der Zuschrift an den Leser bekannt, welche war, dass die Croner dadurch sich zu einer wahren Herzens Änderung sollten bewegen lassen und das um so vielmehr, als eben damals der Kuruzische Krieg viele Menschen verschlang.

Es ist solches in 8 Predigten abgehandelt, davon die 1. von der Busse und Bekehrung überhaupt, die 2. von der Reue, worinnen sie bestehe? die 3. wie es mit der Reue hergehe? die 4. vom Glauben, die 5. von den Früchten der Busse,. die 6. von den wirkenden Ursachen der Busse, die 7. von denen, welche Buss thun sollen; die 8. fasset eine Wiederholung in sich. Dieses alles ist nach Erforderung und Wichtigkeit der Materie ausgeführet."

244. ***(Fronius Marcus.)** Ordinations-Predigt, als Hr. Simon Draud, Gymn. Cor. L. I. zum Pfarrer in Roth-Bach ordiniret und installiret wurde. Im Jahr Christi, 1709. 12. Hornung. Gedrukt in Cron-Stadt. 8°. 16 Bl.

245. ***Fronius Marcus.** Die heimliche und verborgene Weisheit Gottes, welche Gott verordnet hat für der Welt, zu unser Herrlichkeit. (I. Theil) In sieben Sprüchen heiliger Schrifft entworffen. Seinen Kindern aber gezeiget von M. F. P. C. Cron-Stadt, mit Seulerischen Schrifften. druckts Stephanus Müller, 1709. 8°. 96 S.

Teutsch Joseph Nr. 139:

„Diese vortreffliche Arbeit nennet sich wieder von dem treufleissigen Mann T. H. M. Marco Fronio. Diese heimliche und verborgene Weisheit ist nichts anders als die Verfassung der geoffenbarten Wahrheiten unserer allerheiligsten Religion, welche in 7 Sprüchen Heil. Schrift vorgetragen werden. Davon der 1. von der zum Himmel führenden Weisheit aus Tit. 1—3 handelt, aus welchem 5 Artikel hergeleitet sind, Der 2. von des Menschen elendem Zustande aus Röm. 5, 12, woher 6 Artikel gezogen werden. Der 3. von der dem Menschen geleisteten Hülfe aus Ioh. 3, v. 16—19 begreift 15. Artikel; der 4. von der Art, wie Gott den Menschen selig macht, nach Tit. 3, 4—7; hieher fliessen bis 16 Artikel. Der 6. von der christlichen Kirche aus Eph. 4 v. 15. 16, 30 und fasset 18 Artikel in sich. Der 7. von den letzten Dingen mit 1. Cor. 15, 22—24, 28 und begreift 6 Artikel. Diese Sprüche sind als Grundsteine anzusehen, weil die übrigen Lehren christlicher Religion gleichsam darauf gebauet werden und sind durch Frag und Antwort genugsam erkläret und mit einem Gebet geschlossen worden . . ."

246. ***Luther Martin.** Enchiridion, Der kleine Catechismus D. M. L. Für die gemeine Pfarr-Herr und Prediger. Anno M.D.XXIX. aufgesetzet.

Cron-Stadt, mit Seulerischen Schrifften, druckts Stephanus Müller, im Jahr, 1709. 8°. 126 S.

Marcus Fronius hat eine Vorrede, Einleitung und drei Lieder beigefügt.

Trausch I. 214. 355.

Teutsch Joseph Nr. 139:

„*Dass derselbe in diesem Jahr wieder aufgelegt worden, gab theils der Mangel dasselbe zu bekommen, theils aber auch die Vermessenheit einiger Gelegenheit, dass der nur jetzt erwähnte eifrige Lehrer T. H. M. M. Fronius solchen mit einiger Erklärung publicirte, um dem Verfahren solcher Leute zu steuern, welche denselben bishero ziemlich verändert hatten.*

Erstlich stehen die blosse Worte des kleinen Catechismi, sodann folgt eine kurze Einleitung in denselben, worinnen der sel. H. Fronius zeiget, auf was Art und Weise der Catechismus zu erklären wäre, dass die Jugend auch ihren Nutzen daraus haben könne, wobey denn kurze Erklärungen angefüget worden . . ."

247. ***Fronius Marcus** A. Ω. Sprüche, woraus die Glaubens Artickel, in schrifftmässiger Ordnung, nach Anleitung derer sieben Grund-Sprüche, welche unterm Namen der Heimlichen und Verborgenen Weisheit Gottes herausgegeben, sind abgehandelt worden. Cron-Stadt, mit Seulerschen Schrifften, im Jahr, 1710. 8° 64 S.

248. ***(Fronius Marcus.)** Ordinations-Predigt, als 1711 Jahres, den Pfingst-Montag zum heiligen Amt, die Heerde Christi in Clausenburg zu weiden, die Hände auffgeleget wurden, (Tit.) Hn. Georgen Marci, der H. Schrifft beflicssenen, &c. geschehen in Cron-Stadt. Gedruckt mit Seülerschen Schrifften, im Jahr, 1711, 8°. 32 S.

249. ***(Fronius Marcus).** Die von unserm Herrn Jesu allen denen zu Ihm Kommenden und Beladenen versprochene Ruhe der Seelen, in einer Fest-Andacht betrachtet in Cron-Stadt, 1711. Jahrs. August Monat. 8°. 40 S.

250. ***(Fronius Marcus.)** Ists auch recht? bey betrübtem Fall eines Eigen-Mords abgehandelt Cron. 1712 17. Sonnt. Trin. Cron-Stadt, mit Seulerschen Schrifften, Drucks Stephanus Müller 1712.

Teutsch Joseph Nr. 145:

„*Noch eine Schrift musz ich zum Ruhm des Hochgelehrten H. Marci Fronii anführen, welche diese ist, die von der Anrede in der Predigt ihren Namen bekommen hat.*

Die Gelegenheit dazu war ein Mord, welchen sich ein RathHerr in Cronen zugefügt hatte. S. Kurzgef. Jahr-Geschichte auf dieses Jahr.

Es ist solche eine Predigt über das ordentliche Sonntags-Evangelium Luc. 14. 1 etc., in welchem die verschiedenen Ursachen des Eigenmordes und Grausamkeit desselben ausgeführet worden."

251. ***Episteln und Evangelia** wie man sie durch das gantze Jahr an Sonn-Tägen und andern Festen pfleget zu lesen: Sammt der Passion

und der Zerstörung der Stadt Jerusalem und der Juden kurtz gefasset. Auch mit schönen Reim- und Lehr-Sprüchlein vermehret und gezieret, Cronstadt mit Seulerschen Schrifften, Druckts Stephan Müller, im Jahr, 1713. 8° 126 Bl.

252. ***Schulgebeth.** Cronst. O. R. A. 1714.

Es lautet:

„HEiliger Allmächtiger GOtt, Vater, Sohn, H. Geist! Wir arme Kinder Dancken Dir von Hertzen, dass Du uns zu Dir in Deine Schule ruffest, uns gute Lehrmeister giebest, ja selber uns lehrest. So giebe denn auch Deinen Seegen darzu, dass unser verfinsterter Verstand erleuchtet, und unser verderbter Wille gebessert werde. Du hast ja versprochen, Du wollest Deinen Geist ausgiessen über alles Fleisch, über Jünglinge und Jungfrauen! So schencke uns denn Deinen Geist, der uns lehre, führe, unterweise, erinnere, kräftige, tröste und gründe, dass wir zunehmen an Geschicklichkeit, und führnemlich an Frömmigkeit. Oeffne unsere Augen, Ohren, Mund, Herz und Sinne, zu ergreifen, zu reden und auch zu thun, was Dir gefällig ist. Dass wir recht- schaffene Christen, und rechte fromme Leute werden, und nicht Heuchler und Maul Christen, oder, die die frische Jugend dem Teufel aufzuopfern, und das faule Alter Dir zu geben sich unterstehen, sondern von unserer zarten Jugend auff Dir beständig in kindlicher Forcht nachfolgen, unsere angebohrene Unart und böse Ungeschicklichkeit uns abgewöhnen lassen, ja uns selbst befleissen dieselbe noch in der Jugend uns abzugewöhnen, und also unser gantzes Leben nach Deinem Wohlgefallen einzurichten, dass wir als gute Pflantzen von Dir lieben himmlischen Vater selbst in Deiner geistlichen Baum-Schule gepflantzet seyen, und beyzeiten alle Tugenden an uns, als jungen Bäumen blühen, und selbe von uns blicken lassen, dass deren Früchte zur rechten Vollkommenheit gelangen, Dir und unserm Nächsten zu dienen, wie es Dir gefällig ist, in Heiligkeit und Gerechtigkeit. Dass nicht in Deiner Gottes Schule, Teufels Pflanzen auffer- zogen werden. Wir bitten Dich hiernebst: richte auch an andern Orthen Deine Schulen auff, wo noch keine seynd, und die gegenwärtige erhalte und mehre gnädiglich. Erbarme Dich auch über die arme Heidenschaft, dass auch bei ihnen der Name bekannt und geheiligt werde, dass wir allzusammen hier zeitlich und dort ewig bey Dir bleiben, in JEsu CHristo unserm HErrn, in Krafft des H. Geistes, Amen. Vater unser etc. Nu bitten wir Dich Herzl. G. etc.

Erinnerung: Ein Tropffen Aufrichtigster Frömmigkeit ist besser, denn ein ganzes grosses Fass voll arglistigster Geschicklichkeit.

Wunsch:

Ach dass doch unser Fleiss, noch hier vom rechten Recht,
All Tag nur einen Tropff, in unsre Hertzen brecht,
So würde nach und nach auch ein gross Fass voll werden?
Drum wend an allen Fleiss, und schene kein Beschwerden!

Cronst. O. R. A. 1714.

Trausch, Manuskr. q. 84. II. Nr. 44.

253. ***Cron-Städtisches Handbuch** der allhier gebräuchliche Gebete und Lieder, D. Martin Luthers, und anderer geistreichen Männer enthaltend. Nunmehro zum fünfftenmal auff vieler Begehren mit Fleiss ausgefertiget . . Kron-Stadt, Bey und in Verlégung Lucæ Seulers M. D. Druckts Stephanus Müller, im Jahr 1714. 12° 432 S. Register 8 S. Folget: Das geistreiche Gesang-Buch Herrn D. Mart. Lutheri, und anderer Gottgelahrter, alter und neuer Authorum. 12° 446 S. Register 11 S.

254. ***Schallius Georgius,** Güldenes Kleinod der wiedergebohrnen Christen

d. i. Kurtze Erklärung des kleinen Catechismi D. M. Luthers. Darinnen auffs neue in Frag und Antworten, ein Christlicher Heil-Brunnen gezeiget wird, daraus die Christliche Lehre, als das Wasser des Lebens, je länger je lieber zu trinken ist, wider den Gifft der Ketzereien, einem jeden Hauss-Vater und Lehr-Meister seine Kinder und Gesinde, daraus den rechten Weg zur Klugheit zu lehren und zu unterweisen, nützlich und erbaulich. Mit etlichen Fragen vermehrt, und der Christlichen Schul-Jugend zum besten in Druck befördert von Georgio Schallio gewesenen Jungter-Schulmeister in Cronstadt. Cronstadt mit Seulerschen Schriften Druckts Stephanus Müller im Jahre 1715. 12° 57 Bl.

255. ***Seideln Chr. M.** Im Nahmen Jesu der kleine Catechismus Hr. D. Martin Luthers, Sonderlich aus dem grossen erkläret, mit Sprüchen der heil. Schrift befestiget, mit Kennzeichen und Exempeln der Heil. Schrift zu Sein- Selbst-Prüfung erläutert und in lauter kleinen Fragen und Beantwortungen nach der eigentlichen Art zu Catechisiren einfältigst Verfasset vom M. Christoph Matth. Seideln, gewesenen Pastor Präpos. und Inspektor in Berlin. Und aus Vergunstigung dessen Erben zur Beförderung der Ehre Gottes und Erbauung der Christ-Evang. in Siebenbürgen nachgedruckt. In Cronstadt in der Seulerschen Buchdruckerey druckts Michael Heltzdörffer 1717. 12°. XXXVI. 37 S. Erklärung des Catechismi 576 S. Verzeichniss 7 S. Im Nahmen Jesu Lateiner für kleine Kinder. 48 S.

·256. **Evangelia Melodica**, das ist: Geistliche Lieder und Lob-Gesänge nach dem Sinn der ordentlichen Sonn- und Fest-Tags-Evangelien. 1717. 12°. $8^1/_2$ Bogen.

Teutsch Joseph. Nr. 151:

„Der damalige Croner Cantor H. Joh. Rauss liess dieselben auf Vergünstigung des T. H. Inspectoris S. Paulli Seidel, der auch eine kleine Vorrede vorgesetzet, herausgeben.

Die Absicht war, die erklärten Evangelien auch Gesangweise zu seiner Erbauung anwenden zu können.

Sie sind ein Theil des Laurentii Jahrgangs über die Evangelia, welche eine Erklärung derselben sind.

Sie sind zuerst 1717 in Kronstadt aufgelegt worden, bestehen aus $8^1/_2$ Bögen in längl. 12°."

257. ***Evangelia Melodica**, das ist: Geistliche Lieder und Lob-Gesänge nach dem Sinn der ordentlichen Sonn- und Fest-Tags-Evangelien, zur Uebung der Gottseeligkeit nach bekanten Melodien mit Fleiss eingerichtet, und auffs neue nachgedruckt, so dann zu einem Musicalischen Jahr-Gang, nach neuen Arien gewiedmet. Zum andernmal auffgelegt. Cron-Stadt. Nachgedruckt mit Seulerischen Schrifften, durch Stephanum Müller. 1718, längl. 12°. 76 S.

258. ***Danck-Gebet** wegen erlangten Friedens, nebst hertzlichen Seufftzern

um Abwendung der schädlichen Pestilentz und Misswachses. (1718?). 8° 7 S.

259. ***Kron-Städtisches Handbuch** der allhier gebräuchlichen Gebete und Lieder (*wie* Nr. 253.) 6. Aufl. Kron-Stadt, in der Seulerschen Buch-Druckerey, druckts Michael Heltzdörffer, im Jahr 1722. 12° 456 S. Register 8 S. Folget: Das geistreiche Gesang-Buch (*wie* Nr. 253) 12° 467 S. Register 12 S.

260. **Enchiridion oder kleiner Katechismus.** 1722.

Trausch Katalog.

261. ***Raths-Schluss** der Königl. Stadt Cron-Stadt wegen Dienst-Bothen-Lohn bei hiesiger Stadt. Cronst. druckts Mich. Heltsdörffer 1723 Fol. 1 Bl.

262. ***Evangelia melodica.** D. i. Geistl. Lieder etc. (*wie* Nr. 257.) Cron-Stadt. In der Seulerschen Buch-Druckerey, druckts, Michael Heltzdörffer, 1725. 12° 140 S. Register 3 S.

263. ***Seideln Chr. M.** Der kleine Katechismus etc. (*wie* Nr. 255.) In Cron-Stadt in der Seulerschen Buch-Druckerey, druckts Michael Heltzdörffer, 1727. XXXVI. 576 S. Verzeichnis 7 S. Im Nahmen Jesu! Lateiner für kleine Kinder 48 S.

Teutsch Joseph Nr. 157:

„Derselbe wurde auf Verordnung des damaligen T. H. Superattendenten der Evangelischen Kirchen in Siebenbürgen H. Lucæ Graffii in Gewohnhaltung der Siebenbürgischen Geistlichkeit, so wie ihn H. M. Christ. Matth. Seidel mit der Erklärung herausgegeben, aufgeleget.

Der Zweck war die Beförderung der Ehre Gottes und Erbauung sowohl Erwachsener, als Kinder, wie derselbe denn im ganzen Lande sollte eingeführet werden.

Zuerst stehet der kleine Catechismus Luth., dann folgt in Frag und Antwort eine weitläuftige Erklärung mit den dazu gehörigen weitläuftigen ausgesetzten Sprüchen, als Beweis-Gründe. Der Vorrede wird eine Anweisung zum erbaulichen Catechisiren gegeben. Hinten sind Lateiner für Kinder angehangen:

1. Sprüche über die 5 Hauptstücke des Catechismi, 2. Lehr Sprüche und Lebens Pflichten, 3. die ganze Ordnung des Heils in kurzen Sätzen.

Dieser Katechismus ist in Kronen 1727 in 12° aufgeleget worden, und ist 1 Alphab. und 3 Bögen stark."

264. ***Episteln und Evangelien** durchs gantze Jahr, auf alle Sonn- und Fest-Tage zu verlesen verordnet: mit schönen Reim-Sprüchlein vermehret. Zugleich auch die Historie von der Passion und Zerstörung der Stadt Jerusalem kurtz gefasset. Cronstadt, in der Seuler'schen Buchdruckerey, druckts Michael Heltzdörffer 1727. 12°. 113 Bl.

265. **Khevenhüller.** Exercitium zu Pferd und Fuss, so ich Graf Khevenhüller dem mir anvertrauten Dragoner-Regiment vorschreibe. Cronst. 1728. 4°. 89 S.

Trausch. Katalog.

266. **Khevenhüller.** Observations-Punkte, so ich Graf Khevenhüller dem mir von dero kaiserl. Majestät allergnädigst anvertrauten Dragoner-Regiment hiemit vorschreibe, auch von selbem accurate sollen gehalten werden. Kronstadt 1729. 8°. 2 Alph. 9 Bogen.

Trausch Katalog:

„*Vide Joh. Seivert Transilvania literata Mspt. Nach Németh's Memoria Typographiarum Hungariae et Transilvaniae besteht dieses Khevenhüller'sche Buch in 2 Octavbänden, gedruckt in Kronstadt und Linz, und hat der erste Band 444 S., der zweite Band 218 S. Das nemliche zeigt der Széchenyische Catalog I. 588 und 589.*"

267. Neuvermehrtes auserlesenes **Gesangbuch** Dr. Martin Lutheri und anderer geistreicher Männer. Kronstadt in der Seuler'schen Druckerey druckts Mich. Heltzdörffer. 1731. 16°. 439 S.

Trausch, Katalog.

268. *Neu errichtete **Kleider-Ordnung** der K. f. Stadt Kronstadt. *Am Schluss:* Geschehen in Kronstadt, den 21. Februar Anno 1732. Ex Commissione Amplissimi Magistratus Coronensis signabat Andreas Tartler, Senator et Notarius. 4°. 11 S.

269. Geistlicher **Handelsstab** oder ein allgemein auserlesen Gebetbüchlein, darinnen Morgen- und Abendsegen auf alle Tage in der Woche, wie auch Beruf-, Sonn- und Fest-Tags-Bericht, Communion-, Kriegs-, Theuerungs-, Pestilenz-, Kreutz-, Zeit-, Reise-, Krankheit- und Sterbensgebete enthalten. Kronstadt in der Seulerischen Buchdruckerei. 1732. 12°. 192 S.

Trausch, Katalog.

270. *Gedicht auf die Anwesenheit des Commandirenden Generalen Franz Paul Wallis in Kronstadt, 5. Aug. 1732.) Cron-Stadt, druckts Michael Heltzdörffer. 1732.

Trausch, Manuskr. Fol. 52. Nr. 36. S. 183—186.

271. ***Circular** des Richters und Raths in Kronstadt. *(Aufforderung zur Auslieferung aller Copien der damals gegen den Magistrat erschienenen Pasquillen.)* Signatum Coronae. 1732. 4° 1 Bl.

272. ***Schilbach Johann Samuel.** (Gedicht auf Georgius Schramm von Otterfels, bei dessen Beförderung zum General-Feldmarschall-lieutenant im Oct. 1733.) Cron-Stadt, druckts Mich. Heltzdörffer. Anno 1733.

Trausch Man. Fol. 52. Nr. 38. S. 191—194.

273. ***Evangelia melodica** *(wie* Nr. 257). Zum virtenmal aufgelegt. Cronstadt, in der Seuler'schen Buchdruckerey, druckts Mich. Heltzdörffer. 1734. 12°. 144 S.

Darauf folgt: Passion, oder: Die Historia von dem Leyden und Sterben Jesu Christi, aus dem Evangelio St. Matthäi, wie selbige in Kronstadt am Grünen-Donners-Tag pfleget gesungen zu werden, und denen andächtigen Sängern zu Lieb in Druck befördert. Nebst denen Versen und Psalmen, welche darunter mitgesungen werden. 23 S.

274. ***Buss-Gebeth.** 1739. 8°. 6 S.

275. **Episteln und Evangelia** durchs ganze Jahr auf alle Sonn- und Fest-Tage zu verlesen verordnet: mit schönen Reim-Sprüchlein vermehret. Zugleich auch die Historie von der Passion und Zerstörung der Stadt Jerusalem kurz gefasset. Cronstadt, in der Seulerschen Buchdruckerey Druckts Mich. Heltzdörffer im Jahr 1739. 12° 238 S. Dann folgt: Passion oder die Historie von dem Leyden und Sterben Jesu Christi. etc. 12° 23 S.

Trausch, Katalog.

276. ***Teutsch Joseph.** Kurtzer Auszug der Nöthigsten Stücke in der Rechen-Kunst, welcher die Species von Gantzen und Gebrochenen Zahlen, desgleichen die Regulam De-Tri und Regulam Societatis, in sich fasset zum Gemeinen Gebrauch der Teutschen Classe aufgesetzet v. J. T. p. t. Col. C. Teuton. Cron-Stadt. In der Seulerschen Buchdruckerey. Druckts Georgius Klein. Im Jahr 1739. 8° V. 102 S.

Teutsch Joseph Nr. 164:

„Unter andern kommt auch meine geringe Arbeit vor, welche ich mit untermengen und anführen wollen.

Meine Absicht war, dem Mangel von dieser Art Bücher abzuhelfen und meinen anvertrauten Class-Kindern zu dienen, mithin ihnen etwas in die Hände zu geben, womit sie sich auch in Zukunft nützen möchten.

Ich habe darinnen nach unserer Landes-Rechnung die Species von ganzen und gebrochenen Zahlen; desgleichen die Regel De-Tri und Societatis vorgetragen.

Es kam in Kronstadt 1739 zum Druck und ist 7 Bögen stark in 8° 1755 wieder aufgelegt.“

277. ***Kron-Städtisches Handbuch**, die allhier gebräuchliche Gebete und Lieder, Doct. Martin Luthers, und anderer geistreicher Männer enthaltend. Nunmehro zum siebendenmal, auff vieler Begehren mit allem Fleiss ausgefertiget zu Gottes Ehren und christlicher Andachts-Erbauung mit einem Neuen Anhang Geistreicher Lieder, auch nützlichen Registern vermehrt. Kron-Stadt In der Seulerschen Buchdruckerey druckts Michael Heltzdörffer im Jahr 1739. 12° XVI 56 S. Register 8 S. Folget das geistreiche Gesang Buch, Herrn D. Mart. Lutheri . . . 468 S. Register und Erklärung 12 S. Anhang 48 S.

278. ***Schilbach J. S.** Ihro Röm. Kayserl. Königlich Catholische Majestät Carolus Sextus, die bey denen solennen Exequien welche zu Cronstadt in Siebenbürgen: d. 30. Nov. 1740 Unter Volkreicher Versammlung in der Sächsischen Haupt-Kirchen gebührend gefeyert wurden, vermittelst einer Lob- und Trauer-Rede in tieffester Niedrigkeit und Demuth verehrte und Emblematisch vorgestellete stillstehende und in ihrem bisherigen Glantz nicht weiter forteylende Römische Staats-Sonne.

Trausch, Manuskr. Fol. 53 II. Nr. 8. S. 215—231.

Teutsch Joseph Nr. 165:

„Dieses ist die Lob- und Trauer-Rede, welche Herr J. Samuel Schilbach, Secretär vom Commando in Kronstadt, auf den Tod des Allerdurchlauchtigsten, Grossmächtigsten Kaysers Caroli VI bey Volkreicher Versammlung in der grossen Pfarr-Kirchen in Cronen gehalten hat.

Solche Rede ist nachgehends auf Befehl eines Hochedlen Kronstädtischen Magistrats auch zum Druck 1740 befördert worden, und enthält 3½ Bogen, in Fol.“

279. ***Evangelia melodica** d. i. Geistliche Lieder zum fünftenmal auffgelegt. . . . Cronstadt. In der Seuler'schen Buch-Druckerey druckts. Martinus Fernolend, 1740. 8° 143 S.

Dann folgt: Passion etc. 68 S.

280. ***Neidel Christoph.** Gedicht auf Maria Theresia. 1741. 1 Bl.

281. **Canisius Petrus.** Kleiner Catechismus P. Petri Canisii Societatis Jesu der Heiligen Schrift Doctors für die gemeine Layen und Junge Kinder beschrieben. Von dem Authore in seinem hohen Alter für die einige wahre Edition erkennet und bestättiget. Nachgedruckt in Cronstadt von Martino Fernolend 1750. 12° 64 S.

Trausch Katalog.

282. ***Als das Beinhaus** mit der Glocke, die 130 Centner wug und durch sechs bis sieben Stocke zusamt der Uhr ins Beinhaus schlug, so eine Unterredung hielt, legte solche Jammer-Klage, die freylich auf uns Menschen zielt, ein Anonymus an Tage. Cronstadt, in der Seuler'schen Buchdruckerey. Gedruckt von Martin Fernolend Anno 1750. D. 10. Februarii. Fol. 2 Bl.

283. ***Poetisch entworffene Grab-Schrifft** über die Cronstädter grosse Glocke, welche den 10. Februarii 1750 den Tag vor Ascher-Mittwoch unter während einem Begräbniss sich selbst unverhofft zum Grab und Fall geläutet, und nachdem selbige mit ihrer 130 Centner schweren Last 6 höltzerne Contignationen, und ein starckes steinernes Gewölb zerschmettert, endlich unter der Kirche in dem Bein-Repositorio sehr beschädigt liegen geblieben. Cronstadt, in der Seulerschen Buchdruckerey, Gedruckt von Martino Fernolend. Fol. 1 Bl.

284. *(**Clompe Petrus.** Ode an den Commandirenden General Maximilian Ulysses . . . Graff Broun.) 1750. Cronstadt in der Seulerschen Buchdruckerey, druckts Martinus Fernolend. 4° 19 S.

Trausch Mon. I° 57, I. Nr. 46, S. 381–399. Vgl. Trausch I. 219.

285. ***Geistreiches Cronstädtisches Gesang-Buch,** In sich haltend den Kern Alter und Neuer Lieder an der Zahl 807. Wie auch Besondere Lieder, Auf alle Sonn- und Feyer-Tage, Ein Gebet- und Communion-Buch: Die Evangelia und Episteln, nebst der Passions-Historia. Zur Ehre Gottes und Erweckung der Andacht, mit Fleiss ausgefertiget und

mit nützlichen Registern versehen. Cronstadt. In der Seulerischen Buchdruckerey: gedruckt, von Martino Fernolend 1751. 8° 708 S.

286. **Geistreiches Cronstädtisches Gebet-Buch**, worinnen nebst D. Joh. Habermanns von Eger, auch anderer Gottseligen Männer Heilige Arbeit, Auf Alle Tage der Woche, Feste, Buss-Beicht-Communion und andere Umstände, Zur Ehre Gottes und Förderung der Andacht gerichtet, zu finden. Mit einem nützlichen Register versehen. 1751. 8° 117 S. und Register.

287. **Acht und Achtzig Sonderbare Lieder**, Welche den Sinn und Zweck aller ordentlichen Sonn- und Fest-Tags Evangelien, zum Erkenntniss der Wahrheit und zur Übung der Gottseligkeit, nach Bekannten Melodien, Lehrreich und lieblich ausdrücken zur Verherrlichung Gottes, und Erweckung der Andacht, nebst einem nöthigen Register ausgefertiget. 1751. 8° 86 S. und Register 2 S.

Trausch Katalog.

288. Die in der evangelischen Kirche gewöhnlichen Sonn- und festtäglichen **Episteln und Evangelia**, welchen beigefügt ist die Historie vom Leiden und Sterben Jesu Christi, wie auch die Nachricht von der Zerstörung der Stadt Jerusalem. 1751. 8° 112 S.

Trausch, Katalog.

289. **Historia** vom Leiden Christi und der Zerstörung Jerusalems. 1751. 8° 24 S.

Trausch, Katalog.

290. Die in der evang. Kirche gewöhnlichen etc. **Episteln und Evangelia** etc. 1753. (*wie* Nr. 288). 8° 112 S.

Trausch, Katalog.

291. **Geistreiches Kronst. Gebet-Buch** etc. (*wie* Nr. 286). Kronstadt. In der Seulerschen Buchdruckerey gedruckt von Georgio Weinisch 1753. 8° 125 S. und Register.

Trausch, Katalog.

292. **Acht und Achtzig sonderbare Lieder** etc. (*wie* Nr. 287). 1754. 8° 86 S. und Register.

Trausch, Katalog.

293. ***Teutsch Joseph.** Kurtzer Auszug der Nöthigsten Stücke in der Rechenkunst, welcher die Species von gantzen und Gebrochenen Zahlen, desgleichen die Regulam De-Tri, und Reg. Societatis, in sich fasset zum Gemeinen Gebrauch der Teutschen Classe aufgesetzet von Joseph Teutsch, ehmal. der Teutschen Classe Coll. Die 2. Aufl. Cronstadt in der Seulerischen Buchdruckerey, druckts Christian Lehmann 1755. 8° III. 102 S.

294. ***Czako de Rosenfeld Franciscus.** Die bis zum schmählichen Kreutzes-Tod erniedrigte Liebe Jesu: deren gesegnete Früchte theils durch einen actum scholasticum, welcher das ganze Leiden unsers preiswürdigen Erlösers vermittelst zwei und zwanzig wechselnder

Personen etwas eigentlicher abbildet: zur Aufmunterung und Erbauung einer Höchstangesehenen Trauer Versammlung am stillen Freytage in dem neuen Auditorio unserer hiesigen Schule vorgestellt worden; nun aber auf Verlangen und Befehl einiger fürnehmer Standespersonen, wie nicht weniger auf Vergünstigung unserer Hochlöbl. StadtObrigkeit durch einen öffentlichen Druck auch andern andächtigen Lehrern und Liebhabern der Wahrheit aus einer aufrichtigen Gesinnung zu Gemüthe geführet werden von Francisco Czacko de Rosenfeld rectore des Cronstädtischen Gymnasii. Cronstadt, Druckts Christian Lehmann 1755.

Trausch, Man. 4° 59 Nro 8, S. 249–324.

Trausch I. 232.

295. ***Fronius Marcus. I. N. J.** Sprüche, woraus die Glaubens Artikel etc. (*wie* Nr. 247.) Zum vierten mal nachgedruckt. Cronstadt. In der Seuler schen Buchdruckerey druckts Christian Lehmann 1757. 8° 54 S.

296. **Geistreiches Cronstädter Gebet-Buch** etc. (*wie* Nr. 286) 1757 8° 125 S. und Register.

Trausch, Katalog.

297. **Acht und Achtzig Sonderbare Lieder** etc. (*wie* Nr. 287) 3. A. 1758. 8° 86 S. und Register.

Trausch Katalog.

298. ***Seideln Chr. M. I. N. J.** Der kleine Catechismus Herrn D. Martin Luthers etc. (*wie* Nr. 255). Cronstadt, In der Seulerischen Buchdruckerey, druckts Christian Lehmann 1758. 8° XXIV. 23 S. Erklärung des Catechismi. 338 S. und Register.

299. Die in der evang. Kirche gewöhnliche **Episteln und Evangelia** etc. (*wie* Nro 288). 3. A. 1758 8° 112 S.

Trausch Katalog.

300. **Geistreiches Kronst. Gesangbuch** etc. (*wie* Nro 285) Kronstadt in der Seulerischen Buchdruckerey, gedruckt von Johann Georg Keller. 1759. 8° XVI. 708 S.

Trausch, Katalog.

301. ***Neues A. B. C-Buch**, zum Gebrauch der hiesigen Schulen, nebst dem kleinen Catechismus des D. M. Luthers zur Uebung im Buchstabiren und Lesen. Cronstadt. In der Seulerischen Buchdruckerey druckts Martin Brenndörffer 1762. 8° 48 S.

302. ***Hübner J.** Zweymal zwey und funfzig Auserlesene Biblische Historien aus dem Alten und Neuen Testamente, der Jugend zum Besten abgefasset, von Johann Hübnern, Weyland Hochberühmten Rectore des Johannei zu Hamburg, nebst desselben Vorrede. Cronstadt in der Seulerischen Buchdruckerey gedruckt von M. Brenndörffer 1762. 8° XX. 408 S. und Register.

303. ***Erbauliche Lieder** von dem Tode und Sterben, welche zu desto bequemerm Gebrauche bei den Leichen-Begängnissen, besonders ab-

gedrucket worden. Cronstadt, In der Seulerischen Buchdruckerey, gedruckt von Martin Brenndörffer, 1764. 8°. 47 S. und Register.

304. ***Geistreiches Cronstädtisches Gebet-Buch** etc., (*wie* Nr. 286) 4. A. Cronstadt, In der Seulerischen Buchdruckerey, drukts Martin Brenndörffer, 1765. 8°. 125 S. und Register.

305. Die in der evang. Kirche gewöhnl. **Episteln und Evangelia** etc. (*wie* Nr. 288). 4 Aufl. 1765. 8°. 112 S.

Trausch, Katalog.

306. *(**Fronius Marcus**) J. N. J. Sprüche, woraus die Glaubens-Artikel etc. (*wie* Nr. 247) zum fünftenmal nachgedruckt. Kronstadt in der Seulerischen Buchdruckerey, druckts Martin Brenndörffer 1765. 8°. 54 S.

307. ***Acht und Achtzig Sonderbare Lieder** etc. (*wie* Nr. 287) 4. Aufl. Cronstadt, In der Seulerischen Buchdruckerey, gedruckt von Martin Brenndörffer. 1766. 8°. 86 S. und Register.

308 **Geistreiches Kronst. Gesangbuch** etc. (*wie* Nr. 285). 3. A. 1768. 8°. 708 S. Vorrede und Register XVI.

Trausch, Katalog.

309. ***Weber Petrus.** Geistliche Gedichte über Die Evangelien aller Sonn- und Fest-Tage des ganzen Jahres, zur Ehre Gottes und Erweckung andächtiger Herzen, in den Vespern Musicalisch aufzuführen von Petrus Weber, Cantor. Erster Theil. Cronstadt, In der Seulerischen Buchdruckerey, gedruckt von Martin Brenndörffer, 1769. 8°. 40 S.

310. ***Denkmal der Liebe,** welches der Frau Anna Kath. geb. von Seulen, Gemahlin des Herrn Joseph Traugott Schobel, Magistratsmitglied . . aufgerichtet wurde. Cronstadt, in der Seulerischen Buchdruckerey, gedruckt von Martin Brenndörffer 1769. Leichenrede von Georg Preidt S. 3—11. Abdankungsrede von Georg Draudt, Rector. S. 15—22.

Trausch. Manuskr. Fol. 53. II. Nr. 23. S. 381—402.

311. ***Seideln Chr. M.** J. N. J. Der kleine Katechismus Hn. D. Martin Luthers etc. (*wie* Nr. 263). Cronstadt, In der Seulerischen Buchdruckerey, gedruckt von Martin Brenndörffer. 1772. 8°. XXXI. 23. S. Erklärung 338 S. und Register.

312. **Geistreiches Kronst. Gebet-Buch** etc. (*wie* Nr. 286). 5. Aufl. 1774. 8°. 125 S. und Register.

Trausch, Katalog.

313. Die in der evang. Kirche gewöhnlichen **Episteln und Evangelia** etc. (*wie* Nr. 288) 5. Aufl. 1774. 8° 112 S.

Trausch, Katalog.

314. ***Hundert und vier und zwanzig Sitten-Regeln** für die Schul-Kinder. Wie sie sich wohl anständig verhalten sollen: I. Im Hause ihrer Eltern. Blat. 1—8. II. In der Schule bei ihrem Lehrer bl. 8—12. III. In der Kirche, bey andern Christen bl. 12—13. IV. Auf Reisen, oder Spaziren gehen bl. 13—14. V. Auf der Gassen gegen jedermann bl. 14—16. VI. Im gesammten Umgang bl. 16—18. VII. In der Ein-

samkeit, da sie alleine bl. 18 - 20. VIII. An besondern Fest-Tagen bl. 20. Mit einem Anhang. Welcher I das goldene A, B, C, und II das Einmal eins vorstellet.

Wie fein ist's, wenn ein Kind in guten Sitten blüth!

Weil man da goldnes Obst in Silbern'n Schüsseln sieht.

Cronstadt. In der Albrichischen Buchdruckery, druckts Martin Breundörffer 1774. 8° 23 S.

315. ***Hübner Johann**. Zweymal zwey und funfzig Auserlesene Biblische Historien etc. (*wie* Nr. 302). Cronstadt. In der Albrichischen Buchdruckerey; gedruckt von Martin Brenndörffer. 1775. 8° XX. 408 S. und Register.

316. ***Acht und Achtzig sonderbare Lieder** etc. (*wie* Nr. 287) 5. A. 1775. 8° 86 S. und Register. Buss- und Noth-Gebete S. 85—125.

317. ***Geistreiches Cronstädtisches Gesangbuch** etc. (*wie* Nr. 286). Cronstadt. In der Albrichischen Buchdruckerey gedruckt von Martin Breundörffer. 1777. 8° XX. 708 S.

318. **Episteln und Evangelia** durchs ganze Jahr verordnet. 1777. 8°.

Trausch, Katalog.

319. Das **Toleranz Edikt** K. Joseph's II. 1781. Folio. 8 S.

Trausch, Katalog.

320. *(**Preidt Georg.**) Der gesegnete Einfluss der christlichen Religion in die Glückseligkeit der bürgerlichen Gesellschaft. (Predigt bei Gelegenheit der Conscription, gehalten vom Kronstädter ev. Stadtpfarrer Georg Preidt. Kronstadt im März 1785. Nebst der Bekanntmachung des Magistrats vom 3ten Maerz 1785. Cronstadt. In der Albrichischen Buchdruckerey gedruckt von Martin Breundörffer. 1785. 4° 12 Bl.

Trausch, Man. 4° 59. Nr. 11. S. 389—412.

321. **Nachbarschafts-Articul** für die Nachbarschaften in der Oberen Vorstadt 1785. In der Albrichischen Buchdruckerey gedruckt von M. Breundörffer. Fol. 6 S.

Trausch, Katalog.

322. ***Reich Andreas**. Leihbibliotheks-Catalog des Kronstädter Handelsmannes Andr. Reich. 8° 50 S.

Leihbibliotheks-Verzeichniss der Brüder Johann und Andreas Reich. 8° 24 S.

Zweite Fortsetzung des Gebrüder Reichischen Bücherleseverzeichniss welche theils in dem gewöhnlichen Preiss zum Lesen ausgegeben, theils auch verkaufet werden. 1789. 8° 4 S.

323. ***Leopolds des zweyten Kayserkrönung** in der evang. Pfarrkirche zu Kronst. besungen den 14. November 1790. In der Albrichischen Buchdruckerey druckts Martin Breundörffer. 8° 4 S.

324. **Hundert und vier und zwanzig Sitten-Regeln** für die Schul-Kinder (*wie* Nr. 314) 2. Aufl. 1791. 8° 23 S.

Trausch, Katalog.

325. *(Preidt Georg.) Vorschrift, wie es mit den Begräbniss-Stellen in dem Leichen-Garten vor dem Klosterthor in Zukunft gehalten werden soll. In der Albrichischen Buchdruckerey gedruckt von M. Brenndörffer. 1791. 4. 8.

Trausch, Manuskr. Fol. 54.

326. **Preidt Georg.** Neue Schulordnung für die Landschulen der Sachsen in dem Burzenländer Distrikt, vom hiesigen L. Consistorio Domestico geprüft und eingeführt anno 1791 im Jänner 28. 8. 4.

Trausch III. 75.

327. ***Curieuse und ganz neue Art** zu Punktiren. Aus dem Arabischen ins Deutsche übersetzet von einem Liebhaber dieser Kunst Anno MDCCLXXXXVII. *Am Ende steht:* Kronstadt, zu finden bei Johann Andreas Wagner Tuchmacher, wohnhaft in der Wallacher Gassen Nr. 592. Kostet 17 kr. 8°. 144 S.

328. ***Friedens-Gesang**, gesungen bei der Rückkehr der Krieger ins Vaterland, den 28. May 1801. Cronstadt gedruckt in der Johann Georg Edlen v. Schobeln'schen Buchdruckerey von Friedr. Aug. Herfurth. 4° 4 S.

329. ***Marienburg L. J.** Leichencantate, abgesungen am 25. November 1801, als am Tage der feyerlichen Beerdigung der Wohlseligen Tit. Frau Stadtrichterin, Frau Martha verw. v. Schobeln, geb. v. Closius. Verfasst von Lucas Joseph Marienburg, des Gymnasiums Rector 8° S. 45—48. *Vgl. Nr. 330.*

330. ***Gebauer Simon.** Lobrede auf die weiland Hochwohlgeborne Frau Martha verw. von Schobeln, gebohrne v. Closius, gehalten bei dem feierlichen Leichenbegängnisse derselben in der evang. Pfarrkirche in Kronstadt von Simon Gebauer, Prediger an derselben Kirche, im Jahre 1801 am 25. November. Kronstadt, in der J. G. Edlen von Schobel'nschen Buchdruckerey, gedruckt von F. A. Herfurth. 8° S. 23 bis 44. *Vgl. Nr. 332.*

331. ***Roth Joh. Peter.** Friedensgesang gesungen bei der Rückkehr der Krieger ins Vaterland den 28. May 1801. Cronstadt, gedruckt in der Johann Georg Edlen von Schobelnschen Buchdruckerey von Friedr. August Herfurth. 4° 4 S.

Trausch. Man. 4° 57 I. Nr. 58. S. 477—480.

332. ***Schwarz Michael.** Predigt bey der öffentlichen Beerdigung der weiland Hochwohlgebohrnen Frau Martha verw. von Schobeln, gebohrnen von Closius, gehalten in der evangelischen Pfarrkirche in Kronstadt von Michael Schwarz, Prediger an eben dieser Kirche am 26. November 1801. Kronstadt, in der Johann Georg Edlen v. Schobelnschen Buchdruckerey, gedruckt von Fr. A. Herfurth. 8° 22 S.

333. ***Förster J. Chr.** Lehrbuch der christlichen Religion nach Anleitung des Katechismus Lutheri entworfen von M. Joh. Christian Förster, der hohen Stiftskirche zu Naumburg Domprediger und Schulinspector.

Cronstadt, in der Joh. Georg Edeln von Schobelnschen Buchdruckerey gedruckt von Friedrich August Herfurth 1802. 8° VIII. 300 S.

S. III—IV enthält die Vorrede des Rektors L. J. Marienburg.

334. ***Die Jubelfeyer** Sr. Hochw. des H. Georg Preidt, Dechanten des H. E. W. Burzenl. Capitels und Stadtpfarrers in Kronstadt. 1802. 8° 15 S.

335. **Marienburg L. J.** ABC Buch, oder erster Unterricht im Lesenlernen der Deutschen und Lateinischen Sprache. Zum Gebrauche der Schulen in Burzenland entworfen von Lukas Joseph Marienburg, Rektor des Gymn in Kronstadt. Kronstadt, gedruckt in der von Schobelnschen Buchdruckerey von Fr. A. Herfurth 1803. 8° 112 S.

Trausch, Katalog.

336. ***Sammlung Geistlicher Lieder** zum Gebrauch bei den öffentlichen und häuslichen Gottes-Verehrungen der Christen. Kronstadt gedruckt in der von Schobelnschen Buchdruckerey von F. A. Herfurth 1805. XVIII 498 S.

Siebenbürg. Provinzialblätter III. 58.

337. ***Gebete** zum Gebrauch bei den öffentlichen und häuslichen Gottesverehrungen der Christen. Eph. 6. 18 Betet stets in allem Anliegen. mit Bitten und Flehen im Geist. Kronstadt, gedruckt in der von Schobelnschen Buchdruckerey von F. A. Herturth 1806. 8° 128 S.

338. ***Bolesch Mich.** Katalog der pädagogischen Bibliothek (des Michael Bolesch, Mädchenschullehrer u. Campanator jun.) 1806. 8° 44 S.

339. ***Bolesch Mich.** Fortsetzung des Bücherverzeichnisses 1807. 8° 45—52.

Vgl. Nr. 338.

340. **Amtspflichten** und Verrichtungen des Ersten Stadthauptmanns in Kronstadt 1807. Folio 12 S.

Trausch, Katalog.

341. *Im Namen Jesu! Ordnung der ersten oder älteren Bruderschaft in Weidenbach 1. Corinth. 14. 40. 1808. 8° 8 S.

(Auszug aus der Brandtischen Bruderschafts-Ordnung.)

Trausch Manuskr. Qu. III. S. 113—120.

Trausch I. 260.

342. ***Bolesch Michael.** Zweite Fortsetzung des Kataloges von neuen pädagogischen und andern Lese- und Unterhaltungsbüchern, welche . . zum Lesen ausgegeben werden von Michael Bolesch. 1809. 8° S. 53—59. Nachricht für Zeitungsleser und Freunde der neuesten Literatur. 2 S. 1809. *Vgl. Nr. 339.*

343. ***Marienburg L. J.** A-B-C-Buch (*wie* Nr. 335). 1809. 8° 112 S.

344. ***Lied** auf die Sächsische Nation in Siebenbürgen, bey Errichtung der Bürgermilitz und Landwehr. Anno 1809. 8° 4 S.

345. ***Präservativ-Mittel gegen die Pest.** Veröffentlicht von der Sanitätskommission. Kronstadt. 1813. Fol. 1 Bl.

346. ***Dankgebet** zum öffentlichen Gebrauch der Evang. Kirchen bey der Feierlichkeit des auf den 30. Mai angeordneten allgemeinen Festes

wegen der Befreiung Burzenlandes von dem im October 1813 ausgebrochenen, unter Gottes gnädigem Beistande mit dem 16. April 1814 gänzlich gehobenen Pestübel. 8° 4 S.

347. ***Neustädter Mart.** Rede bey dem feyerlichen Leichenbegängnisse der Weiland Fr. Rectorin Johanna Agnetha geb. Teutsch verehel. Fabricius gehalten in der Evang. Pfarrkirche in Kronstadt am 16. Dec. 1814 von M. N., Archidiac. 8° 16 S.

348. ***Fabricius Jos. Christ.** Die Wohlfarth und Blüthe der Sächsischen Nation in Siebenbürgen wird vorzüglich dadurch bewahrt und befördert, wenn in derselben für gute Schulen gesorgt wird. Eine Schul-Rede zur Eröffnung der feyerlichen Herbst-Schul-Prüfung des Jahres 1815. Gedruckt zum Vortheil dieses Gymnasiums. Preis fünf Groschen. 8° 16 S.

349. **Marienburg L. J.** A-B-C-Buch (*wie* Nr. 335). 1816. 8° 112 S.
Trausch. Katalog.

350. **Heyser Christian.** Abendphantasie im Eichenhain bei Wolkendorf dem Andenken meines zu früh verblichenen Freundes Johann G. Pauer geweiht. (Kronstadt. 1816.) 8° 4 S.
Trausch II. 153.

351. ***Fabritius Jos. Christ.** Lieder auf die höchst-erwünschte Ankunft I. I. Majestäten des Kaisers, und der Kaiserin von Oesterreich Franz, und Karolina Augusta, zu Kronstadt in Siebenbürgen, den 13. Sept. 1817. Für die Schuljugend. 8° 4 S.
Trausch I. 289.

352. ***Fabricius Jos. Christ.** Ode auf die Ankunft Franz I. und der Karolina Augusta zu Kronstadt in Siebenb. den 13. Sept. 1817. Fol.
Trausch. Manusk. Fol. 52. Nr. 102a. S. 597—600.

353. ***Heyser Christian.** Freudige Bewillkommung Ihrer K. K. Majestäten. . den 13. Sept. 1817.
Trausch. Manusk. Fol. 52. Nr. 102b. S. 601—604.

354. ***Heyser Christian.** Ein Blümchen Ihrer K. K. Majestät Karolina Augusta, auf Allerhöchst Ihrer Reise durch Siebenb. auf den Weg gestreut 1817.
Trausch. Manusk. Fol. 52. Nr. 102c. S. 605—608.

355. ***Neustädter Martin.** Rede bei dem feyerlichen Leichenbegängnisse der Weiland Wohlgebohrnen und Tugendsamen Frau Agnetha geb. Hedwig, Ehegemahlin des Cronstädter Evangelischen II. Stadtpfarrers Joh. Teutsch, Gehalten in der ev. Pfarrkirche zu Kronstadt am 18. Januar 1818 von Martin Neustädter, Archidiac. Gedruckt in der Franz v. Schobelnschen Buchdruckerey von F. A. Herfurth. 8° 16 S.

356. **Marienburg L. J.** ABC-Buch. (*wie* Nr. 335). 1821. 8° 112 S.
Trausch. Katalog.

357. ***Benigni Edler von Mildenberg Joseph.** Kurzer Unterricht in der Geographie Siebenbürgens zum Gebrauche der deutschen Schulen

in der siebenbürgischen Militär-Gränze von Joseph Benigni Edler von Mildenberg k. k. Feld-Kriegs-Sekretär. Hermannstadt und Kronstadt 1823 bey W. H. Thierry Buch- und Kunsthändler. *Am Schluss:* Kronstadt gedruckt in der Franz v. Schobelnschen Buchdruckerei von F. A. Herfurth. 8° 36 S.

358. ***Bücherverzeichniss** der W. H. Thierry'schen Leihbibliothek in Kronstadt. (2017 Nr.) 8° 12 Bl. — Fortsetzung 4 Bl. 1823.

359. ***Heyser Chr.** Die Installation des H. Joh. Wachsmann zum Comes der Sächs. Nation. 1826.
Trausch Manuskr. Fol. 53. I. Nr. 50. S. 341—344.

360. ***Schnell Carl.** Trauer- und Trost-Gedanken am Charfreitage 1827 im grossen Auditorium des Kronstädter Evangelischen Gymnasiums öffentlich vorgetragen von Carl Schnell Studenten des Gymnasiums. Kronstadt gedruckt in der Franz v. Schobelnschen Buchdruckerey von F. A. Herfurth. 8° 12 S.

361. **Marienburg** L. J. A-B-C-Buch (*wie* Nr. 335) Kronstadt 1828. 8°.
Trausch II. 189.

362. **Heyser Chr.** Abschied von meiner Heimat Burzenl. (Kronst. 1828.) 8° 4 S.
Trausch II. 153.

363. **Anzeige** das kohlensaure Borszéker Gesundheitswasser betreffend in Beziehung auf die Cholera morbus (Brechruhr) (*Ohne Angabe des Druckortes herausgegeben von* G. Duldner, *und dem wesentlichen Inhalt nach verfasst vom Mediascher Physikus* Dan. Schmidt). 4° 6 S. 1830.
Trausch, Katalog.

364. ***Volkslied** zur Geburts-Feyer Allerh. Sr. Maj. Franz I. Abgesungen zu Kronst. 1831. 8° 2 Bl.

365. *Aufruf und Ausweise der Sanitäts-Commission in Betreff der **Cholera**, diesbezügliche Verordnungen. Kronst. 1831. Fol.
Trausch Manuskr. Fol. 18.

366. **Mayer Jakob.** Cantate. Von Jakob Mayer, Regens chori der röm.-kath. Stadtpfarrkirche. Kronst. 1832. 8° 4 S.

367. Neues ausführlich und vermehrtes egyptisches **Traumbuch** vom J. 1231 nebst Auslegungen mit beigesetzten Nummern, um sein Glück auch in der Lotterie zu probiren.

Das Glück ist immer kugelrund,
Oft macht man damit einen Fund.
Du fragst noch: wie?
Ich sag's oft, durch die Lotterie.
Verachte keinen Traum, denn die Erfahrung lehrt,
Dass mancher glücklich ward, der auf ihn hat gehört.
Doch warnt auch oft ein Traum vor vielen bösen Sachen,
Drum musst du weise sein, ihn nicht zu leicht verlachen.

In der F. v. Schobelnschen Buchdruckerey. 8° 1833.
Trausch, Katalog.

368. **Marienburg J. L.** A-B-C-Buch (*vid.* Nr. 335) 1833. 8⁰. 108 S.
Trausch, Katalog.

369. ***Jubel-Lied** welches am Tage der freudenvollen Ankunft . . des Erzherzogs Ferdinand . . zu Kronstadt . . abgesungen wurde. Johann Gött 1835. 8⁰ 2 Bl.

370. ***Volks-Hymne** gesungen am 19. Mai 1835 bei Anwesenheit des Erzherzogs Ferdinand Carl von Oesterreich — Este etc. in Kronstadt. Gedruckt bei Johann Gött. 8⁰ 2 Bl.

371. **Religions-Unterricht** aus biblischen Sprüchen und Liedern. Zum Gebrauche für Landschulen. Kronstadt 1835. Johann Gött. 8⁰ 32 S.
Trausch. Katalog.

372. **Sükei Emerich.** Trauerrede bei der Todesfeier Weiland Sr. k. k. Apost. Majestät Franz I. vorgetragen zu Bukarest in der evang. reformirten Kirche, in Gegenwart der Herren Agenten der Europäischen Mächte und mehrerer Christen, sowie auch zu Pitest, Tirgowest, Ployest und Kimpina im Monat April 1835 von Emerich Sükei, Pfarrer und Gründer der ersten und bis jetzt einzigen evang.-ref. Kirche in der europäischen Türkey, k. Mitglied der ungarischen Gelehrten- und anderer ausländischer Gesellschaften, ansässiger Bürger und Diener der Religion seit zwanzig Jahren in benannter Hauptstadt des Fürstenthums Wallachei. Kostet 20 kr. C.-M. Der Ertrag wird zur Unterstützung zweier hilfsbedürftiger Candidaten der Theologie im Collegio der Evang. Reformirten zu Klausenburg verwendet. Kronstadt Johann Gött. 8⁰ 10 S.
Trausch. Katalog.

373. ***Neue Badeanstalt** im Kronstädter Schneiderzwinger. Anzeige 1. Juni 1835.
Trausch Manuskr. Fol. 53. I. Nr. 61. S. 119.

374. ***Greissing Chr. v.** Antritts-Predigt über I. Corinth. 4. 17 und 18 gehalten in seiner Vaterstadt Kronstadt am Sonntag Septuagesimä 1835, von Christoph v. Greissing, Dechant des Burzenländer Capitels. Kronstadt, Johann Gött, 1836. 8⁰ 27 S.

375. *(**Greissing Chr. v.**) Schul Reden, gehalten den 8. und 10. Februar 1836 in dem grossen Hörsaale des beinah von Grundaus neu erbauten Gymnasiums zu Kronstadt, als an den Tagen der öffentlichen Einweihung dieses Gymnasial-Gebändes, womit zugleich eine allgemeine Schulprüfung verbunden war, welche den 8., 9. und 10. Februar, jeden Tag von 8 bis 12 Vormittag und von 2 bis 5 Nachmittag stattgefunden. Kronstadt, Johann Gött 8⁰ 25 S.
Inhalt: a) Eröffnungsrede in lateinischer Sprache von Greissing *S. 3—10, b) Lateinische Rede des Rektors* Kaiser *S. 11—18, c) Deutsche Rede zum Beschluss der Schulprüfung vom Chlamydaten* Eduard Plecker *S. 19—25.*

376. **Sammlung geistlicher Lieder** zum Gebrauch bei den öffentlichen

und häuslichen Gottes-Verehrungen der Christen (*wie* Nr. 336). 1836. Johann Gött. 8° (492 Lieder) 472 S. Dann das Vater Unser von Witschel S. 473—474. Passionshistorie S. 475—484 und Register 485—494.

Trausch, Katalog.

377. **Gebete** zum Gebrauch etc. (*wie* Nr. 337.) Kronstadt. 1836. Johann Gött. 8° IV. 128 S.

Trausch, Katalog.

378. **Episteln und Evangelien** auf alle Sonn- und Festtage des Jahres, wie auch die Historie von der Zerstörung der Stadt Jerusalem. Kronstadt, 1836. Johann Gött. 8° 150 S.

Trausch, Katalog.

379. ***Greissing Chr. v.** Trauerrede bei der Todesfeier Weiland Sr. k. k. Apost. Majestät Franz I. vorgetragen in der Kathedralkirche zu Kronstadt in Siebenbürgen den 15. April 1835 von Christ. v. Greissing, Stadtpfarrer und Dechant des Barcenser Capitels. Kronstadt (1836) Johann Gött. 8° 17 S.

380. **Schreckliche Mordthat,** welche sich im Königreich Ungarn zu Makova im L. Csanáder Komitat zugetragen, nemlich durch einen Kirschners-Sohn Namens Johann Endrei, welcher seinen Vater, Mutter und Schwester 21. April 1837 umgebracht hat. Fol. 2 S.

Trausch, Katalog.

381. **Brecht v. Brechtenberg A.** Herbstbilder. Der Ertrag ist für die am 16. Oktober 1836 verunglückten Abgebrannten bestimmt. Kronstadt. Johann Gött. 1837. 8° 16 S.

Trausch, Katalog.

382. ***Anrede** des General-Majors A. Csollich, des Dechanten A. Kovács und walachischen Erzpriesters J. Karabetz bei Uebergabe der goldenen Medaille an den Herrn griechischen Richter Stephan Demeter Csérvenvodaly, nebst Antwort des Letztern. Zwei Stücke. 15. Mai 1837. Kronst. Johann Gött.

Trausch Manuskr. Fol. 51. II. N. 11. S. 115—118.

383. **Mimosen** aus dem Gebiethe der Dramaturgie. Ausserordentliche Beilage zum Siebenbürger Wochenblatt. 1838 8° 20. S.

Traush Katalog.

384. ***Brechtenberg Andr. v.** Gedankenblitze und Stegreifdichtungen. Kronst. Johann Gött. 1838. 8° 20 S.

385. ***Episteln und Evangelien** auf alle Festtage des Jahres; ferner: Die Passionsgeschichte und die Historie von der Zerstörung der Stadt Jerusalem. Kronst. Joh. Gött 1838. 8° 150 S.

386. ***Haydn J.** Die Schöpfung. Oratorium in 3 Abtheilungen. In Musick gesetzt von Joseph Haydn. Doctor der Tonkunst Kronstadt. 1838. Johann Gött. 8° 24. S.

387. **Beschreibung** der am 13. März 1838 stattgehabten grossen Ueber-

schwemmung der k. fr. Städte Pesth und Ofen. Erinnerungsblatt für die Gegenwart und Zukunft. Fol. 2. S.

Trausch Katalog.

388. **Beschreibung** einer Mordgeschichte, welche zu Engelsberg in Ober-Schlesien geschehen, wie ein Vater 2 Kinder, sein hochschwangeres Weib samt der Schwiegermutter aufs schmerzhafteste umgebracht habe. Herausgegeben den 24. April 1838. Fol. 2 S.

Trausch Katalog.

389. **Greissing Chr. v.** Heilige Reden in der Cathedralkirche zu Kronstadt am Tage der Einweihung der daselbst neu erbauten grossen Orgel gehalten 17. April 1839 vom Burzenländer Dechanten Christoph von Greissing, Stadtpf. zu Kronstadt. Kronstadt, Johann Gött. 8° 20 S.

Trausch, Katalog.

390. ***Brechtenberg Andreas v.** Christian Heysers Todtenfeier. Trauercanzone in dramatischer Form. Dem Andenken und den Freunden des verewigten hochverdienten Superintendenten A. C. V. in Nieder- und Inner-Oesterreich, Triest und Venedig, nebst einem Lebensabriss des Hochwürdigen. Kronstadt, Johann Gött. 1839. 8°. 15 S.

391. ***Schwarz Georg.** Rede zur Gedächtnissfeier des Joseph Litsken, Wohlthäters der ungrisch-evangelischen Kirche zu Kronstadt, gehalten den 10. Sonntag nach Trin. 1839 in der ungrisch-evang. Kirche von Georg Schwarz, evang. Stadtprediger zu Kronstadt. Kronstadt. Johann Gött. 8° 14 S.

392. ***Programm** zur Feier der Einweihung der neuen Orgel in der Kronstädter evang. Pfarrkirche am 17. April 1838. Kronstadt, Johann Gött. 1839. 4° 4 S.

393. ***Allgemeine Ordnung** für die Bruderschaften und Schwesterschaften auf den sächsischen Dörfern des Burzenländer Districtes, welche nach Massgabe der bereits vorhandenen älteren diesfälligen Einrichtungen, sowie der neueren Verordnungen, und des 51—63 §. der 3. Abtheilung der vom hochlöbl. Ober-Consistorium der A. C. V. im Jahre 1818 vorgeschriebenen Visitations-Artikel verfasst, vom Kronstädter Domestical-Consistorium geprüft, und zu gleichförmiger Darnachrichtung sowohl der Alts-Consistorien, als auch der Bruderschaften und rücksichtlich der Schwesterschaften herausgegeben worden ist. Kronstadt 1839. Gedruckt bei Johann Gött. 4° 12 S.

Trausch III. 76.

394. ***Lied** von der Gemeinde gesungen bei der feierlichen Legung des Grundsteines zu einer neuen Kirche in dem k. fr. sächsischen Dorfe Neustadt am 22. April 1839. Kronstadt. Johann Gött. 4° 4 S.

395. ***Anzeige** der Kronstädter Apotheker über Abschaffung der Neujahrsgeschenke. 1. December 1839.

Trausch, Manuskr. Folio 53 I. Nr. 75. S. 443.

396. ***Moltke Leop.** Festgesang zur feierlichen Einweihung der von Heinr.

Maywald in der evang. Pfarrkirche zu Neustadt neuerbauten Orgel. Gedichtet von Leopold Moltke, in Musik gesetzt von Johann Hedwig. Kronstadt 184.?. 8° 1 Bl.

397. ***Kurz Anton.** Nachlese auf dem Felde der ungarischen und siebenbürgischen Geschichte, nach authentischen bis jetzt unbekannten oder unbenützten Quellen und Urkunden bearbeitet von A. K. (Anton Kurz). Kronstadt. Johann Gött. 1840. 8° VII. 154 S. Nebst 1 litogr. Facsimile.

398. ***Lassel Franz.** Poetische Kleinigkeiten. Nebst einer Zugabe von einigen wenig bekannten kleinen Gedichten anderer Verfasser. Kronstadt. Johann Gött. 1840. 8° 44 S.

399. ***Mosaik** für das Jahr 1840. Gewidmet den P. T. Abbonenten des Siebenbürger Wochenblattes, von der Redaction. Kronstadt. Johann Gött. 8° 102 S.

400. **Handwerks Gebrauch.** oder Unterricht der Fassbinder Gesellen, wie sie sich in dem Gesellenstand verhalten sollen. Kronstadt. 1841. Johann Gött. 8° 16 S.

Trausch, Katalog.

401. **Heinrich Georg.** Allgemein nützliche Bemerkung über den Gebrauch der Augengläser und von deren Auswahl bei Anschaffung derselben. Herausgegeben von Georg Heinrich, Opticus in Hermannstadt. Kronstadt. 1841. Johann Gött. 8° 8. S.

Trausch, Katalog.

402. ***Greissing Chr. v.** Zur Glockenweihe. Rede gehalten den 14. Oct. 1841 in der Kathedralkirche zu Kronst. von Christoph v. Greissing. Barcenser Dechant und Ortspfarrer. 8° 10 S. Kronst. Joh. Gött.

403. ***Hruschozy Marie.** Mein Abschiedsgruss. Kronst. 1841. Joh. Gött. 8° 4 S. *Am Schluss:* Hermannst. 15. Juli 1841. Marie v. Hruschozy.

404. ***Geltch J. Fr.** Lyrische Gedichte. Im Zusammenhange mit einer Abtheilung epigrammatischer und aphoristischer Streiflichter. Kronst. Joh. Gött 1841. 8° XVIII. 142 S. *Dann folgen:* Epigrammatische und aphoristische Streiflichter. XIV. 163 S.

405. ***Roth D. Dr.** Dramatische Dichtungen. Kronst. Joh. Gött 1841. 12° 356 S.

Vgl. Nr. 431.

406. ***Schnell Martin.** Die Nationen Siebenbürgens nach ihrem Herkommen und Charakter kurz beschrieben von Martin Schnell, Landes-Advokaten, und in treuen Abbildungen nach ihrer Nationaltracht in Original-Zeichnungen dargestellt von Georg Gottlieb Schnell, öffentl. Lehrer der Zeichenkunst an der k. Normal-Hauptschule und am ev. Gymnasium zu Kronstadt. Kronstadt. 1842. Johann Gött. 1. Heft. 4° XII. 77 S. nebst 4 lithographischen Abbildungen.

407. ***Wellmann Andreas.** Rede über den heilsamen Einfluss einer weisen und kräftigen Regierung auf ihr Volk durch Vereitlung und Abwehr des Bösen, am 19. April 1842 als dem Geburtsfeste Sr. Majestät des

Kaisers Ferdinand I. gehalten vor der evang. Gemeinde A. C. zu Fogarasch. Nebst einem Anhange von Gedichten. Kronstadt. 1842. Johann Gött. 8° 38 S.

408. ***Heyser Christian.** Vaterländische dramatische Schriften. Kronstadt. 1842. 8° VIII 233 S.

409. ***Binder Georg.** Leitfaden beim Unterricht in der Erdbeschreibung in den siebenbürgisch-deutschen Stadt- und Landschulen. Kronstadt. 1842. Johann Gött. 8° XI. 168 S.

410. **Benigni v. Mildenberg J.** Kurzer Unterricht in der Geographie Siebenbürgens zum Schul-Gebrauch von Joh. Benigni v. Mildenberg. k. k. Feld-Kriegs-Sekretär. 3te verb. und vermehrte Auflage. Mit einer Landkarte. Hermannstadt. W. H. Thiery'sche Buchhandlung. Gedruckt in Johann Gött's Buchdruckerei in Kronstadt. 1842. 8° 40 S.
(Die 2te Auflage ist in Hermannstadt gedruckt worden.)
Trausch, Katalog.

411. ***Schuster M. A.,** Lehrbuch der Rechenkunst. Zum Behufe seiner öffentlichen Lehrstunden entworfen von M. A. Schuster, erstem Lektor und öffentlichem Lehrer der Mathematik und Physik am evang. Gymnasium zu Schässburg. Kronstadt. 1842. Johann Gött. 8° IX. 262 S.

412. ***Roth St. L.,** Der Sprachkampf in Siebenbürgen. Eine Beleuchtung des Woher und Wohin? Kronstadt. 1842. Johann Gött. 8° 75 S.

413. ***Trink- und Badeordnung** für Zaizon. 15. Juni 1842.
Trausch. Manuskr. Fol. 51. II. Nr. 52. S. 137.

414. ***(Greissing. Dr. Josef v.)** Zaizoner Erinnerungsblätter. Kronstadt. Johann Gött. 1842. 8° 32 S.

415. ***Wilhelmi St. A.** Kurze statistische Uebersicht des Fürstenthums Walachei. Von Stephan Adolf Wilhelmi k. k. österr. Konsular Beamter in Braila in der grossen Walachei. Kronstadt 1842. Johann Gött. 8° II. 46 S.

416. **Moltke Leopold.** Uternuscheln. Neue dichterische Versuche. Kronstadt. (Leipzig). 1842. 8°
Trausch II. 441.

417. ***König Joseph.** Die Mineralquellen von Borszék in Siebenbürgen und ihre Heilwirkung. Bearbeitet für gebildete Kurgäste von Joseph König, k. k. Kontumaz-Direktor. Dr. der Medizin und Chirurgie etc. Kronstadt Johann Gött 1843. 8° VIII. 101 S.

418. ***Fabini Joseph.** Der Sachsen Zukunft. Elegie zur 700jährigen Feier des Einwanderungs-Jubiläums. 4° 8 S. Kronstadt Johann Gött 1843.

419. ***Wellmann Andreas.** Reisebriefe aus dem Lande der Sachsen in Siebenbürgen. Kronstadt. 1843. Johann Gött. 8° XII. 127 S.

420. ***Schiel Samuel.** Wörtliche Übersetzung des berühmten Andreanischen Privilegiums, welches die ursprüngliche Grundlage der sächsischen Verfassung enthält. Kronstadt 1843. Johann Gött. 8° S. 1—7. *Dann folgt:* Übersetzung des Leopoldinischen Diploms oder der im Jahre 1691

bei Übergabe Siebenbürgens an das erlauchte Haus Österreich zwischen den Ständen und Leopold I. zu Stande gekommenen Bundesacte S. 9—21.

421. ***(Gestalter Michael.)** Die Baden-Durlach'schen Deutschen in Mühlbach. Ein Andenken an ihre am 6. Januar 1843 begangene Einwanderungsfeier. Kronstadt. Johann Gött. 8° 40 S.
Trausch II. 4.

422. **Entsagungslieder.** 1843. 8° 16 S.
Trausch. Katalog.

423. ***Geltch J. Fr.** Nachruf an die Mitglieder des Vereines für Siebenbürgische Landeskunde, welche sich in der am 8. und 9. Juni 1843 zu Kronstadt abgehaltenen General-Versammlung befanden. Nebst einem Anhange unter dem Titel: Wir und Deutschland. Kronstadt. Johann Gött. 8° 8 S.

424. ***Roth Steph. L.** Der Birthälmer Pfarrer und der lutherische Superintendent. Prævisa minus nocent. Kronstadt. 1843. Johann Gött. 8° 28 S.

425. ***Roth Steph. L.** Der Geldmangel und die Verarmung in Siebenbürgen, besonders unter den Sachsen. Von dem Verfasser der Zünfte und des Sprachkampfes. Kronstadt 1843. Johann Gött 8° XII. 112 S.

426. **Bücherverzeichniss** der Bibliothek von Wilh. Németh in Kronstadt 1843. Johann Gött. 8° VI. 90 S.
Trausch. Katalog.

427. **Sammlung geistlicher Lieder** (*wie* Nr. 336). Kronst. Joh. Gött. 1843. kl. 8°. XVI. 510 S. *(Hier sind hinzugekommen die in der ersten Ausgabe nicht enthaltenen Lieder von 493 bis 509 und das Gebet Jesu von Witschel.)*
Trausch, Katalog.

428. ***Analyse** der Ferdinands- und Franzens-Quelle in Zaizon. Vorgenommen im Jahre 1842. Durch den Doct. der Medizin und Kronstädter Stadt- und Distrikts-Physikus Joseph v. Greissing und die Kronstädter Apotheker Joseph Miller und Peter Schnell. Kronstadt Johann Gött. 1843. 8° 16 S.

429. ***Giesel J. G.** Fest-Cantate, gewidmet dem Verein für siebenb. Landeskunde: aufgeführt bei Gelegenheit der General-Versammlung desselben in Kronstadt im Jahre 1843. Gedichtet von J. G. Giesel, Gymnasiallehrer, in Musik gesetzt von J. Hedwig. Chordirektor an der ev. Stadtpfarrkirche zu Kronstadt. Kronstadt Johann Gött. 8° 8 S.

430. ***Roth Dr. D.** Dramatische Dichtungen. Zweiter Band. Kronstadt. Johann Gött. 1844. 12° 252 S.
Vgl. Nr. 405.

431. ***Das Hauskreuz.** oder was vom Branntweintrinken zu halten sei? Kurz und erbaulich zusammengefasst in ein Gespräch, so auf einem Dorfe in Deutschland vorigen Winter wirklich gehalten worden ist. Zur Lehr und Warnung für Jung und Alt, für Reich und Arm und

zu Nutz und Frommen für Jedermann. Kronstadt 1844. Johann Gött. 8° 84 S.

432. ***Kurz Anton.** Borszék. Siebenbürgens berühmtester Kurort, nebst einem kurzen Anhange über Bellbor von Anton Kurz, Verfasser der Nachlese auf dem Felde der ungarischen und siebenbürgischen Geschichte und Mitarbeiter mehrerer Journale. Kronstadt 1844. Johann Gött. 8° 199 S.

433. ***Moltke Leopold.** Zwei Lieder für die Siebenbürger Sachsen. Ihrer edlen Nation gewidmet von Leopold Moltke (1844.) 8° 8 S.

434. ***Greissing, Dr. J. v.** Zaizoner Erinnerungsblätter. Kronstadt 1844. Johann Gött. 8° 24 S.

435. ***Trausch Joseph.** Bemerkungen über die vom siebenb. griechisch-nichtunirten Bischof Herrn Basilius Moga im Jahre 1837 den zu Hermannstadt versammelten Landesständen unterlegte Bittschrift von Joseph Trausch. Kronstadt 1844. Johann Gött. 8° 61 S.

436. ***Schnell Martin.** Die Sachsen in Siebenbürgen nach ihrem Herkommen und Charakter kurz beschrieben von Martin Schnell, Landes-Advokat. Kronstadt 1844. Johann Gött. 4° IX. 196 S.

437. ***Geltch J. Fr.** Thuiskon. Zwei Parabeln. Kronstadt 1844. Johann Gött. 8° 15 S.

438. ***Geltch J. Fr.** Lyrisch-humoristischer Janus-Kopf mit folgenden Aufschriften: I. Apologie der Frauen, oder: Das schöne Geschlecht ist das starke Geschlecht. II. Variationen einer granzöpfigen Matrone über das verhängnissvolle Thema: Warum heirathen die Jünglinge der Neuzeit unsere Mädchen nicht weg? Kronstadt 1844. Johann Gött. 8° 16 S.

439. **Poppowits Karl.** Vollständige theoretisch-praktische Anweisung zum Selbstunterricht in der Zuschneidekunst von Oberröcken, Fräcken, Uniformen, Twines, Pallots-Mänteln, Atilla-Röcken, Westen und Beinkleidern für den regelmässigen und unregelmässigen Bau, nebst des von Professor Fontaine Pière zu Paris erfundenen Reduktions-Schema und centimètre Streifes. Von Karl Poppowits. Mit 5 lithograph.-anatomischen Figuren und 75 Patronen. Kronstadt 1844. Johann Gött. 8° 30 S.

Trausch, Katalog.

440. *Die ev. Kirche A. C. in **Karlsburg**. Zum Besten des ev. Frauenvereins. Kronstadt 1844. Johann Gött. 8° 28 S.

441. **Aufforderung** an alle guten und edlen Bürger unserer Vaterstadt mitzuhelfen an einem guten Werke 1844. 8° 16 S.

Trausch, Katalog.

442. **Erstes Lesebuch.** Erster Teil. ABC-Buch oder erster Unterricht im Lesen der deutschen und lateinischen Schrift nach der Lautir-Methode. Zum Gebrauche der Schulen im Burzenlande. Kronstadt. Johann Gött. 1844. 8° 40 S. Zweiter Teil. Lesebuch für Geübtere, nebst

Dr. Martin Luthers kleinem Katechismus. Zum Gebrauche der Schulen im Burzenland. Eb. S. 41—144.

Trausch, Katalog.

443. ***Binder Georg.** Uebersicht der gesammten Erdkunde für Schule und Haus. Zunächst für Siebenbürgen entworfen von Georg Binder, Lehrer an der Kreisschule in Schässburg. 2. vielfach verbesserte Auflage, vermehrt mit einem Abriss der Geschichte Siebenbürgens von G. D. Teutsch, Lehrer ebendaselbst. Kronstadt. 1844. Johann Gött. 8° IV. 180 S.

444. ***Neumeister Rudolf.** Predigt auf dem Grunde der Schriftstelle Ev. Joh. 4, 14 gehalten im Badeort Zajzon am 27. Juli 1845 und den dortigen Badegästen gewidmet vom Verfasser Rudolf Neumeister aus Coburg. Kronstadt. Johann Gött. 1845. 8° 16 S.

445. ***Binder G. P.** Zwei Reden, gehalten in der Kronstädter evang. Kathedralkirche von Sr. Hochwürden dem Herrn Georg Paul Binder Superintendenten der A. C. V. in Siebenbürgen, während dessen Anwesenheit in Kronstadt im Jahre 1845. Mit Genehmigung des Herrn Verfassers im Drucke herausgegeben vom Kronstädter Gewerbverein. Kronstadt. 1845. Johann Gött. 8° 24 S.

446. **Haydn J.** Die Jahreszeiten. Nach Thomson. In Musick gesetzt von Josef Haydn, Direktor der Tonkunst. Kronstadt. 1845. Johann Gött. 8° 36 S.

Trausch, Katalog.

447. ***Hintz Georg.** Rede. — Am goldenen Hochzeitsfeste des Michael Bell, Prediger zu Klausenburg. Kronstadt 1845. Johann Gött. 8° 4 S.

448. ***Popp Gabriel.** Denkwürdige Ueberlieferung der am 4. Oct. 1823 unter der edlen Leitung des . . Obersten . . Baron Purcell v. Rorestoven im Stabsorte Kézdi-Vásárhely, abgehaltenen National-Instituts-Eröffnungs-Feierlichkeit. Verfasst durch Popp Gabriel. Kronstadt. 1845. Johann Gött. 8° 16 S.

449. ***Einladung** zu den vom 21.—26. Juli 1845 abzuhaltenden öffentlichen Prüfungen und der damit verbundenen Säcularfeier des Kronstädter Gymnasiums. Kronstadt. 1845. Johann Gött. 4° 2 Bl.

450. ***Dück Josef.** Geschichte des Kronstädter Gymnasiums. Eine Festgabe zur dritten Säcularfeier desselben von Josef Dück, Gymnasiallehrer. — Nebst dem Honterus'schen Reformationsbüchlein und einigen Briefen aus der Reformationszeit, als Zugabe. Kronstadt. 1845. Johann Gött 8° 148 S.

451. ***Festgesänge** zu der am 27. und 28. Oktober 1845 Statt findenden dreihundertjährigen Säcularfeier des im Jahre 1545 von Apollonia verw. Lukas Hirscher erbauten Kronstädter Kaufhauses. Kronstadt. Johann Gött. 8° 8 S.

452. ***Festgesänge** zur dritten Säcularfeier des Kronstädter Gymnasiums. Kronstadt 1845. Johann Gött. 8° 12 S.

453. ***Fortschrittslied** *(27. Juli 1845 im grossen Auditorium von den Schülern der Sonntags-Schule gesungen)* 8° 1 Bl.

454. Ein merkwürdiger Approbatal-Gesetzestitel, welcher das den Kronstädtern gehörige **Törzburger Dominium** betrifft aus dem 3. Theil Tit. 82 übersetzt von S . . . Den 22. April 1842. Kronstadt 1845. Johann Gött 8° 11 S.

455. ***Glückwunsch** zum neuen Jahr 1845 (an den Ober-Kriegs-Commissär Heinrich Froon Edlen v. Fronius von der Rechnungskanzlei). Kronstadt Johann Gött.
Trausch Manuskr. Folio 53 I. Nro 88 S. 511 (1 Bl.)

456. ***Rannicher Jacob.** Das Recht der Comes Wahl. Versuch einer diplomatischen Geschichte desselben. Kronstadt. Johann Gött. 1846 8° 52. S.

457. ***Trausch J.** Biographisch-literärische Denkblätter der Siebenbürger Deutschen. *(Ankündigung.)* Kronstadt. 1846. Johann Gött. 8° 15 S.

458. ***Gruss** . . . Dem Herrn Franz v. Salmen am Tage seiner Ankunft in Kronstadt den 7. Dezember 1846 dargebracht von den Schülern des ev. Gymnasiums in Kronstadt. Kronstadt. Johann Gött. 1846. 4° 4 S.
Trausch Manuskr. 4° 57 II b. S. 493—496.

459. ***Zum Namensfeste** unsers verehrten Prinzipals H. Johann Gött am 24. Juni 1846 dargebracht von den Mitgliedern seiner Buchdruckerei. 8° 1 Bl.
Trausch Manuskr. 4° 57 II b. S. 457.

460. ***Am Geburtstage** S. Majestät Ferdinand I. gesungen vom Kronstädter Gewerbverein (den 19. April 1846). 8° 2 Bl.

461. ***Palme A.** Volkshymne. 1846. 8° 1 Bl.

462. ***Volkshymne** auf Kaiser Ferdinand. 1846. 8° 2 Bl.

463. *Entwurf zu der Abends 8 Uhr im grossen Auditorio vorzunehmenden **Confirmationshandlung**. 1846. 8° 2 Bl.

464. ***Stenner P. J.** Die Heilquellen von Bassen. Kronstadt. Johann Gött. 1846. 8° 32 S.

465. ***Lieder** zum Jugendfeste in Kronstadt im Jahre 1846 (15. Juli). Kronstadt. Johann Gött. 1846. 8° 16 S.

466. ***Gebet- und Gesangbuch**. 2. vermehrte Auflage. Kronstadt. Johann Gött. 1847. 8° 176 S. *(Für Katholiken.)*

467. ***Kirchen-Andacht** in Lobliedern und Gesängen. Neue verbesserte und vermehrte Aufl. Kronstadt. 1847. Johann Gött. 8° 100 S. *(Für Katholiken.)*

468. ***Löw Wilhelm.** Ansichten über die landwirthschaftlichen Zustände der Sachsen in Siebenbürgen. Von einem Sachsen. *(Wilhelm Löw in Reussmarkt.)* Kronstadt. 1847. Johann Gött. 8° VI. 102 S.

469. ***Oeffentliche Confirmationshandlung** in der Blumenauer ev. Kirche 1847. 8° 2 Bl.

470. ***Söllner J.**, Vortrag gehalten in der Versammlung des Vereins für Siebenbürgische Landeskunde am 28. Mai 1847 in Grossschenk von

J. Söllner, Dr. der Rechte und politischen Wissenschaften, Rittmeister und Auditor des k. Prinz Savoyen 5. Dragoner-Regiments. Kronstadt. Johann Gött. 8° 26 S.

471. ***Denkblätter** an die Installations-Feier Sr. Hochwohlgeboren des Herrn Franz Joseph v. Salmen, Königsrichter von Hermannstadt, Graf der sächsischen Nation und wirklicher Geheimer kön. Gubernialrath, zusammengestellt und geschrieben von einem Sachsen. Kronstadt. Johann Gött. 1847. 8° IV. 92 S.

472. ***Lieder** zum Honterusfeste in Kronstadt im Jahre 1847. Kronstadt. Johann Gött. 8° 24 S.

473. **Sammlung geistlicher Lieder** (*wie* Nr. 336). Kronstadt. 1848. Johann Gött. 8° IX. 494 S. *nebst einem Anhang auf 15 S., neue Lieder Nr. 493—509 enthaltend. (Der Vorbericht S. III—VI fehlt in dieser neuen Auflage.)*

Trausch, Katalog.

474. **Sammlung religiöser Gesänge** bei öffentlichen Leichenfeierlichkeiten. Kronstadt. Johann Gött. 1848. 8° I. 56 S.

475. ***Vorschrift** zur verfassungsmässigen Einrichtung der Kronstädter Bürgerwehr. Kronstadt. 1848. Johann Gött. 8° 8 S.

476. ***Abrichtungs- und Exercier-Vorschrift** für die Kronstädter Bürgerwehr. Kronstadt. 1848. Johann Gött. 12° 55 S.

477. ***Rekrutenlied.** 1848. 8° 2 Bl. (*Auch magyarisch und romänisch.*)

478. **Episteln und Evangelien** auf alle Festtage des Jahres; ferner die Passionsgeschichte und die Historie von der Zerstörung der Stadt Jerusalem. Kronstadt. Johann Gött. 1848. 8° 148 S.

Trausch, Katalog.

479. **Roth Steph. L.** Freiheit, Gleichheit und Brüderlichkeit. In Anwendung auf Wahl und Besoldungen der sächsischen Geistlichkeit. Kronstadt. Johann Gött. 1848. 4° 8. S.

Trausch, III. 153.

480. **Roth Steph. L.** Der deutsche Jugendbund in Siebenbürgen. Kronstadt. Johann Gött. 1848. 4° 35 S.

481. ***Gebete** zum Gebrauche bei den öffentlichen und häuslichen Gottesverehrungen der Christen. Kronstadt. Johann Gött. 1848. 8° 107 S.

482. ***Wilhelm Németh's** Leihbibliothek. 1849. Fol. 1 Bl.

483. **Deutsch-russisches Hülfsbüchlein.** Kronstadt. 1849. Johann Gött. 12° 24 S.

Trausch, Katalog.

484. ***Willkommen!** Dargebracht . . dem . . General der Infanterie und Kommandant des kaiserl.-russischen fünften Armeekorps v. Lüders von den Bürgern Kronstadts. Kronstadt, 1849. Johann Gött. 4° 4 S.

Trausch, Mauuske. 4° 57 II. b. S. 515—518.

485. ***Moltke Max.** Sporn- und Stachellieder für das deutsche Volk. Kronstadt. 1849. 12° 35 S.

486. ***Sammlung geistlicher Lieder.** Kronstadt. 1849. Johann Gött. 8° 501 S.

487. ***Folnes Carl.** Gedicht dem kaiserl.-russischen General v. Hasstort . . gewidmet. Kronstadt. Johann Gött. 1849. 8° 4 S.

488. ***Anfangsgründe** des deutschen Sprach-Unterrichts, zum Behufe der 3. hiesigen Elementar-Knabenschule. Ein Auszug aus R. J. Wurst's praktischer Sprachdenklehre. Kronstadt 1849. Johann Gött. 8° 74 S.

489. **Abrichtungs-Unterricht** und Kasern-Ordnung für die k. k. Finanzwache im Grossfürstenthum Siebenbürgen. Kronstadt 1850. Johann Gött. 8° 214 S.

490. ***Albert Georg.** Rede zur ersten Jahresfeier der österreichischen Reichs-Verfassung vom 4. März 1849 gehalten in der evang. Kathedralkirche in Kronstadt. Den 17. März 1850. Kronstadt 1850. Johann Gött. 8° 10 S.

491. **Moltke Max.** Deutsche Lieblings-Lieder. Gesammelt und herausgegeben von Max Moltke. Kronstadt 1850. Johann Gött. 16° 64 S.
Trausch, Katalog.

492. **Novellen** für den 1. Theil des österreichischen Strafgesetzbuches vom Jahre 1803. 8° 28 S. (1850).
Trausch, Katalog.

493. **Instruktion** für die öffentlich angestellten Ärzte und Wundärzte in den k. k. österr. Staaten, wie sie sich bei gerichtlichen Leichenschauen zu benehmen haben. (1850). 8° 70 S.
Trausch, Katalog.

494. **Instruktion** zur Ausführung der Grund-Ertrags-Erhebungen für das mit dem allerh. Patente vom 4. März 1850 angeordnete Grundsteuer-Provisorium. Kronstadt. Johann Gött. Fol. III. 79 S.
Trausch, Katalog.

495. **Allgemeine Vorschrift** über die Verfassungs-Art der galizischen Kriminal-Gerichte. (1850). 58 S.
Trausch, Katalog.

496. ***Hintz Georg.** Die letzten Lebensmomente des . . . am 11. Mai 1849 in Klausenburg hingerichteten Meschner Pfarrers Stephan Ludwig Roth, dargestellt von G. H., evang. Pfarrer in Klausenburg. Der Ertrag dieser Brochüre ist zur Gründung eines Denkmales für den Verewigten bestimmt. Kronstadt. 1850. Johann Gött. 8° 23 S.

497. **Steuner Math. Fr.** Praktisches Rechenbuch für Elementar- und höhere Bürgerschulen Kronstadt 1850. Johann Gött. 8° 72 S.

498. **Sigerus Karl.** Das Grundsteuer-Provisorium zur Aufklärung und Belehrung des Landvolkes, dem löbl. Zeidner Lese-Verein freundschaftlichst gewidmet von Karl Sigerus, Secretär des s. s. landwirthschaftlichen Vereines. Kronstadt. Johann Gött. 1851. 8° 22 S.
Trausch, III, 304.

499. **Lieder** zum Honterusfeste im Jahre 1851. Kronstadt. Johann Gött. 1851. 16° 36 S. *Mit dem Bildnis des Honterus innerhalb eines Eichenkranzes.*

500. ***Thiess Carl.** Geschichtliche Bemerkungen in den Revolutionsjahren 1848 und 1849 mit vorzüglicher Berücksichtigung der Stadt Kronstadt, mit theilweiser von Siebenbürgen. In chronologischer Reihenfolge aufgezeichnet von Carl Thiess, Gymnasiallehrer in Kronstadt. Die Hälfte des Rein-Ertrags ist für die Radetzky-Welden-Jellachich-Haynau- und Latour-Invalidenfonde, die andre Hälfte ebenfalls für einen wohlthätigen Zweck bestimmt. Kronstadt. Johann Gött. 1851. 8° II. 148 S.

501. ***Albert Georg.** Predigt: Ueber die Dankbarkeit, welche wir den Wohlthätern unserer Gemeinde schuldig sind. Kronstadt. Johann Gött. 1851. 8° 14 S.

502. ***Neigebaur, Dr. J. F.** Dacien. Aus den Ueberresten des klassischen Alterthums, mit besonderer Rücksicht auf Siebenbürgen. Topographisch zusammengestellt von Dr. J. F. N., k. preuss. Geheim-Justizrath und Major a. D., vormals Generalconsul für die Moldau und Walachei. Nebst einer Uebersichtskarte des Trajanischen Daciens. Kronstadt. Johann Gött. 1851. 8° XII. 311 S.

503. **Stenner Math. Friedr.** Praktisches Rechenbuch für Stadt- und Land-Schulen. 2te verb. und durch 300 neue Aufgaben vermehrte Auflage. Kronstadt. Johann Gött. 1851. 8° 130 S.

504. **Verzeichniss** der Wahlberechtigten aus dem Gewerbsstande in dem Bezirke der Handels- und Gewerbekammer in Kronstadt für das Wahljahr 1851. Kronstadt. Römer & Kamner. Fol. 202 S.

Trausch, Katalog.

505. **Reps.** Den hochgeehrten Mitgliedern des Vereins für Landeskunde bei deren Anwesenheit in Reps gewidmet von den Repser Vereinsmitgliedern im Jahre 1851. Gedruckt bei Johann Gött. 8° 4 S. nebst 1 Bilde (*nämlich „Reps mit seiner Burg". Gez. und lith. von L. Schuller, gedruckt bei J. Wagner in Klagenfurt*).

Trausch, Katalog.

506. ***Erstes Lesebuch.** Erster Teil. A-B-C-Buch. oder: Erster Unterricht im Lesen der deutschen und lateinischen Schrift, nach der Lautir-Methode. Zum Gebrauche der Schulen im Burzenland. Kronstadt 1851. Johann Gött. 8° S. 1—48. *Darauf folgt:* Erstes Lesebuch 2. Teil. Lesebuch für Geübtere nebst Dr. Martin Luthers kleinem Katechismus. Zum Gebrauche der Schulen im Burzenland. Kronstadt. Johann Gött. 1851. S. 49—194.

507. ***Teutsch G. D.** Geschichte der Siebenbürger Sachsen für das sächsische Volk. Eine vom Vereine für siebenbürgische Landeskunde gekrönte Preisschrift. Kronstadt. Johann Gött 1852. 12° 1.—3. Heft 388 S. 4. H. 1856 S. 389—528. 5. H. 1858 S. 529—652. 6. H. 1858 S. 653—807.

508. **Verhandlungen der Handels- und Gewerbe-Kammer** für den Kronstädter Kammerbezirk in Siebenbürgen. 1. Jahrgang 1851. Gedruckt bei Johann Gött 8° XVI 203 und alph. Register XI S.

509. Verzeichniss der im Kronlande Siebenbürgen in Uebung stehenden

Jahrmärkte. Herausgegeben von der Kronstädter Handels- und Gewerbe-Kammer. Kronstadt. Johann Gött 1852. 8° 26 S.

Trausch Katalog.

510. ***Teutsch G. D.** Die Reformation im Sachsenlande. Der evangelisch-sächsischen Kirche dargebracht zur dritten Säkularfeier ihrer Gründung. Kronstadt. 1852. Johann Gött. 12° 38 S.

511. ***Graeser Andreas.** Dr. Stephan Ludwig Roth nach seinem Leben und Wirken. Kronstadt. 1852. Johann Gött. 8° 118 S.

512. ***Kirchner Karl.** Gedichte. Kronstadt. 1852. Johann Gött. 8° II. 87 S.

513. ***Lange P. T.** Belehrungen und Aufschlüsse über die Kronstädter Allgemeine Pensions-Anstalt . . . Kronstadt. 1853. Johann Gött. 8° 57 S.

514. ***Reimesch Michael.** Liedergärtchen. Eine Auswahl beliebter Schul- und Jugend-Lieder mit ein- und mehrstimmigen Singweisen nach Notenziffern. 1. Heft. Kronstadt. 1853. Johann Gött. 8° 88 S.

515. ***Bericht der Handels- und Gewerbekammer** in Kronstadt an das hohe k. k. Ministerium für Handel, Gewerbe und öffentl. Bauten über den Zustand der Gewerbe, des Handels und der Verkehrsverhältnisse des Kammerbezirks im Jahre 1851. Kronstadt. 1853. Johann Gött. 8° 44 S. und 4 Tabellen. – Bericht . . . im Jahre 1852. Kronstadt. 1853. Johann Gött. 8° 163 S.

516. **Verhandlungen der Handels- und Gewerbekammer** für den Kronstädter Kammerbezirk in Siebenbürgen. II. Jahrgang. Kronstadt. Johann Gött. 1853. 8° XI. 145 S.

Protokolle 1853—1864 *(vgl. Trausch III. 164)*. 1865—1869 *(Trausch II. 382)*. 1870 ff.

517. ***Leitner v. Leitentreu Th. J.** Geschichte der Wiener-Neustädter Militär-Akademie. Zweiter Theil. Kronstadt 1853. Römer & Kamner. 8° 363 S. *(Der erste Theil ist bei Steinhaussen in Hermannstadt im Jahre 1852 herausgekommen.)*

518. **Stenner M. Fr.** Praktisches Rechenbuch etc. 3. Aufl. Kronstadt. Johann Gött. 1854. 8° 7½ Bogen.

Trausch. Katalog.

519. **Stenner M. Fr.** Zweitausend progressiv geordnete praktische Rechenaufgaben etc. 1. Theil. Kronstadt. Johann Gött. 1854. 8° 79 S. 2. Theil. Ebend. 1854. 8° 94 S.

Trausch. Katalog.

520. **Miksa G. v.** Gedichte. Kronstadt. Römer & Kamner. 1855. 12°.

Trausch. Katalog.

521. ***Palme A.** Herzensecho aus Siebenbürgen. Zur Feier der Genesung Ihrer Majestät unserer erhabenen Landesmutter Elisabeth . . von einer k. k. Erzherzogin. Am 5. März 1855. Kronstadt. Johann Gött.

Trausch Manuskr. Fol. 53. I. Nr. 100 S. 567—570.

522. ***Adresse** des Magistrates und der Wahlbürgerschaft von Kronstadt

an Franz Josef I. . . zur glücklichen Entbindung der Kaiserin. 5. März 1855. Kronstadt. Gedruckt bei Römer & Kamner.

Trausch Manuskr. Fol. 53. I. Nr. 99. S. 559—565.

523. ***Denkschrift** der Kronstädter Handels- und Gewerbekammer über die Führung einer Eisenbahn von Kronstadt in die Walachei bis an die Donau. Kronstadt 1855. Johann Gött 8° 106 S. und eine Tabelle.

524. ***Erstes Lesebuch.** Erster Theil (*wie* Nr. 506) 3. verm. Auflage. Kronstadt 1855. Johann Gött. 8° 48 S.

525. ***Adresse** des Magistrates und der Wahlbürgerschaft von Kronstadt an . . Franz Josef I. . . zur glücklichen Entbindung der Kaiserin Elisabeth . . Kronstadt 1856. Johann Gött.

526. ***Schuster M. A.** Schematismus der evang. Landeskirche A. C. im Grossfürstenthum Siebenbürgen für das Jahr 1856. Kronstadt 1856. . . Johann Gött. 8° II. 136 S.

527. *Ueber die Schliessung der **Schässburger Realschule** am Anfang des Schuljahres 1855—56. Ein Wort der Aufklärung zunächst an die Schässburger Gemeindeglieder vom Lokalconsistorium der evang. Kirche in Schässburg. Kronstadt 1856. Johann Gött. 8° 23 S.

528. ***Stenner M. F.** Praktisches Rechenbuch etc. 4. verbesserte Auflage. Kronstadt. 1856. Johann Gött. 8° 133 S.

529. ***Müller Friedrich.** Siebenbürgische Sagen. Kronstadt. 1857. Johann Gött 8° XXXI. 424 S.

530. ***Frühlingsblüthen.** Gepflückt von einem Menschenfreunde für die am 18. April 1857 durch Feuersbrunst Verunglückten in Bistritz. Kronstadt 1857. Römer & Kamner. 16° 96 S.

531. ***Schiel Sam. Traug.** Predigt am Reformationsfeste 1857, gehalten in der grossen Kirche zu Kronstadt. (Der Ertrag dem Schulfondverein gewidmet.) Kronstadt. Johann Gött. 8° 19 S.

532. ***Palme A.** Die einfache Buchhaltung. Kronstadt. 1857. Römer & Kamner. 8° II. 154 S.

533. **Fuld Christian.** (*Beamter der Filiale der k. k. priv. österreichischen Creditanstalt für Handel und Gewerbe in Kronstadt.*) Handels- und Industrie-Verhältnisse Siebenbürgens. Kronstadt. 1857. 8° 18 S.

Trausch. Katalog.

534. *Einige Worte über die **Handels- und Industrie-Verhältnisse** des Grossfürstenthums Siebenbürgen. Kronstadt. 1857. Johann Gött. 8° 13 S.

535. **Teutsch G. D.** Die Reformation im Sachsenland. 2. Auflage. Kronstadt. Johann Gött. 1858. 8° 30 S.

536. ***Palme A.** Festgruss der Kronstädter röm.-kath. Gemeinde zum feierlichen Empfang Sr. Hochwürden des Herrn Eduard Müller, Pfarrers und Dechanten, bei seinem Einzuge in Kronstadt am 28. Oktober 1858. Kronstadt. Johann Gött. 8° 4 S.

537. **Szábel Aloys.** Hülfstabelle zur schnellen Berechnung der Zinsen

nach der neuen österreichischen Währung. Kronstadt. Römer & Kamner. 1858. Klein-Fol. 70 S.
Trausch, Katalog.

538. ***Gärtner Franz**. Schlüssel zur Umwandlung der Währung der Conventions-Münze und der sogenannten Wiener Währung auf die neue österreichische Währung. Kronstadt 1858. Johann Gött. 12° 156 S. und Abbildungen des neuen Geldes 7 S.

539. ***Lurtz Fr. Ed**. Die neuen Münzen. Für Real- und Handelsschulen, sowie für Jeden, der sich mit dem Werth der neuen Münzen und mit den Rechenvortheilen der neuen Währung bekannt machen will, leichtfasslich dargestellt von Franz Eduard Lurtz, Lehrer am Gymnasium und an der Handelsschule zu Kronstadt. Kronstadt 1858. Römer & Kamner. 8° 24 S.

540. ***Schiel Sam. Traug.** Betrachtung über das heil. Abendmahl. Kronstadt. 1858. Johann Gött. 8° 14 S.

541. ***Lurtz Fr. Ed.** Die kaufmännische Rechenkunst und Buchführung. Für Real- und Handelsschulen. Kronstadt 1858. Römer & Kamner. 8° 125 S.

542. **Adressenbuch** der vorzüglichen Handels- und Gewerbsleute in der Walachei, Moldau und Bulgarien. Herausgegeben von der Kronstädter Handels- und Gewerbekammer. Kronstadt 1858. Johann Gött. 8° 38 S.

543. **Zollbestimmungen und Zolltarif** für die Fürstenthümer Walachei und Moldau auf die Zeit vom 1. Januar 1854 bis 31. Dezember 1859. Herausgegeben von der Kronstädter Handels- und Gewerbekammer. Kronstadt. Johann Gött. 1858. 4° 48 S.

544. ***Schuller J. G.** Das Reformationsfest der evang. Landeskirche A. B. in Siebenbürgen. Zum Gebrauch in den Christenlehren bearbeitet von Johann Georg Schuller. Kronstadt 1858. Johann Gött. 8° 29 S.

545. ***Katalog** der Bistritzer Gymnasial-Bibliothek in alphabetischem Auszuge. Kronstadt 1858. Johann Gött. 8° 36 S.

546. ***Fackellied** Sr. Durchlaucht dem H. Landesgouverneur und kommandirenden Generalen in Siebenbürgen Friedr. Fürsten zu Lichtenstein. . . Dargebracht vom Gewerbeverein im Namen Kronstadts. Am 25. Oktober 1858. 8° 4 S.

547. **Liederbuch** für die Schuljugend. Zusammengestellt von praktischen Schulmännern. Kronstadt 1859. Johann Gött. 12° 120 S.
Trausch, Katalog.

548. **Liederbuch** für die Schuljugend. Kronst. Joh. Gött. 1859. 12° VIII. 143 S.
Trausch, Katalog.

549. ***Baussnern Carl von.** August Rose. — (Der Dichter und seine Zeit.) Bürgerliches Drama in 5 Akten. Kronstadt 1859. Johann Gött. 12° VI. 152 S.

550. **Leitner v. Leitentreu Theodor Ignaz.** Die Minuten-Sonnen-Uhr. Das einfachste und für das praktische Leben zweckmässigste Bestimmungs-

mittel der wahren Zeit für Uhrmacher und Uhrenbesitzer, denen an Conservation und am richtigen Gange ihrer Uhr gelegen ist. Von Th. J. L. Kronstadt. 1859. Römer & Kamner. 8° 24 S.

Trausch II. 346.

551. ***Katalog** der Bistritzer Gymnasial-Bibliothek. I. Supplementheft. Kronstadt. 1859. Johann Gött. 8° 21.

552. ***Slepowron Jastrzebski Ed. v.** (k. k. Milit.-Rechn.-Accessist im 5. Uhl.-Regiment.) Auszug und alphabetischer Index aus dem Gebühren-Reglement. Zum Gebrauche für Cavallerie. Kronstadt. 1859. Römer & Kamner. 8° 47. S.

553. ***Horwath Peter.** Festgruss beim Einzuge des neugewählten wohlehrwürdigen Herrn Pfarrers Friedrich Paul in Brenndorf (am 10. Dezember 1859). Kronstadt. Johann Gött. 8° 4 S.

554. ***Druckproben** der Buchdruckerei des Johann Gött, ihm gewidmet von seinen Arbeitern. 13. April 1859.

Trausch Manuskr. Fol. 51. II. Nr. 11. S. 87.

555. ***Bericht der Handels- und Gewerbekammer** in Kronstadt an das hohe k. k. Ministerium für Handel, Gewerbe und öffentliche Bauten über den Zustand der Gewerbe, des Handels und der Verkehrsverhältnisse des Kammerbezirks in den Jahren 1851—1856. Kronstadt. Johann Gött. 1859. 8° 306 S. *Dazu* 100 Tabellen.

556. ***Popp Apostol E. und Voss Franz. A.** Bericht über die nach den Donaufürstenthümern Walachei und Moldau und nach Bulgarien unternommene Reise. Kronstadt. 1859. 8° 22 S.

557. ***Schiel Friedrich.** Festrede zur 100-jährigen Geburts-Feier des Friedrich v. Schiller. Kronstadt. 1859. 8° 12 S.

558. ***Schiel Sam. Traug.** Drei Predigten auf das Fest der Erscheinung Christi. . . Der Reinertrag für die Honterusstiftung. Kronstadt. 1859. Johann Gött. 8° 52 S.

559. ***Binder Friedrich.** Das Rechnen mit Decimal-Brüchen. Ein Büchlein für die Volksschule von F. B., Obermädchenlehrer in Reps. Kronstadt. Römer & Kamner. 1859. 8° 40 S.

560. **Madah Gitra.** Der Leyerkasten. Kronstadt. Johann Gött. 1859. 8° 24 S.

Trausch, Katalog.

561. ***Schiller, Fr. v.** Die Glocke. In Musik gesetzt von Andreas Romberg. Aufgeführt bei Gelegenheit der Einweihung der neuen grossen Glocke in der ev. Kathedrale. Kronstadt. 1859. Johann Gött. 8° 16 S.

562. ***Aufruf** an die Glaubensgenossenschaft der ev. Landeskirche Siebenbürgens zum Anschlusse an den Ev. Verein der Gustav-Adolf-Stiftung. Kronstadt. Johann Gött. 1860. 8° 17 S.

563. ***Teutsch G. D.** Rede zur Feier des hundertjährigen Geburtstages Friedrich v. Schiller's an dem evang. Gymnasium zu Schässburg in Siebenb. den 10. Nov. 1859. Kronstadt. Johann Gött. 1860. 8° 17 S.

564. **Gerger August und Khern Eduard.** Schneeflocken. Sammlung in Vers und Prosa.

> M... Lass uns nach Laune, nach Lust
> in trüben, in fröhlichen Stunden,
> Wie uns der gute Geist,
> Wie uns der Böse gezeugt.
> Göthe Xenien.

Kronstadt. Römer & Kamner. 1860, 12° VIII. 176 S.
Trausch. Katalog.

565. **Sammlung geistlicher Lieder** zum Gebrauche bei den öffentlichen und häuslichen Gottesverehrungen der Christen. Kronstadt. Römer & Kamner. 1860. 8° XVI. 511 S.

566. ***Palme A.** Die kleine Industrie- und Gewerbe-Halle. Eine Studie für industrielle Kauf- und Gewerbs-Leute, sowie für Comptoiristen. Kronstadt. Johann Gött. 1860. 8° 161 S.

567. ***Teutsch G. D.** Vor 300 Jahren. Separatabdruck aus dem „Sächs. Hausfreund“, Jahrgang 1860. Kronstadt. Johann Gött. 8° 15 S.

568. ***Gewerbe-Ordnung** für den österreichischen Kaiserstaat. . . Kronstadt. 1860. Johann Gött. 8° 39 S.

569. ***Teutsch G. D.** Die Reformation im siebenbürgischen Sachsenland. 3. Auflage. Kronstadt. Johann Gött. 1860. 8° 32 S.

570. ***Meschendörfer Jos.** Die Gebirgsarten im Burzenland. Separatabdruck aus dem Programm des ev. Gymnasiums zu Kronstadt 1859—60. Kronstadt. Johann Gött. 1860. 8° 69 S.

571. ***Erstes Lesebuch.** Zweiter Theil (*wie* Nr. 506) . . . Kronstadt. Johann Gött. 1860. 8° 49—194 S.

572. ***Stiftungsbrief** der zur bleibenden Erinnerung an das beglückende Ereigniss der Geburt Seiner k. k. Hoheit des durchlauchtigsten Kronprinzen Rudolph, Franz, Carl, Josef, in Folge Ermächtigung der hohen Statthalterei vom 9. Juni 1860 . . von den Gemeinden des M a r i e n b u r g e r Bezirkes errichteten Stiftung zur Hebung der Seiden-, Bienen- und Obstbaum-Zucht. Kronstadt. Johann Gött. 4° 4 Bl.

573. ***Franz Deák's** Rede, gehalten in der Unterhaus-Sitzung am 13. Mai 1861, nebst dem von ihm empfohlenen Adressen-Entwurf. Kronstadt. Johann Gött. 8° 26 S. und 48 S.

574. ***Stenner Math. Friedr.** Christgeschenk. Kronstadt. Römer & Kamner. (1861.) 8° 32 S. und Zugabe 2 S.

575. ***Mikó v. Hidvég Graf Emerich.** Ueber die Nothwendigkeit unsere öffentlichen und Privatarchive in Ordnung zu bringen. Kronstadt. Johann Gött. 1861. 4° 8 S.

576. **Dankadresse** der neun Bezirks-Ortschaften Marienburg, Heldsdorf etc. (an Bezirks-Vorsteher Eduard v. Lisowski.) Kronstadt. 1861. Johann Gött. 1861.
Trausch Manuskr. Folio 53, I. Nr. 104. S. 579—586.

577. ***Philippi Friedrich.** Die deutschen Ritter im Burzenlande. Ein Beitrag zur Geschichte Siebenbürgens. Separatabdruck aus dem Kron-

städter ev. Gymnasial-Schulprogramm vom Jahre 1860 1. Kronstadt. 1861. Johann Gött. 8° 140 S.

578. ***Schiel Sam. Traug.** Warum auch wir verpflichtet sind, uns an der ev. Stiftung des Gustav-Adolf-Vereins zu betheiligen? Predigt. Kronstadt. 1861. Johann Gött. 8° 15 S.

579. ***Lurtz Fr. Ed.** Rechenschule für Elementar-, Unter-Real- und Gymnasial-Klassen. Der dem Verfasser zufallende Antheil vom Reinertrage dieser Auflage ist dem Burzenländer Wittwen- und Waisen-Pensionsinstitute für das Kirchen- und Schulpersonal gewidmet. Römer & Kammer. 1861. 8° VIII. 96 S.

580. ***Spitzer J. S.** Ein mercantiler Nothschrei aus Siebenbürgen. Als Manuscript gedruckt). Kronstadt. Römer und Kammer. 1862. 8° 7 S.

581. ***Berger Fr.** Mindestens 12 Millionen Gulden jährlicher Gewinn! Eine Anregung für Finanz-Minister, Reichsräthe und für — Frauen, welche Crinolinen tragen. Kronstadt. Römer und Kammer. 1862. 8° 12 S.

582. ***Denkschrift** des Mühlbächer Bezirksconsistoriums A. B. zur Beleuchtung des Candidations- und Promotions-Rechtes innerhalb des Unterwälder Capitels. Kronstadt. 1862. Johann Gött. 8° 121 S.

583. ***Katalog** der Leih-Bibliothek von Haberl und Sindel. Kronstadt. Römer & Kammer. 1862. 8° 88 S.

584. ***Bericht der Handels- und Gewerbekammer zu Kronstadt** in Siebenbürgen an das hohe k. k. Handelsministerium über die Consularverhältnisse vorzugsweise in den vereinigten Donaufürstenthümern Moldau—Walachei. Kronstadt. 1862. Johann Gött. 8° 39 S.

585. ***Leitner Th. J.** Wie lange kann die allgemeine Kronstädter Pensionsanstalt noch bestehen? Kronstadt. Römer & Kammer. 1862. 8° 26 S.

586. *Das **Leuchtgas** und dessen Vortheile. Von einem Freunde des Lichtes. Mit Vorbehalt des Nachdrucks. Kronstadt. Johann Gött. 1862. 8°. 16 S.

587. ***Lurtz Fr. Ed.** Rechenschule. Eine systematisch geordnete Sammlung von Aufgaben aus der Arithmetik. Für Elementar-Classen bearbeitet. Erster Theil. Die 4 Grundrechnungsarten mit unbenannten, ein- und mehrnamigen ganzen Zahlen. Zweite sehr vermehrte Auflage. Kronstadt. Römer & Kammer. 1862. 8° 55 S.

588. ***Lurtz Fr. Ed.** Rechenschule. Eine systematisch geordnete Sammlung von Aufgaben aus der Arithmetik. Für Elementar-, Unter-Real- und Gymnasialclassen 2. Theil. Gemeine Brüche, Decimalbrüche und wälsche Praktik. 2. sehr vermehrte Auflage. Kronstadt. Römer & Kammer. 1862. 8° 52 S.

589. ***Lurtz Fr. Ed.** Rechenschule. Eine systematisch geordnete Sammlung von Aufgaben aus der Arithmetik. Algebra und Geometrie, nebst einer praktischen Anweisung zur gewerblichen Buchführung. Für Elementar-, Unter-, Real- und Gymnasialclassen, so wie für Gewerbeschulen. 3. Theil. Einfache und zusammengesetzte Verhältnisse. Gewerbliche Buch-

führung. Aufgaben aus der Algebra und Geometrie. 2. sehr vermehrte Auflage. Kronstadt. Römer & Kamner. 1862. 8° 116 S.

590. ***Szabel Aloys.** Handbuch zur Berechnung verschiedener Gebühren und Abgaben zum Gebrauche für Finanz- und Kontrolls-Behörden, Rechnungs-Abtheilungen, Steuer-, Zoll- und Verzehrungs-Steuer-(Linien-) Aemter, Finanzwachbeamte und Angestellte, und endlich für mit Ziffernarbeiten sich beschäftigende Private. Kronstadt. Römer & Kamner. 1862. 4° 62 S.

Trausch, Katalog.

Vgl. Nr. 537.

591. ***Korodi L.** Gedichte von Johann Arany. Aus dem Ungarischen von Ludwig Korodi. Die Hälfte des Reinertrages ist dem Kronstädter sächsischen Schützenvereine gewidmet. Kronstadt. Römer & Kamner. 1863. 16° 112 S.

592. **Palme A.** Praktische Arithmetik für Kauf- und Gewerbs-Leute. Kronstadt. Johann Gött. 1863. 8°.

Trausch, Katalog.

593. ***Stenner Math. Fr.** Fundgrube der Seele. Ein Christgeschenk für Leute, die daraus graben und Nutzen ziehen wollen. Was helfen Fackeln, Kerzen, Brille, Wenn: „Nicht zu sehen“ ist der Wille. Kronstadt. Römer & Kamner. 1863. 8° 96 S.

594. ***Hausmann W.** Schützenlieder. Allen Freunden der edlen Schiesskunst nah und fern freundlichst gewidmet. Kronstadt. Römer & Kamner. 1863. 12° 14 S.

595. ***Bemerkungen** zu Th. J. Leitner's: „Wie lange kann die allgemeine Kronstädter Pensionsanstalt noch bestehen? Kronstadt bei Römer & Kamner 1862.“ Kronstadt. Johann Gött. 1863. kl. 8° 28 S. (*Auf der letzten Seite steht:* „Die Direktion der Kronstädter allgemeinen Pensionsanstalt.“)

596. ***Albert Georg.** Die Lehre der heiligen Schrift von den Engeln Gottes. Predigt. Kronstadt. Römer & Kamner. 1863. 8° 10 S.

597. Grundzüge der Unterrichtsmethode in der von **Philippine Barrand** gestifteten Unterrichts- und Erziehungsanstalten für Mädchen. Kronstadt. 1863. Johann Gött. 8° 10 S.

598. ***Schuller Johann Karl.** Magister Hissmann in Göttingen. Ein Beitrag zur siebenbürgisch-sächsischen Gelehrten-Geschichte. Separatabdruck vom Archiv des Vereins für siebenbürgische Landeskunde. Kronstadt. Johann Gött. 1863. 8° 33 S.

599. ***Fraetschkes Samuel.** Wohlgemeinte Rathschläge zu einer vortheilhaften Führung der Landwirthschaft. Zu Nutz und Frommen der den Landbau auf der Kronstädter Gemarkung Treibenden. Kronstadt. 1863. Römer & Kamner. 8° 42 S.

600. ***Hausmann W.** Der Scharfschütz. Theoretisch-praktische Anleitung ein solcher zu werden, sowie genaue Kenntniss über Gebrauch und

Führung der Handfeuerwaffen zu erlangen. Kronstadt. 1863. Johann Gött. 12° 63 S.

601. ***Hedwig Johann L.** geb. 5. August 1802. gest. 8. Januar 1841. (Separat-Abdruck aus dem „Kronstädter Hausfreund“ 1863.) Kronstadt. Johann Gött. 8° 15 S.

602. ***Meyr Ignaz Dr.** Die Heilquellen von Borszék in Siebenbürgen. Kronstadt. Römer & Kamner. 1863. 8° 70 S.

603. ***Meyr Ignaz Dr.** Anweisung zum erfolgreichen Gebrauche der Előpataker Mineralquellen. Kronstadt. 1863. Römer & Kamner. 8° 26 S.

604. **(Trauschenfels Dr. E.)** Gutachten, betreffend den Gesetz-Entwurf über die Errichtung und Organisation eines Obersten Gerichtshofes für Siebenbürgen. Kronstadt. 1863. Johann Gött. 8° 15 S.

605. ***Jeckel Julius.** Das Vertretungsrecht der öffentlichen Agenten im civilgerichtlichen Verfahren. Kronstadt. Johann Gött. 1864. 8° 19 S.

606. ***Das Gesetz vom 29. Febr. 1864,** enthaltend einige Änderungen der Gesetze vom 9. Febr. und 2. Aug. 1850, vom 28. März 1854 und vom 13. Dec. 1862 über Stempel und unmittelbare Gebühren: wirksam für das ganze Reich. Kronstadt. Johann Gött. 1864. 16° 31 S.

607. ***Maager Carl.** Bericht über den Stand der siebenbürgischen Eisenbahn-Angelegenheit. Kronstadt. Johann Gött. 1864. 8° 17 S.

608. ***Becke C. F. v.** Die Siebenbürger Eisenbahnfrage aus dem Gesichtspunkte des österreichischen auswärtigen Handels. Kronstadt. Johann Gött. 1864. 8° 9 S.

609. ***(Vogt Johann.)** Vom Senfkorn. Erinnerungsblätter gesammelt und gewidmet dem Frauenverein zur Erziehung evangelischer Waisen in Kronstadt von einigen Freunden. Kronstadt. Römer & Kamner. 1864. 12° 34 S.

610. ***Albert Georg.** Dass uns in der Erzählung der heiligen Schrift von der Sindfluth im Wesentlichen eine geschichtliche Thatsache überliefert worden sei. Predigt. Kronstadt. Römer & Kamner. 1864. 8° 10 S.

611. **Biskochta Joseph.** Schematismus der k. k. Feldjägerbataillons für 1863—1864. Zusammengestellt von Oberlieutenant Joseph Biskochta des k. k. 12. Feldjägerbataillons. (Bis inclusive Armee-Verordnungs-Blatt vom 11. v. 3. März 1864.) Kronstadt. Johann Gött. 1864. 8° II. 125 S.

Trausch, Katalog.

612. ***Anträge, Berichte und Verhandlungen bezüglich der Siebenbürger Eisenbahn** im Siebenbürger Landtage und im betreffenden Landtagsausschusse in der 1864-er Session. Kronstadt. Johann Gött. 1864. 8° XVIII. 108 S.

613. ***Meschendörfer J. T.** Anfangsgründe der Chemie für Unter-Real- und Bürgerschulen. Kronstadt. Johann Gött. 1864. 8° XII. 100 S.

614. ***Trausch Joseph.** Bericht über den Bestand und die Leistungen des Vereines für siebenbürgische Landeskunde von der Zeit seiner Ent-

stehung bis zum Jahr 1863 von Joseph Trausch. Kronstadt. Johann Gött. 1864. 8° 29 S.

615. *Schulbücher-Katalog für die in Kronstadt bestehenden öffentlichen Lehr-Anstalten pro 1864/65 von Haberl und Hedwig's Buchhandlung am Platz. Dr. Beldisches Haus. Kronstadt. Römer & Kamner. 1864. 8° 16 S.

616. *(Stenner Math. Friedr.) Lebens-Stunden. Einer liebevollen Erinnerung an unsere nach Gottes unerforschlichem Rathschlusse leider früh Dahingeschiedenen aus Dankbarkeit gewidmet von N. N. Kronstadt. Römer & Kamner. 1864. 8° 44 S.

617. *Promemoria einiger Forstmänner Kronstadts. Kronstadt. 1864. Römer & Kamner. 8° 10 S.

618. *Teutschländer W., Geschichte des Turnens im Siebenbürger Sachsenlande. Kronstadt. Johann Gött. 1865. 8° 47 S.

619. *Teutsch. Dr. G. D. Die Reformation im siebenbürgischen Sachsenland. Der evang. sächsischen Landeskirche Siebenbürgens zur 3ten Säkularfeier ihrer Gründung. 4te Auflage. Kronstadt. Johann Gött. 1865. 32 S.

620. *Teutsch. Dr. G. D. Abriss der Geschichte Siebenbürgens. Zunächst zum Gebrauch für Studirende. Zweite Auflage. (Erstes Heft.) Kronstadt. 1865. Johann Gött. 8° VII. 84 S.

621. Sammlung geistlicher Lieder zum Gebrauche bei den öffentlichen und häuslichen Gottes-Verehrungen der Christen. Kronstadt. Römer & Kamner. 1865. 8° XVI. 468 S.

622. *Teutsch Traugott. Siebenbürgische Erzählungen. Die Bürger von Kronstadt. Historisches Gemälde aus dem Ende des 17. Jahrhunderts. Erster Band. Kronstadt. 1865. Johann Gött. 8° IV. 236 S.

623. *Schiel Sam. Traugott. Wie haben wir Evangelische zu den erneuerten Bestrebungen, die Menschheit auf kirchlichem Gebiete in das 12. Jahrhundert zurückzuführen, uns zu stellen? Predigt auf den Sonntag Judica 1865. Kronstadt. 1865. Johann Gött. 8° 15 S.

624. *Erwiederung der Kronstädter röm.-kath. Kirchengemeinde-Vertretung auf die vom Kronstädter ev.-luth. Stadtpfarrer H. S. Schiel gehaltene und durch den Druck verbreitete Predigt. Kronstadt. 1865. Römer & Kamner. 8° 8 S.

625. *(Haltrich Joseph.) Plan zu Vorarbeiten für ein Idiotikon der siebenbürgisch-sächsischen Volkssprache. Kronstadt. 1865. Johann Gött. 8° X. 140 S.

626. *Fraetschkes Carl. Der Rechenunterricht in den Volksschulen. Vortrag, gehalten in der General-Versammlung des Bürgerl. Volksschullehrer-Vereines am 1. Dez. 1865. Kronstadt. Johann Gött. 1865. 8° 12 S.

627. *(Trausch Joseph). Uebersichtliche Darstellung der ältern Gemeinde-Verfassung der Stadt Kronstadt, nebst den alten Orts-Constitutionen dieser Stadt. Festgabe für die in Kronstadt versammelten Mitglieder

des Vereins für siebenbürgische Landeskunde. Kronstadt. Johann Gött. 1865. IV. 25 S.

628. *(**Trausch Joseph.**) Beiträge und Aktenstücke zur Reformations-Geschichte von Kronstadt. Festgabe für die in Kronstadt versammelten Mitglieder des evangelischen Hauptvereines der Gustav-Adolf-Stiftung für Siebenbürgen. Kronstadt. 1865. Johann Gött. 8° VIII. 71 S.

629. ***Lurtz Fr. Ed.** Aufgaben zum Kopfrechnen für Elementarschulen. Kronstadt. Römer & Kamner. 1865. 8° 80 S.

630. *Gegen die **Cholera.** ihre Verbreitung und die Mittel zur Verhütung derselben. Kronstadt. 1866. Johann Gött & Sohn Heinrich. 8° 22 S.

631. ***Trausch Joseph.** Aktenmässige Darstellung der ungarischen und siebenbürgischen Landtags-Verhandlungen über eine Vereinigung des Grossfürstenthums Siebenbürgen mit dem Königreiche Ungarn. (Mit 14 Beilagen) Kronstadt. Johann Gött. 1866 8° VIII. 117 S.

632. **Staufe-Simiginowicz L. A.** Sei uns gegrüsst! Zur Feier der Ankunft . . des Bischofs Michael Fogarassy . . in Kronstadt am 30. Mai 1866. Kronstadt. Römer & Kamner. 1866. 4° 2 Bl.

633. ***Empfehlung** des Friedrich Bömches und Carl Maager zu Reichstagsdeputirten. 25. Febr. 1866. Druck von Johann Gött in Kronstadt. *Trausch, Manuskr. Fol. 51. II. Nr. 68. S. 185.*

634. ***Dem Andenken** Friedrich Rückert's († am 31. Jan. 1866). Druck von Johann Gött in Kronstadt. 8° 1 Bl.

635. ***Meschendörfer J. T.** Versuch einer urweltlichen Geschichte des Burzenlandes. Mit sechs geognostischen Karten in Farbendruck. Kronstadt. J. Gött & Sohn H. 1866. 8° 49 S.

636. ***Schullerus G. A.** Rede zur Leichenfeier Seiner Wohlgeboren des Herrn Josef Sterzing. Apotheker und Bürgermeister in Fogaras gehalten am 7. Februar 1867. Kronstadt. Johann Gött und Sohn Heinrich 8°. 8 S.

637. ***Paul Friedrich.** Predigt nach dem am 27. August d. J. in Brenndorf stattgefundenen Brande gehalten in der dasigen Kirche am 11. Sonntage nach Trinitatis über das Sonntags-Evangelium. Kronstadt. 1867. Johann Gött & Sohn Heinrich. 8° 16 S.

638. ***Maager Carl.** Bericht über die Pariser Weltausstellung. Der Kronstädter Handels- und Gewerbekammer erstattet. Kronstadt. Römer & Kamner. 1867. 8° 24 S.

639. **Sammlung geistlicher Lieder** zum Gebrauche bei den öffentlichen und häuslichen Gottes-Verehrungen der Christen. Kronstadt. Johann Gött & Sohn Heinrich. 1867. kl. 8° XVI. 510 S.

640. ***Meschendörfer J. T.** Lehrbuch der Naturgeschichte für die untern Klassen der Gymnasien und Realschulen, wie auch für gehobene Volksschulen nach Lübenischen Grundsätzen. Kronstadt. Johann Gött & Sohn Heinrich. 1867. 8° IX. 189 S.

641. **Hintz Johann.** Zum Fortschritt in der Landwirthschaft. Vorgetragen in der allgemeinen Versammlung des Burzenländer landwirthschaftlichen

Bezirke-Vereines am 10. Dezember 1868. Kronstadt Johann Gött & Sohn Heinrich. 8° 18 S.

642. ***Trauschenfels, Dr. Eugen v.** M. Marcus Fronius Visitationsbüchlein. Ein Beitrag zur Kirchen- und Sittengeschichte des Burzenlandes. Kronstadt. Johann Gött & Sohn Heinrich. 1868. 8° XIV. 60 S.

643. ***Trausch Joseph.** Schriftsteller-Lexikon oder biographisch-literärische Denkblätter der Siebenbürger Deutschen von Joseph Trausch. Kronstadt. Johann Gött & Sohn Heinrich. 8° I. Bd. 1868. XX. 393 S. II. Bd. 1870. 463 S., III. Bd. 1871 *(begonnen)* 604 S.

644. **Trink- und Bade-Regeln** beim Gebrauche der Tusnáder Mineralquellen. Kronstadt. Johann Gött & Sohn Heinrich. 1868. 16° 26 S.

645. **Vogt Johann.** Ein Brillenwischer oder die rechte Seite von den Internaten, besonders von unserm Kronstädter Internat, richtiger Alumnat. Eine Beleuchtung der Anfälle, die auf dasselbe in Nr. 73, 89, 90 und 91 der Kronstädter Zeitung gemacht worden sind. Kronstadt. Römer & Kamner. 1868. 8° 32 S.

646. ***Greissing, Dr. Joseph v.** Illustrationen der Heilwirkung der Mineralquellen von Zaizon. Was ist Jod und welches sind seine Heilwirkungen. Mit Kurbildern aus dem Badeorte Zaizon. Kronstadt. Johann Gött & Sohn Heinrich. 1868. 8° 12 S.

647. *(**Greissing, Dr. Joseph v.**) Welches sind die Heilwirkungen des Eisens. Als Fortsetzung der Kurbilder aus den Trink- und Badekuranstalten von Zaizon. Kronstadt. Johann Gött & Sohn Heinrich. 1868. 8° 25 S.

648. ***Prospekt** der h. O. autorisirten Handels- Lehr- und Erziehungsanstalt in Kronstadt (Siebenbürgen). **Adolf A. Spitzer**, Inhaber und Direktor. Kronstadt. Johann Gött & Sohn Heinrich. 1868. 8° 19 S. *(auch magyarisch und romänisch.)*

649. ***Denkschrift** der Romanen griech.-or. Religion aus der innern Stadt Kronstadt . . in Angelegenheit der griech.-or. Kirche zur heil. Dreifaltigkeit in Kronstadt . . Kronstadt. Druck von Römer & Kamner. 1868. 8° 45 S.

650. ***Kessler Eduard.** Geometrie von E. K. I. Heft. Mit 40 lithographirten Figuren. Kronstadt. Römer & Kamner. 1868. kl. 8° 16 S. *Vermehrt erschienen in dem Programm des Kronstädter evang. Gymnasiums 1868—1869.*

651. ***Leidesdorf Ferdinand.** Allerneuestes Schön- und Schnell-Schreib-System zum Selbstunterricht eingerichtet für Lehrer und Schüler, wodurch jeder, selbst solche Individuen, die gar keine Anlage zum Schreiben haben, in der kurzen Zeit von nur 8 Stunden eine auffallend schöne Handschrift erlangen müssen. Herausgegeben von Leidesdorf, Lehrer der Calligraphie am röm.-griech.-orient. Gymnasium zu Kronstadt. Mit Vorbehalt des Nachdruckes. Kronstadt. Johann Gött & Sohn Heinrich. 1868. 4° 17 Bl.

652. ***Kádár Nicolaus.** Adressenbuch des Handels- und Fabriks-Standes von Siebenbürgen. Kronstadt. Römer & Kammer. 1868. 8° 84 S.

653. **Schiel Sam. Traug.** Die Theses Dr. Martin Luthers an das Geschlecht unserer Zeit. Reformationspredigt, gehalten in der ev. Pfarrkirche zu Kronstadt im Jahre 1868. Kronstadt. Johann Gött & Sohn Heinrich. 1868. 8° 18 S.
Trausch, Katalog.

654. **Meschendörfer J. T.** Lehrbuch der Naturgeschichte etc. (*wie* Nr. 640.) 2. Auflage. 1869.

655. **Neugeboren Heinrich.** Kronstädter Miscellen. (Separatabdruck aus der Kronstädter Zeitung.) Kronstadt. Johann Gött & Sohn Heinrich. 1869. 8° 31 S.

656. ***Teutsch Traugott.** Ein Zwiegespräch zwischen „Zinne und Kathedralkirche“ Kronstadt. Johann Gött & Sohn Heinrich. 1869. 8° 12 S.

657. ***Alexi Theochar.** Im Halb-Orient. Historische Novelle. Kronstadt. Johann Gött & Sohn Heinrich. 1869. 8° 148 S.

658. **Trauschenfels Dr. E.** Protokollar-Erklärung der Stadt-Communität von Kronstadt über das provisorische Regulativ für die Wahl der Vertretungskörper der Stuhls-, Distrikts- und Gemeinde-Beamten auf dem Königs-Boden. Kronstadt. Johann Gött & Sohn Heinrich. 1869. 8° 19 S.

659. **Hornyánszky Julius.** „Der Herr ist auferstanden.“ Predigt. Kronstadt. Johann Gött & Sohn Heinrich. 1870. 8° 23 S.

660. ***Roszkosni Alexius.** Katholisches Gebet- und Gesang-Buch. Kronstadt. Römer & Kammer. 1870. *Deutsch* 8° 87 S. *Magyarisch* 8° 82 S. Anhang S. 83–94.

661. ***Felsthal M.** Siebenbürger Blätter aus dem Tagebuch eines Journalisten. Separatabdruck aus dem Feuilleton der „Kronstädter Zeitung“. Kronstadt. Johann Gött & Sohn Heinrich. 1870. 8° 46 S.

662. **Staufe L. A.** Der Klosterbau. Erzählung aus dem romänischen Volksleben. Kronstadt. Römer & Kammer. 1870. 16° VI. 70 S.

663. **Liederbuch** für die Schuljugend. 2. und um 12 Nummern vermehrte Auflage. Kronstadt. Johann Gött & Sohn Heinrich. 1870.

664. ***Vorstellung** der Kronstädter Handels- und Gewerbe-Kammer gegen die Wahl des Anschlusspunktes des siebenbürgischen an das romänische Eisenbahnsystem im Ojtoser Passe an der moldauischen Grenze und für die Wahl des Anschlusspunktes in einem der beiden südwärts von Kronstadt nach der Walachei führenden Pässe Bodzau oder Tömös, gerichtet an das hohe königl. ungar. Kommunikations-Ministerium. Kronstadt. Johann Gött & Sohn Heinrich. 1870. 8° 15 S. (nebst 5 Waaren-Verkehrs-Ausweisen vom Jahre 1867.)

665. ***Molnár Johann.** Das Borhegyer Mineralwasser Siebenbürgens in naturhistorisch-chemischer Beziehung. Vorgetragen in der Fachsitzung

der Landesversammlung der Aerzte und Naturforscher zu Arad. Kronstadt. Johann Gött & Sohn Heinrich. 1871. 8° 19 S.

666. *Fronius Fr. Fr. Festrede, gehalten bei der Jahresversammlung des siebenbürgischen Hauptvereins der evangel. Gustav-Adolf-Stiftung in Hermannstadt am 13. August 1871. Kronstadt. Johann Gött & Sohn Heinrich. 1871. 8° 12 S.

667. *Trauschenfels Dr. E. Zur Geschichte des öffentlichen Lebens in Siebenbürgen von 1791—1848. Aus dem Ungarischen des Freiherrn Sigmund Kemény. Kronstadt. Johann Gött & Sohn Heinrich. 1871. 8° 75 S.

668. *Miess Joh. Christ. Geschichtliche Fragmente über die Kronstädter allgemeine Pensionsanstalt. Ein populärer Wegweiser zur Beherzigung für Alle, die ihre Glücksverhältnisse verbessern wollen. I. Kronstadt. Johann Gött & Sohn Heinrich. 1871. 8° 31 S.

669. *Miess Joh. Christ. Die festere Begründung der Glücksverhältnisse und der Wohlfahrt durch die Betheiligung an der Kronstädter allgemeinen Pensionsanstalt. II. Kronstadt. Johann Gött & Sohn Heinrich. 1871. 8° 45 S.

670. *Hintz J. Festrede bei der Friedensfeier zu Kronstadt am 22. April 1871. Kronstadt. Johann Gött & Sohn Heinrich. 1871. 8° 18 S.

671. *Gutachten der Kronstädter Gemeinde-Schulkommission in Angelegenheit der Errichtung einer **Kommunalschule** in Kronstadt. Kronstadt. Johann Gött & Sohn Heinrich. 1871. 8° 13 S.

672. *Zur Rechtslage des ehemaligen **Törzburger Dominiums**. Erläuterungen, veranlasst durch den Gesetzes-Vorschlag des Klausenburger Advokaten-Vereines über die Regelung der auf dem Königsboden bis 1848 thatsächlich bestandenen Urbarial- und verwandten Verhältnisse. Kronstadt. Johann Gött & Sohn Heinrich. 1871. 8° 51 S. und Anhang (Urkunden) 37 S.

673. Geyer Jgnacz. Die Handels-Korrespondenz. Kronstadt 1871. Johann Gött & Sohn Heinrich. 8° 197 S.

674. *Lassel Franz. Die Verfassung der ev. Landeskirche A. B. in Siebenbürgen. Umrisse zu einem Leitfaden für die oberste Klasse unserer Gymnasien und Seminarien. Kronstadt. Johann Gött & Sohn Heinrich. 1871. 8° 55 S.

675. *Geyer Jgnaz. Katechismus des neuen österreichischen allgemeinen deutschen Wechselrechtes. Kronstadt. Johann Gött & Sohn Heinrich 1872. 8° 246 S.

676. Geyer Jgnaz. Kaufmännische Arithmetik I. Lief. Kronstadt. Johann Gött & Sohn Heinrich 1872. 8° 32 S.

677. *Trausch Jos. Carl. Verzeichniss der Handschriften im Nachlasse des am 16. November 1871 gestorbenen J. Fr. Trausch. Römer & Kamner. 1872. 8° 21 S.

678. *Obert Fr. Untersuchungen und Wohlmeinungen über Ackerbau und Nomadenwesen. Aus dem Nachlasse St. L. Roth's mitgetheilt von F.

Obert. Kronstadt. Johann Gött & Sohn Heinrich. 1872. 8° 28 S. (*Separatabdruck aus der „Kronstädter Zeitung“.*)

679. **Schuster M. A.** Predigt und Anrede zur Einweihung des neuerbauten Schulhauses der ev. sächsischen Pfarrgemeinde in Deutsch-Kreuz. Kronstadt. 1872. Johann Gött & Sohn Heinrich. 8° 16 S.

680. **Spitzer Ad. Aloys.** Katechismus der Waaren-Kunde. Kronstadt. Johann Gött & Sohn Heinrich. 1872. 8° 95 S.

681. ***Bartesch P.** Bericht über die Reinigung der Städte von menschlichen Abfallsstoffen. Johann Gött & Sohn Heinrich. 1872. 8° 26 S.

682. ***Weprich Daniel.** Gedichte. Kronstadt. Römer & Kamner. 1872. 8° 27 S.

683. ***Staufe-Simiginowicz L. A.** Die Bodenplastik der Bukowina. Kronstadt 1873. Johann Gött & Sohn Heinrich. 8° 46 S.

684. ***Cirkularverordnung** des hohen k. ung. Ministeriums des Innern vom 19. Mai 1870 Z. 2601/1870 über die Einrichtung der Inventare und Gemeinde-Voranschläge der k. freien und anderer das Recht der Selbstregierung besitzenden siebenbürgischen Städte. Kronstadt. Johann Gött & Sohn Heinrich. 1873. 8° 32 S.

685. ***Korodi L.** Theologischer Schutt. Kronstadt. Johann Gött & Sohn Heinrich. 1873. 8° 33 S.

686. ***Hintz Johann.** Natur- und Kulturbilder aus dem Burzenland . . . Kronstadt. 1873. Kronstadt. Johann Gött & Sohn Heinrich. 1873. 8° 26 S.

687. ***Weprich Daniel.** Gedichte. Kronst. Römer & Kamner. 1873. 8° 16 S.

688. ***Trausch C. J.** Lebensskizze des Franz Josef Trausch aus Kronstadt in Siebenbürgen (Oesterreich-Ungarn), geb. 9. Februar 1795, gest. 16. Nov. 1871. Kronstadt. Römer & Kamner. 1873. 8° 151 S.

689. ***Hubbes Johann.** Wie bildete sich auf natürliche Weise der Auferstehungsglaube bei Jesu Jüngern? Predigt. Kronstadt. 1873. Johann Gött & Sohn Heinrich. 8° 12 S.

690. *Populäre Belehrung bezüglich des **Heilverfahrens bei Cholerakranken** für die Bewohner des Repser Stuhles, als Manuskript gedruckt. Kronstadt. Johann Gött & Sohn Heinrich. 1873. 8° 48 S.

691. ***Schiel Sam. Traug.** Welche Aufgaben stellt der reformatorische Geist der Gegenwart auch unsern Landeskirchenversammlungen? Predigt, gehalten in der Pfarrkirche zu Hermannstadt zur Eröffnung der ev. Landeskirchenversammlung A. B. in Siebenbürgen am 10. Nov. 1872. Kronstadt. Johann Gött & Sohn Heinrich. 1873. 8° 14 S.

692. ***Lurtz Fr. E.** Rechenschule. Erster Theil. 3. Auflage. Kronstadt. Römer & Kamner. 1873. 8° 55 S.

693. ***Osiris** in Kronen. Kronstadt. Johann Gött & Sohn Heinrich. 1874. 8° 26 S.

694. ***Lurtz E.** Die metrischen Masse und Gewichte. Kronstadt. Johann Gött & Sohn Heinrich. 1874. 8° 16 S.

695. ***Transchenfels Dr. E.** Kronstädter Zustände zur Zeit der Herrschaft

Stephan Báthori's in Siebenbürgen (1571—1576). Vortrag. Kronstadt. Johann Gött & Sohn Heinrich. 1874. 8° 29 S.

696. ***Miess J. Chr.** Saaten und Früchte. Populäre Versicherungsgeschichten und Novellen . . . Kronstadt. Johann Gött & Sohn Heinrich. 1874. 8° 275 S.

697. ***Lurtz Fr. E.** Rechenschule. Zweiter Theil. 3. Aufl. Kronstadt. Römer & Kamner. 1874. 8° 48 S.

698. **Psalmen**, so da gesungen werden in templo zu Memphis etc. Kronstadt. Johann Gött und Sohn Heinrich. 1874. 16° 71 S.

699. ***Philippi Friedrich.** Aus Kronstadts Vergangenheit und Gegenwart. Begleitwort zum Plan von Kronstadt. Kronstadt. Johann Gött & Sohn Heinrich. 1874. 8° 104 S.

700. ***Anfangsgründe** der deutschen Sprachlehre. Kronstadt. Römer & Kamner. 1874. 8°. 36 S.

701. ***Geyer Ignaz.** Conto-Corrent. Kronstadt. Römer & Kamner. 1874. 8° 39 S.

702. ***Spányik Josef jun.** Das alkalisch-erdige, jod- und eisenhältige Mineralbad Csik-Zsögöd. Kronstadt. Römer & Kamner. 1875. 8° 32 S.

703. ***Trauschenfels Eugen.** Vor zweihundert Jahren. Bilder aus dem Kronstädter Leben. Vortrag. Kronstadt. Johann Gött & Sohn Heinrich. 1875. 8° 20 S.

704. ***Lurtz E.** Die metrischen Masse und Gewichte. 2. verb. Aufl. Kronstadt. Römer & Kamner. 1875. 8° 15 S.

705. ***Greissing, Dr. Josef v.** Illustrationen der Heilwirkung der Mineral-Quellen von Zaizon. Kronstadt. 1875. Johann Gött & Sohn Heinrich. 8° 22 S.

706. ***Lurtz Fr. Ed.** Rechenschule. Erster Theil. Vierte, nach dem metrischen Mass- und Gewichtssystem gänzlich umgearbeitete, sehr vermehrte Auflage. Kronstadt. Römer & Kamner. 1875. 8° 116 S.

707. ***Lurtz Fr. Ed.** Rechenschule. Zweiter Theil. Vierte, nach dem metrischen Mass- und Gewichtssystem gänzlich umgearbeitete, sehr vermehrte Auflag. Kronstadt. Römer & Kamner. 1875. 8°, 75 S.

708. ***Lurtz Fr. Ed.** Rechenschule. Dritter Theil. Dritte, nach dem metrischen Mass- und Gewichtssystem gänzlich umgearbeitete, sehr vermehrte Auflage. Kronstadt. Römer & Kamner. 1875. 8° 172 S.

709. *(**Trauschenfels Eugen.**) Zur Geschichte der Errichtung des Bürger-Krankenhauses in Kronstadt. Kronstadt. Johann Gött & Sohn Heinrich. 1875. 8° 26 S.

710. *Gutachten des siebenbürgisch-landwirthschaftlichen Vereines zu Klausenburg über die **Pferdezucht** in den siebenbürgischen Gebietstheilen. Kronstadt. Johann Gött & Sohn Heinrich. 1876. 8° 31 S.

711. *Denkschrift betreffend den Bau eines **Lagerhauses** in Kronstadt. Von der Kronstädter Handels- und Gewerbe-Kammer. Druck von Johann Gött & Sohn Heinrich 1876. 8° 14 S.

712. ***Katalog** der Bücher und Karten-Sammlung bei der Handels- und Gewerbekammer in Kronstadt. Lajstroma a brassai ipar- és keres-

kedelmi kamara könyv — és térképgyüjteményének. Kronstadt. Buchdruckerei von Johann Gött und Sohn Heinrich. 1876. 8° 136 S.

713. ***Schmidt Fr.** Blüthen. Zeit- und Gelegenheitsgedichte aus der Mappe eines abgedankten Poeten ... Kronstadt. Johann Gött & Sohn Heinrich. 1876. 8° 120 S.

714. **Statistik** des Rechtsstandes in Siebenbürgen. Aus der Zählung im Jahre 1870 zusammengestellt und erläutert von der Handels- und Gewerbe-Kammer in Kronstadt. Kronstadt. Johann Gött & Sohn Heinrich. 1876. 8° 23 S.

715. ***Lassel Eugen.** Franz Lassel. Eine Lebensskizze von Eugen Lassel. Kronstadt. Johann Gött & Sohn Heinrich. (1876). 8° 11 S.

716. ***Römer Georg.** Geschichtliche Nachrichten über die evang.-sächsische Gemeinde Zukmantel. Kronstadt. Johann Gött & Sohn Heinrich. (1876.) 8° 8 S.

717. ***Hintz J.** Das wandernde Siebenbürgen. Eine statistische Studie. Kronstadt. Johann Gött & Sohn Heinrich. 1876. 8° 54 S.

718. ***Trauschenfels Eugen.** Eine Leichen- und eine Hochzeits-Feier am Siebenbürgischen Fürstenhofe. Vortrag. Kronstadt. Johann Gött & Sohn Heinrich. 1876. 8° 27 S.

719. ***Kronstädter Handelsgebräuche.** Kronstadt. Johann Gött & Sohn Heinrich. 1877. 8° 30 S. Anhang 4 S.

720. ***Dück Josef.** Zeidner Denkwürdigkeiten vom Jahre 1335 bis zum Jahre 1847. Kronstadt. Johann Gött & Sohn Heinrich. 1877. 8° 88 S.

721. ***(Alesius Oscar.)** Belehrung für das steuerzahlende Publikum von O. A(lesius). (Separatabdruck aus der „Kronstädter Zeitung".) Kronstadt. Johann Gött & Sohn Heinrich. 1877. 8° 24 S.

722. ***Hubbes Johann.** Anfangsgründe der Chemie. Kronstadt. Johann Gött & Sohn Heinrich. 1877. 8° 45 S.

723. ***Buchholzer A.** Der Schulgarten. Vortrag. Kronstadt. Johann Gött & Sohn Heinrich. 1877. 8° 8 S.

724. ***Römer J.** Ueber Steinkohlen. Vortrag. Separatabdruck aus der „Kronstädter Zeitung". Kronstadt. 1877. Johann Gött & Sohn Heinrich. 8° 23 S.

725. ***Lurtz Fr. E.** Rechenschule. Erster Theil. Fünfte, durch die vier Grundrechnungsarten mit Decimalzahlen vermehrte Auflage. Kronstadt. Römer & Kamner. 1877. 8° 142 S.

726. ***Schiel A.** Fahrten und Forschungen im nördlichen Eis-Ozean. Kronstadt. Johann Gött & Sohn Heinrich. 1877. 8° 25 S. *(Separatabdruck aus der „Kronstädter Zeitung".)*

727. ***Türk M.** Eine Reise in Norwegen und Schweden. Kronstadt. Johann Gött & Sohn Heinrich. 1877. 8° 25 S. *(Separatabdruck aus der „Kronstädter Zeitung".)*

728. **Beiträge** zur Sphärometrie. Das Gradmass des Kreises. Kronstadt. Römer & Kamner. 1877. 4° 18 S.

729. *Popu Josef. Handbuch über das Verfahren in Bagatellangelegenheiten. Deutsch von Julius Reich. Kronstadt. Römer & Kamner. 1878. 8° 85 S.

730. *Philippi Friedrich. Der Bürger-Aufstand von 1688 und der grosse Brand von 1689 in Kronstadt. Ein Beitrag zur Geschichte der Sachsen in Siebenbürgen. Separatabdruck aus dem Programm des evang. Gymnasiums A. B. in Kronstadt. 1877 8. Kronstadt. Johann Gött & Sohn Heinrich. 1878. 4° 39 S.

731. Trauschenfels Eugen v. Rechenschaftsbericht des Reichstagsabgeordneten Eugen v. Trauschenfels im Juli 1878. Kronstadt. Johann Gött & Sohn Heinrich. 1878. 8° 32 S.

732. *Miron und Florika. Idylle in 5 Gesängen. Rumänisch von J. Negruzzi. Deutsch von Theochar Alexi. Originalform. Kronstadt. Römer & Kamner. 1878. 16° 60 S.

733. *Meschendörfer J. Wie können wir unserer Landwirthschaft wieder aufhelfen? Vom Burzenländer landwirthschaftlichen Bezirks-Verein gekrönte Preisschrift. Kronstadt. Johann Gött & Sohn Heinrich. 1879. 8° 36 S.

734. *Osiris wieder in Kronen. Kronstadt. Johann Gött & Sohn Heinrich. 1879. 8° 50 S.

735. *(Schiel A.) Eine Osterpredigt 1879. Kronst. Römer & Kamner. 8° 8 S.

736. *Lurtz Fr. E. Anhang zum 2. Theile der Rechenschule. Die einfache Regel de tri, Procent-, Zinsen- und Agio-Rechnung, zusammengesetzte Regel de tri und Gesellschaftsrechnung, als Anwendungen der Multiplication und Division. Kronstadt. Römer & Kamner. 1879. 8° 22 S.

737. *Kraft Karl. Särkäny sonst und jetzt. Kronstadt. Johann Gött & Sohn Heinrich. 1879. 8° 18 S.

738. *Lurtz Fr. Ed. Geometrie für Volksschulen. Kronstadt. Römer & Kamner. 1879. 8° 84 S.

739. *Morres Dr. Ed. Programm der Kronstädter Erziehungs-Schule. Kronstadt. Johann Gött & Sohn Heinrich. 1879. 4° 2 Bl.

740. Reden von Fr. Obert und H. Wittstock am Grabe Franz Gebbels. Kronstadt. Johann Gött & Sohn Heinrich. 1880. 8° 23 S.

741. *Sugár Nicolaus. Felddienstlectionen für die Unterweisung der Mannschaft am plastischen Tisch und im Terrain. Kronstadt. Johann Gött & Sohn Heinrich. 1880. 8° 116 S.

742. *Alexi Theochar. Rumänische Kunst-Dichtungen. Kronstadt. Löw, Gerula & Comp. 1880. 8° 116 S.

743. *Friedrich Ridely's Sammlung ausgestopfter Vögel. Kronstadt. Johann Gött & Sohn Heinrich. 1880. 8° 17 S.

744. *Philippi Friedrich. Erinnerungen an die General-Kirchenvisitation im Burzenlande im Jahre 1879. Kronstadt. Römer & Kamner. 1880. 8° 67 S.

745. **Lieder-Buch** für die Schul-Jugend. 4. Auflage. Kronstadt. Johann Gött & Sohn Heinrich. 1880. 16° 158 S.

746. ***Herfurth F. C.** Der Gustav-Adolf-Verein ein Hort des Protestantismus. Predigt. Kronstadt. Römer & Kamner. 1880. 8° 15 S.

747. ***Schiel Sam. Traug.** „Warum so viele Menschen den Glauben an die Unsterblichkeit schwer ergreifen." Predigt . . am 1. Ostertag. Kronstadt. Johann Gött & Sohn Heinrich. 1881. 8° 3 Bl.

748. ***Lurtz Fr. Ed.** Rechenschule. Zweiter Theil. Fünfte, verbesserte und vermehrte Auflage mit Anhang. Kronstadt. Römer & Kamner. 1881. 8° 104 S.
Vgl. Nr. 736.

749. **Aktenmässiger Sachverhalt** des Kirchenstreites der griech.-orient. Bürger romänischer Nationalität gegen die griech.-orient. Bürger griechischer Zunge wegen der Dreifaltigkeits-Kirche in der innern Stadt. Kronstadt. Johann Gött & Sohn Heinrich. 1881. 8° 14 S.

750. ***Korodi L.** Rede zur hundertjährigen Todtenfeier G. E. Lessing's. Kronstadt. Johann Gött & Sohn Heinrich. 1881. 8° 26 S.

751. **Réthy Emerich.** Belehrung und Tarif der städtischen Accise-Gebühren-Einhebung . . Kronstadt. Johann Gött & Sohn Heinrich. 1881. 8° 32 S.

752. ***Kaepplinger Christiane.** Beschreibungen über das Wesen der Gottheit, der menschlichen Natur und der christlichen Religion. Kronstadt. 1. und 2. Heft. Römer & Kamner. 1881. 8° 260 und 108 S.

753. ***Strevoiu N.** Berichtigung zur „Rechtslage der Kronstädter Griechen". Separatabdruck der „Kronstädter Zeitung". 1882. 8° 28 S.

754. ***Deutsches Liederbuch.** Kronstadt. Johann Gött & Sohn Heinrich. 1882. 16° 244 S.

755. *Zur Erinnerung an die Jubelfeier des Herrn Michael Reimesch. Rectors der evangel. Volksschule A. B. in Zeiden am 4. Juni 1882. Kronstadt. Johann Gött & Sohn Heinrich. 1882. 8° 22 S.

756. ***Trausch Josef.** Kronstädter evangelisches Choral-Buch: a) Deutsche Ausgabe mit einem Register. Kronstadt (Brassó). Kronstadt. Alexi 1882. 8° 32 S. b) *(Magyarische Ausgabe).* c) Deutsche Ausgabe für das Burzenland ohne Vorwort und Register. Kronstadt. 1882. 8° 32 S.

757. ***Teutsch Traugott.** Schwarzburg. Historische Erzählung aus dem Siebenbürger Sachsenlande. Kronstadt. 1882. Johann Gött & Sohn Heinrich. 8° 616 S.

758. ***Hintz Johann.** Die romänische Ausstellung in Hermannstadt vom 27. August bis 6. September 1881. Kronstadt 1882. Johann Gött & Sohn Heinrich. 4° 10 S.

759. ***Bericht der Handels- und Gewerbekammer in Kronstadt** über die Gewerbe-, Handels- und Verkehrsverhältnisse im Kammergebiet (südöstliches Siebenbürgen) für die Jahre 1878 und 1879. Kronstadt. 1882. Johann Gött & Sohn Heinrich. 8° V. 424 S.

760. ***Sammlung geistlicher Lieder** zum Gebrauche bei den öffentlichen und häuslichen Gottes-Verehrungen der Christen. Kronstadt. Johann Gött und Sohn Heinrich. 1882. 16° 501 S.

761. Die Rechtslage des ehemaligen **Türzburger Dominiums** etc. Kronstadt. Alexi. 1882. 8° 176 S.

762. ***Roth Dr.** Einiges über die Elöpataker Mineralquellen. Kronstadt. Römer & Kamner. 1883. 8° 16 S.

763. ***Fogarascher C.** Index zur deutschen Ausgabe der ungarischen Gesetzsammlung. Kronstadt. 1883. Römer & Kamner. 8° 31 S.

764. ***Memorandum.** Kronstadt. Römer & Kamner. 1883. Fol. 5 Bl.

765. ***Zum Lutherfest.** Festbeilage zur „Kronstädter Zeitung". 1883. 4° 4 Bl.

766. ***Vogt J.** Eröffnung der Prüfungen an den ev. Mittelschulen und der Elementarschule A. B. zu Kronstadt am 5. Juli 1883. Kronstadt. Römer & Kamner. 1883. 8° 4 S.

767. ***Lurtz Fr. E.** Rechenschule. Erster Theil. Sechste, verbesserte und vermehrte Aufl. Kronstadt. Römer & Kamner. 1883. 8° 198 S.

768. ***Lurtz Fr. E.** Rechenschule. Zweiter Theil. Sechste, verbesserte und vermehrte Aufl. Kronstadt. Römer & Kamner. 1883. 8° 140 S.

769. ***Teutsch Tr.** Der Prediger von Marienburg. Ein Gedicht zur Erinnerung an den 16. October 1612. Kronstadt. 1883. Römer & Kamner. 8° 29 S.

770. ***Gross Julius.** Katalog der von der Kronstädter Gymnasialbibliothek bei der 400-jährigen Luther-Feier in Kronstadt ausgestellten Druckwerke aus dem Reformationszeitalter. Kronstadt. Johann Gött & Sohn Heinrich. MDCCCLXXXIII. 8° 64 S.

771. ***(Hintz J.)** Die Errichtung einer Gewerbehalle in Kronstadt. — Das Kaufhaus in Kronstadt. Kronstadt. Johann Gött & Sohn Heinrich. 1883. 8° 15 S.

772. *Ausführliche Anleitung zur Durchführung der Melde-Pflichten bei dem Kronstädter **Polizei-Anmeldungsamte.** Erläutert durch verschiedene Beispiele von C. Sch. Kronstadt. Römer & Kamner. 1884. 8° 16 S.

773. ***Obert Franz.** Die Frauenfrage. Kronstadt. Johann Gött & Sohn Heinrich. 1884. 8° 14 S.

774. ***Gusbeth Dr. Eduard.** Zur Geschichte der Sanitäts-Verhältnisse in Kronstadt. Kronstadt. 1884. Römer & Kamner. 8° VIII. 335 S.

775. ***Trauschenfels Eugen.** Konrad Schmidt. Ein biographischer Versuch. Separatabdruck aus dem „Sächs. Hausfreund". Kronstadt. Johann Gött & Sohn Heinrich. 1884. 8° 51 S.

776. ***Memorandum.** Nr. 2. Kronstadt. Römer & Kamner. 1884 Fol. 6 Bl.

777. ***(Obert Franz.)** Kronstädter Flugblatt. Nr. 1. Lasst ab von der Dreifelder-Wirthschaft! Kronstadt. Johann Gött & Sohn Heinrich. 1884. 8° 7 S.

778. ***Die Einführung** des neugewählten Herrn Rektors L. Korodi in sein Amt. Kronstadt. Johann Gött & Sohn Heinrich. 1884. 8° 22 S.

779. *(Obert Franz.) Schule und Handwerk. Kronstadt. Johann Gött & Sohn Heinrich. (1884.) 8° 9 S.

780. *Lurtz Fr. E. Rechenschule. Dritter Theil. Vierte, verbesserte und vermehrte Aufl. Kronstadt. Römer & Kamner. 1884. 8° 199 S.

781. *Pawelka Dr. Ernst. Tusnád und seine Heilquelle. Kronstadt. Johann Gött & Sohn Heinrich. 1885. 8° 32 S.

782. *Schaedl Anton. Reglement-Studie als Anleitung zur Ausbildung der Truppe für das Gefecht. 3. Aufl. Kronstadt. Johann Gött & Sohn Heinrich. 1885. 8° 101 S.

783. *Fabritius Dr. August. Fortschritte auf dem Gebiete der Medizin. (Kronstädter Gemeinnützige Vorträge Nr. I.) Kronstadt. Johann Gött & Sohn Heinrich. 1885. 8° 33 S.

784. *Gusbeth Dr. Eduard. Oeffentliche Gesundheitspflege. (Kronstädter Gemeinnützige Vorträge Nr. II.) Kronstadt. Johann Gött & Sohn Heinrich. 1885. 8° 33 S.

785. *Heyser Christian. Die gerettete Fahne oder: Die Schlacht auf dem Brodfeld. Drama. (Separatabdruck aus der „Kronst. Zeitung".) Kronstadt. Johann Gött & Sohn Heinrich. 1885. 8° 75 S.

786. *Obert Franz. Unser Export und dessen Erhaltung Vortrag. Kronstadt. Johann Gött & Sohn Heinrich. 1885. 8° 11 S.

787. *Kronstädter Schulmittheilungen. Nr 1. Kronstadt. Johann Gött & Sohn Heinrich. 1885. 8° 8 S.

788. *(Obert Franz.) Kronstädter Flugblatt. Nr. 2. Sonntagsruh' und Sonntagsfeier. Kronstadt. J. Gött & Sohn Heinrich. 1885. *(Dasselbe magyarisch und romänisch)* 8° 6 S.

789. *Filtsch J. W. Zur Sprachenfrage in Ungarn. Separatabdruck aus der „Kronstädter Zeitung". Kronstadt. J. Gött & Sohn Heinrich. 1885. 8° 5 S.

790. Zaminer Eduard. Komitat Kronstadt (Brassó) mit Rücksicht auf seine geologische Beschaffenheit, Bevölkerungs-Boden- und insbesondere Forstkulturverhältnisse. Kronstadt. Johann Gött & Sohn Heinrich. 1885. 28 S.

791. *Meschendörfer J. T. Aus der Gegenwart und Vergangenheit der Gemeinde Petersberg. Kronstadt. Johann Gött & Sohn Heinrich. 1885. 8° 91 S.

792. *Obert Franz. Ueber Waisenerziehung. Kronstadt. Johann Gött & Sohn Heinrich. (1885.) 8° 11 S.

793. *Száva Gregor. Kurort Előpatak. Kronstadt. J. Gött & Sohn Heinrich. 1885. 8° 18 S.

794. *Eine Auswahl von Bewegungsspielen für die einzelnen Klassen (I—VIII) unserer Knaben- und Mädchenschulen. Kronstadt. Johann Gött & Sohn Heinrich. 1885. 12° 25 S.

795. *Neugeboren Friedrich. Zur Geschichte des Zubaues zum bürgerlichen Krankenhause in Kronstadt. Kronstadt. Römer & Kamner. 1885. 8° 39 S.

796. **Rapolty Karl** v. Grundzüge des Bodenkatasters nach eigenen Reformideen. Kronstadt. Alexi. 1885. 8° 107 S.

797. **Rapolty Karl** v. Kurze Beschreibung der ewigen Besitztafeln. Kronstadt. Alexi. 1885. 8° 16 S.

798. ***Quellen zur Geschichte der Stadt Kronstadt** in Siebenbürgen I. Band. Kronstadt. Römer & Kamner 1886. 8° XI. 769 S.

799. ***Herfurth F. C.** Unser geselliges Leben. (Kronstädter gemeinnützige Vorträge Nr. III.) Kronstadt. Johann Gött & Sohn Heinrich. 1886. 8° 27 S.

800. ***Tontsch Andreas**. Die Aufgabe des evang. Seelsorgers. Antrittspredigt. Kronstadt. Johann Gött & Sohn Heinrich. 1886. 8° 7 S.

801. ***Vogt Johann.** Beiträge zur Gymnasialpädagogik. Kronstadt. Alexi. 1886. 8° 182 S.

802. ***Buchholzer A.** Katechismus des Obstbaues. Kronstadt. Alexi. 1886. 8° 80 S.

803. *Kronstädter **Schulmittheilungen.** Nr. 2. Kronstadt. Johann Gött & Sohn Heinrich. 1886. 8° 12 S.

804. ***Gusbeth Dr. Eduard.** Das Sanitätswesen in Kronstadt im Jahre 1885. *(Separatabdruck aus der „Kronstädter Zeitung“).* Kronstadt. Johann Gött & Sohn Heinrich. 1886. 8° 48 S.

805. ***Gusbeth Dr. Eduard.** Die Geburten im Kronstädter Komitate im Jahre 1886. *(Separatabdruck aus der „Kronstädter Zeitung“.)* Kronstadt. Johann Gött & Sohn Heinrich. 1886. 8° 8 S.

---

3. Magyarische Schriften.*)

806. ***Catonis** Disticha Moralia. Cum Germanica & Hungarica versione etc. 1688.

Vgl. Nr. 111.

807. ***Heyden Sebaldus.** Colloquiorum Puerilium Formulae Latino-Germanico-Ungaricæ etc. 1701.

Vgl. Nr. 132. 142. 153.

808. **Practica Arithmetica,** az az: Számvető Tábla melyben mindentéle adásrol és vételről akár minemű kereskedésben is bizonyos számoknak summája készen és könnyen találhatui Padvai Julius Caesar által iratatott. Mostan pedig ezen formában negyedszer botsáttatott. Brassóban Seuler Lukáts M. D. betűivel és költségével Nyomt. 1702 Eszt. 16° XII. 217 S.

*) Bei den Werken, die mir nicht vorlagen, folge ich der Orthographie meiner Quelle (Trausch). Obgleich Trausch's Schreibart nicht immer den Originalien entsprechend, auch innerhalb desselben Werkes nicht immer gleichmässig befunden wurde, habe ich doch nichts Wesentliches daran geändert.

Trausch. Katalog.

Vgl. Nr. 240.

809. ***Catonis** Disticha Moralia, cum Germanica et Hungarica Versione etc. 1715.

Vgl. Nr. 144.

810. *Boldog Emlékezetü Doct. **Luther Márton kis katechismussa.** más szép kegyes kérdésekkel egyetemben most ujonnan ki nyomtattatott, az Erdélyi August. Confession levö Magyaroknak kedvekért. Brassóban Seuler Lukács M. D. költségével betüivel. Molnár István által. Anno 1718. 12° 3 Bogen.

811. **Abecedarium** Latinó-Hungaricum etc. 1720.

Vgl. Nr. 145.

812. Halotti Oratio néhai Homorod Szent Mártoni **Biro Samuel** Ur temetésére. 1721. 4°.

Catal. Bibl. Cornid. p. 96.

Trausch. Katalog.

813. **Comenii J. A.** Vestibulum Linguae latinae (Latino-Hungaricum). 1722.

Vgl. Nr. 148.

814. **Comenii J. A.** Janua Linguae Latinae . . . in Hungaricam Linguam translata per Stephanum Benjamin Szilagyi Scholae Varadiensis Rectorem . . . . 1735.

Vgl. Nr. 157. 160. 162.

815. **Szeli Jozsef.** Boldog Emlékezetü Doct. Luther Márton kis-Katekismussa, és ennek rövid és fontos Magyarázatja. Kiadta Szeli Jozsef. *(Dem Kronstädter Stadt-Hannen Johann v. Seuler und seiner Gattin Sara geb. Chrestels zugeeignet.)* 1748.

Benkö. Transs. II. 526.

Trausch. Katalog.

Teutsch Joseph Nr. 170:

„Diesen Ungarischen Catechismus hat der treufleissige Pfarrer bei der Evangelischen Gemeine der Unger bei Cronen H. Josephus Szeli herausgegeben, um seinen Zuhörern sowohl, als auch der Jugend zu dienen. Zuerst steht der Kleine Catechismus Lutheri, demnach folget eine ausführliche Erklärung desselben auf die Weise, wie der Seidelische Catechismus ist. Derselbe ist in Cronstadt 1718 gedruckt worden und ist 12 Bögen stark in 12°."

816. **Halott Temetéskorra valo Énekek,** melyek most helyesebben egy néhány ide tartozo szép soltárokkal és Énekekkel egyetemben (meg is jobbittatván) kibotsáttattak. Brassoban. Brenndörffer Márton által. 1763. Esztend. 16° IV. 282.

Trausch. Katalog.

817. ***Magyar ABeCe.** *Am Schluss:* Brassoban. Az Albrich Betükkel Nyomtatta Brenndörffer Márton. 1786-ik Esztend. 8° 16 S.

818. **Magyar ABCÉS könyvetske,** mellyben a hit ágozatirol valo száz

kérdéseken és Sz. Irásból feleletekeń kivül a Jésus nevéről és Lauretomi Boldog Aszony Litániai más áitatos Imádságokkal együtt kibotsáttatott. Az Elöljárok engedelméből. Nemes Schobeln János betüivel nyomtattatott Herfurth Fridrik nyomtató által. 1800. 8° 46 S.

Trausch, Katalog.

819. Mindenkor magával hordozandó **Lelki Kints**, mellyben reggeli, estvéli, Gyónás és Communio előtt 's után valo Szent Imádságok foglaltatnak: és miképpen kellessék áitatosan halgatni a Szent Misét és más Aitatosságokat végbe vinni. Brassoban. Nemes Schobeln János betüivel nyomtattatott Herfurth Fridrik Nyomtato által, az 1801-dik Esztendőben. 16° XXIV. 216 S.

Trausch, Katalog.

820. **Gödri Ferencz.** A' nemes szivü aszszony melyet néhai Mlgs. Petrityevith Horváth Mária Ur Aszszonynak Mlgs. Hidvégi Groff Miko Miklos Ur ö Nagysága eltelejthetetlen Hitvessének, utolso érdemlett tiszteletére elmondott. Oltszemin 1818-ban December 5kén Gödri Ferencz Sepsi-Sz.-Gyorgyi. Refor. Káplány. Brassoban. A M. Nemes Schobeln Franz betüivel nyomtattatott Herfurth Friedrich Nyomtato által, 1819dik esztendőben. 8° 19 S.

Trausch, Katalog.

821. **Ferentzi János.** Néhai méltoságos Petrityevith Horváth Mária Ur Aszszony halálából származott: Mlgs. Groff Hidvégi Miko Miklos Ur Eö Nagysága, éles Fájdalminak megenyhitésére mondatott Vigasztalo Halotti Tanitás Mlgs. Groff Hidvégi Miko György Ur Eö Nagysága parantsolatjából az Atyafiui szeretet, s szánakozo részvétel által ösztönöztetvén. Ferentzi János Dálnoki Pap által Bodokon 1818ban 20dik Decembris. Brassoban A. M. Nemes Schobeln Franz betüivel nyomtattatott Herfurth Friedrich Nyomtato által 1819-ik esztendőben. 8° 20 S.

Trausch, Katalog.

822. **Miko György.** Az Atyafiság! és Barátság! Néhai ifjabb Hidvégi Groff Miko Miklosné Petrityevith Horváth Mária Boldog Árnyékához! Groff Miko György által. Bodokon December 7kén 1818ban. Brassoban A. M. Nemes Schobeln Franz betüivel nyomtattatott Herfurth Friedrich Nyomtato által 1819-ik esztendőben. 8° 4 S.

Trausch, Katalog.

823. ***ABC-és Olvasó Könyv.** A Falusi Oskolák számára. Nyomtattatott a' nyomtatóműhely Tulajdonossa, N. Schobeln Ferentz költségén, könyvnyomtató Herfurth Fridrik által 1820-ban. Brassóban. 8° 72 S. (*Von Mich. Bölöni, ungr. Prediger in Kronstadt. Trausch, Katalog.*)

824. **Jantso Áron.** Báro és Obristen Purcell Philantropiája vagy a Székely Nevelőház. Előadta K.-Vásárhellyen a Nevelőház elejében emeltetett Triumfális kapu alatt, a Nemzeti Gyülés előtt folyo 1823. esztendőben Octobernek 4-ik napján Jantso Áron Létzfalvi ev.-ref. Pap. A. N.

Schobeln Ferentz betüivel nyomtattatott Herfurt Fridrik Nyomtato által. 1824. 8° 20 S.

Trausch, Katalog.

825. **Látzai Josef.** Kisdedek' Katekhismusa az az: A keresztyén Hitnek és Kegyességnek Fő-ágozatai együgyü Kérdésekbe és Feleletekbe szedve a' Kisded Tanulók számára kiadta Látzai Josef P. Professor. Brassóban. N. Schobeln Ferentz betüivel. 1831. 8° 36 S.

Trausch, Katalog.

826. **Bodola Samuel**. Kik az igaz Keresztények? egy rövid beszédbe foglalta és a Sz.-Udvarhelyi Evang. Reform. Kollégium számos Tanuló Ifjai Confirmáltatása Ünnepén a Reformatus Templomba el is mondotta Z. Bodola Samuel. Theol. Prof. 1831. April 24-nek. Kinyomtattatott a Tanuló Ifjuság Költségén. Brassóban. N. Schobeln F. betüivel. kl. 8° 20 S.

Trausch, Katalog.

827. Magyar **ÁBÉCE** a Leány Oskolák számára. Mely némely szükséges Fohászkodásoknak hozzáadásával megbövitve ezen ujabb formában kinyomtattatott. Brassóban. Nemes Schobeln. F. betüivel. 1831. 8° 20 S.

Trausch, Katalog.

828. Magyar **ABC'és könyvetske**, mellyben az Apostoli hitvallás Parantsolatok 's egyéb szükséges Tanuságok után, a Jézus nevéröl és boldog Asszonyról való két Litánia: A keresztény tudomány száz kérdésekben 's feleletekben és a kisdedek oktatása a legszükségesebb dolgokra és Sz. Gyónásra kibotsáttatott az Elöljárok engedelméböl. Brassó. Gött János betüivel. 1833. 8° 51 S.

Trausch, Katalog.

829. **Kovács Samuel.** A' bizonyos és valoság ez életben. Egy halotti Prédikátióba foglalva, mellyet néhai Papolezi Tek. Kis Anna Kis-Asszony eltemettetésekor mondott a Papolezi Ev. Ref. Ecclesia Templomában Nov. 15-kén 1834. Kovács Samuel, Al-Csernátoni Ev. Ref. Pap. 1836. 8° 13 S.

Trausch, Katalog.

830. ***Incze József.** Elég szép, a ki jó. Néhai Papolezi Tek. Kis Anna Kis-Asszony végtiszteletére egy halotti beszédbe foglalta, és Papolezon az 1834-dik. eszt. Nov. 15-én elöadta Incze József. Kovásznai Ev. Ref. Pap. 1836. 8° 231 S.

Trausch, Katalog.

831. ***A-B-C- és Olvasó-könyv.** A falusi Oskolák számára. Harmadik kiadás, uj rendbe szedve és némely szükséges dolgokat hozzá adva . . . Brassó. Gött János. 1836. 8° 76 S. *(Vom Apitzaer Rektor, später Halmágyer Pfarrer Joh. Rozsondai. Trausch, Katalog.)*

832. ***Incze József.** Az Erdélyi nagy Fejedelemségben lakó Nemes Szász Nemzetnek Törvénykezés módja. Irta Dálnoki Incze József, Hadnagy

és Gränz-Procurator a 2-dik Gyalog Székely Ezrednél. Brassó. Nyomatott Gött János betűivel. 1837. 8° XXV. 233 S.

833. **Lukácsffi Lajos.** A Dicséretre méltó Ifju föbb Tulajdonai. Egy Halotti Beszédben elöadva, mellyet néhai Mlgos Létzfalvi ifju Gyárfás Miklos Urfi végtiszteletére irt és elmondott Létzfalván 1838-ban Boldog Asszony hava29-ik napján Lukácsffi Lajos Kézdi Mártonfalvi Evang. Reform. Pap. Brassó. Gött János. 1838. 8°. S. 1—22. *Darauf folgen:* A jól használt ifju kor, elmondotta **Incze József** Kovásznai Evang. Reform. Pap. S. 23—60 und Egy nagy reményű Ifjuban mit vesztenek a Szülök's a Haza. **Ferenczi János** Dálnoki Evang. Reform. Pap által S. 61—83.

Trausch, Katalog.

834. **Négy új Világi Énekek.** Elsö: Szomoru már nékem járásom kelésem. Második: Vajha kimondhatnám kinját, én szivemnek. Harmadik: Álj elömben Rózsám, hadd búcsúzzam. Negyedik: Fáj, fáj, fáj, de mit tudok tenni. Nyomatott 1838-ban.

Trausch, Katalog.

835. **Libellus alphabeticus.** Brassó. Gött János. 1839. 8° 72 S.

Trausch, Katalog.

836. **A-B-C-darium.** Brassó. Gött János. 1839. 8° 32 S.

Trausch, Katalog.

837. **Kovács Antal.** Az erös lelkületű Hölgy Képe halotti Beszédben. Méltoságos Özvegy Grof Kálnoki Jósefnö született Maurer Juliána Ur Asszony ö Nagyságának gyász emlékül készitette és szavalta F. Kovács Antal Miklosváron tavaszelö 28-án 1840. Brassó. Gött János. 1840. 8° 28 S.

838. **Jakab István.** Magyar Játékszini Nefeljts, mellyet a Nagy-Méltóságu, Méltóságos Fö-Tisztelendö, Nagyságos, Tekintetes Nemes és minden rangon lévö Nagylelkű Honfiainak és Leányainak mély tisztelettel lángoló hálája örök jeléül ajánl Jakab István a Magyar Szinész Társaság Sugója. Brassó. Gött János 1840. 8° 12 S.

Trausch, Katalog.

839. **Hála szavai,** a mint a Brassói ujdon latin Iskolai Intézet kebléből jutalom kiosztása alkalmával Két VI-ik Osztálybéli nevendék ajkain M. Tartler János K. tanácsos Székes- Fehér- és Posony Vármegyei ülnök Ur ö Nagyságának mint Fö-Alapitónak tiszteletére tartott Beszédben ömledeztek Julius 26-án 1840. Brassó. Gött János. 1840. 8° 8 S.

Trausch, Katalog.

840. **Magyar Ábécé a Leány-Oskolák számára.** Melly némelly szükséges tobászkodásoknak hozzáadásával megbövitve ezen ujabb formában kinyomtattatott. Brassó. Gött János. 1842. 8° 20 S.

Trausch, Katalog.

841. **Süküsd Samuel.** Ez az élet csalodás. Néhai Föhadnagy Jakó Eleknö

Csoma Klára Úr asszony temetése tisztességtétele alkalmával fejtegette Sükösd Sámuel a Zágoni ev. ref. templomban. Julius 6-kán 1843. Brassó. Gött János. 1843. 8° 16 S.

Trausch, Katalog.

842. ***Lukácsffi Lajos.** Mindenütt jó, de legjobb otthon. Ház szentelö Beszéd, mellyet S. Zoltáni Tekintetes Czirjek Sigmond Úr, Nemes Orbai Szék rendes székező bírája, és az Orbai ev. ref. egyházKerület Algondnoka Zágonban épitett uj házának felszenteltetése alkalmával számos uri vendégek jelenlétében Zágonban az uj házban öszhó 17-én 1842. elmondott Lukácsffi Lajos Zabolai ev. ref. Pap. Brassó. Gött János. 1843. 8° 16 S.

843. ***Schenk György.** Az eleven gyepü galagonyából. Der lebende Weissdorn-Spalierzaun. Kronstadt. Johann Gött. 1843. 8° 71 S. mit 5 lithogr. Abbildungen. (Deutsch vom k. k. Hauptmann G e o r g v. S c h e n k, und in das Ungarische übersetzt vom Kronstädter Senator P e t e r L a n g e.)

Trausch II. 33.

844. ***Magoss József.** Magány Virága. Költeményes zsebkönyv. Magoss Józseftől. Brassó. Gött János. 1843. 12° 95 S.

845. **Sükösd Samuel.** Az Iskola Mester elhivattatása szép és fontos. Zágoni ev. ref. Iskola Mester tiszteletes Veress István ur koporsója fölött magyarázta Sükösd Samuel, a Zágoni ev. ref. Templomban. Brassó. Gött János. 1844. 8° 15 S.

846. **Biró Sándor.** Gyász fohászok Nemes Keresztes Ágnes Úr-nő porai fölött. Felsö Boldog-Asszonyfalvi Biró Sándor Rétyi ref. Hitszónok által. Mártius 6-kán 1845. Brassó. Gött János. 8° 10 S.

Trausch, Katalog.

847. ***Biró Sándor.** Egyházi szónoklat a Mértékletesség ügyében. Mondatott az Árkosi Egység Hivök templomában. Felsö Boldog asszonyfalvi Biró Sándor Rétyi ref. hitszónok által Január honap 5-ik napján 1845-ik évben. Brassó. Gött János. 8° 22 S.

848. **Fábián Daniel.** A fejlödö emberiség neveléséről gondoskodás szent tartozása, kifejtve egy egyházi beszédben Fábián Daniel Vásárhelyi ref. Pap által. Árultatik a K.-Vásárhelyi fiuiskola felépitésére. Brassó Gött János. 1845. 8° 16 S.

Trausch, Katalog.

849. ***Köpe János.** Polgári és Pórkönyvtár. Erkölcsi népnevelést és anyagi jólétet eszközlö irományok. Első Füzet Aranygyártó-falu. (Zschokke Henrik után magyarúl K ö p e J á n o s által.) Németh Vilmos sajátja. Brassó. Gött János. 1845. 8° 162 S.

850. **Legszükségesebb Ismeretek** a Test és Lélekről. Tanitványai külön oktatására összeszedé V. K. Brassó. Gött János. 1845. 8° 31 S.

Trausch Katalog.

851. ***Imádságok és egyházi Énekek.** Második bővitett kiadás. Brassó. Gött János. 1846. 8° CXII. 96 S.

852. ***A legény s leány-Társaságoknak közönséges Rendtartása** a Barcza vidéki magyar falukon, mely az ágostai hitvallást követők Méltoságos Fő Consistoriuma által az 1818-dik évben kiadott egyházi vizsgálati Szabályok harmadik része 51—63-ik czikke nyomán készittetvén, a Brassói Domesticale Consistorium által megvizsgáltatván, a legény és leány társaságok egyaránti számba vétele végett kiadatott. Brassó. Gött János. 1846. 4° 8 S.

853. **Koszta József.** A keresztény Vallástudomány kátechismusa. A Badeni Fő Herczegség evang. egyház Keresztényt udomány Kátechismusa nyomán, — Luther kis Kátechismusával együtt az evang. magyar oskolák és családok számára Koszta József által. Brassó. Gött János. 1846. 8° 124 S.

Trausch, Katalog.

854. **Gyöngyösi István.** Sepsi Körispataki Tekintetes Tibáldi Ignácz Úr gyászemléke Bardoczon Február 19. 1846. Előbeszélte Gyöngyösi István Vargyasi Unitárius pap. Kinyomatott S. Körispataki Tks. Tibáld Sándor Úr költségén. A Vargyasi Népiskola javára. Brassó. Gött János. 1846. 8° 12 S.

Trausch, Katalog.

855. **Luther Márton** hit. Doctornak kis Kátechismusával egyesitett Keresztény Vallástudomány Kátechismusa. A Badeni Fő Herczegség evang. egyház Keresztényt udomány Kátechismusa nyomán-, buzditó és óvó példákkal s énekversekkel bővitve és javitva, az ágostai vallástételt követő evangelicus oskolák és családok számára Koszta József által. Második (1846) megbővitett kiadás. Brassó. Gött János. 1848. 8° 55 S.

Trausch, Katalog.

856. ***Újoncz-állitási Népdal.** 1848. 8° 4 S.

857. ***Biro Sándor.** Tábori Szónoklat Mártius 15-én 1849-be. Mondatott Biró Sándor Rétyi és Tábori Szónok által. S. Sz. Györgyön a Reformátusok Templomában. Brassó. Gött János. 1849. 8° 24 S.

858. **Erős Ferencz.** A szűz Mária Képe és Pünkösti Gyülekezet Csik Somlyón. Ismerteti Erős Ferencz Modeszt. Sz. Ferencz-szerzetes-rendi Atya. Brassó. Römer és Kamner. 1852. 8° 42 S.

Trausch, Katalog.

859. ***Killyéni Székely László.** A' kis Székelyhon ohajtása királya és Császáráért. Brassó. Römer és Kamner. (1852). 4° 4 S.

Trausch. Manuskr. 4° 57. II b. S. 519—522.

860. **Emlék** a szent Missioról. Missio. 1854. Németből Sz. L. Brassó. Gött János. 8° 12 S.

Trausch, Katalog.

861. ***Dancz Ferencz** a szinlap osztó. Bucsuszó. (Ein Wort zum Abschiede.) Brassó. Gött János. 1854. 8° 1 Bl.

862. Néhai Nagyméltoságu Gróf Széki **Teleki Jozsef**. . . . Emlék-ünnepén Kézdi-Vásárhelyen 1855. év Aprilis 22. tartott **Egyházi Beszédek.** Brassó. Gött János. 1855. 8° 26 S.
Trausch, Katalog.

863. ***Meyr J. Dr.** Rövid utasitás a gőzfürdők hasznossága a használatára nézt, és leirása a Brassai ujonnan fölállitott gőzfürdőintézetnek. Römer és Kamner. Brassó 1857. 8° 24 S.

864. **Keresztyén Énekes könyv**, mely alkalmatos igazitásokkal és némely régi Énekek helyett ujakkal jobbitva készittetett és kibocsáttatott az Ágostai vallástételt tartó Evangyelikusoknak a Dunán túl lévő Superintendencziája által. A mi Urunk Jezus Krisztus Kinszenvedésének, halálának és a Jerusálem veszedelmének leirásával. Brassó. Römer és Kamner. 1858. 8° VII. 564 S.
Trausch, Katalog.

865. ***Bardocz Dienes.** (S.-Sz. Iványi rom. kath. lelkész) Vigasztaló beszéd, melyet néhai tekintetes Eresztevényi Amália kisasszony hamvai fölött Eresztevényen 1858-ik év Julius hó első napján mondott B. D. Brassó. Römer és Kamner. 1858. 8° 8 S.

866. **Schiel Sam. Tr.** Egyházi beszéd, melyet az 1857-ik évi Reformatio ünnepén a Brassói nagy templomban tartott Schiel Samuel Traugott, az evang. Gymnasium és Iparískola igazgató Tanára. (Németből.) Brassó. Gött János. 1858. 8° 23 S.
Trausch, Katalog.

867. ***Unio.** Az Erdélyi oláh nemzetről szóló Országos Törvényczikkek az Unioval szemben és ezekről Értekezlet egy Magyar és egy Oláh közt. Brassó. Römer és Kamner. 1861. 8° 15 S.

868. ***(Molnár Viktor.)** Dr. Luther Márton kis katéja Michaelis Jánosnak év. népiskolák és konfirmálandók számára készült vezérfonalával a keresztényvallásban. Brassó. Römer és Kamner. 1861. 8° 78 S. *3. Aufl. 1879.*

869. **Meyr-Otrobán.** Borszék Gyógyvizei természet tudományi és gyógytani szempontból leirta Doktor Meyr Ignácz. németből forditotta Dr. Otrobán Nándor. Brassó. Römer és Kamner 1863. 8° 58 S. 3-ik kiadás 1879.
Trausch, Katalog.

870. ***Meyr Ignác.** Útmutatás az Előpataki ásványvizek czélszerü és eredménydús használatát illetőleg. Brassó. Römer & Kamner. 1863. 8° 23 S.

871. ***Otrobán Nándor Dr.** Látogatás Erdély némely délkeleti fürdőhelyein. Brassó. Gött János. 1864. 8° 21 S.

872. ***Kis János.** Népszerü Méhészkönyv. Brassó. Römer és Kamner. 1865. 8° VII. 209 S.

873. ***Hornyánszky Gyula.** A Keresztény vallás vezérfonala az ev. prot. Konfirmálandók számára. Brassó. Römer és Kamner. 1865. 12° 40 S.

874. ***Hornyánszky Gyula.** Egyházi beszéd tartva a Reformatio Emlékünnepén Brassóban Nov. 4-én 1866-ik évben. Brassó. Römer és Kamner. 1866. 8° 16 S.

875. **Csataghi.** (**Lechner Ladisl.** *kath. Kaplan in Kronstadt.*) Ifjukori Költemények. Brassó. Römer és Kammer. 1867. 12° 320 S.

Trausch, Katalog.

876. **Csataghi.** Emlékül a jó gyergyaiaknak. Brassó. 1866. Nov. 10. Brassó. Römer és Kammer. 1867. 8° 1 Bl.

877. **Sirirat.** Ävéd Kristofinü született Lázár Katalin megholt 1867-ben . . Gyergyószentmiklóson. Brassó. Römer és Kammer. 1867. 8° 1 Bl.

878. ***Lechner L.** 1867 ujévi gondolatok. Brassó. Römer és Kammer. 1867. 8° 12 S.

879. ***Üdvözletül.** Gróf Péchi Manóhoz. Brassó Májns 27. 1867. Brassó. Römer és Kammer. 1867. 4° 1 Bl.

Trausch, Manuskr. 4° 57 II b. S. 577—578.

880. ***Kisantal Sámuel** (rétyi ref. pap.), Zsenge urvacsora osztáskor mondott egyházi beszéd. Brassó. Römer és Kammer. 1868. 8° 16 S.

881. **Szabó János.** Egyházi Beszéd, melyet mondott Szabo János, a Baróthi plebánosi hivatalába való beiktatásakor 1868-diki Aug. 20-dikán. Brassó. Römer és Kammer. 1868. 8° 11 S.

882. *(**Donáth Pál.**) A Székelyföldi Urbériség örökváltsága felajánlva Magyarország törvényhozó testületének 1868. Brassó. Gött János és fia Henrik. 1868. 8° 12 S.

883. ***Átnézeti Alaprajza** a f. h. megerösitett kereskedelmi tan- és nevelö intézetnek Brassóban (Erdélyben). Tulajdonos és igazgató: Spitzer A Adolf. Brassó. 1868. Gött János és fia Henrik. 8° 17 S.

884. **Veszely Károly** (Baróti Plebános). A Baróti Plebánia. Römer és Kammer. 1868. 8° 196 S.

885. **Szini emlény.** a müvészetet pártoló lelkes honfiak és honleányoknak mély tisztelettel ajánlja a sugó. Brassó. Gött János és fia Henrik. 1869. 8° 8 S.

886. **Csataghi.** Emlékül Reményinek. Brassó. Römer és Kammer. (186.?) 8° 1 Bl.

887. ***Roszkosni Elek.** Katholikus Ima- és Énekeskönyv. Brassó. Römer és Kammer. 1870. 8° 94 S.

888. ***A brassói községi-iskolaszéknek véleménye** a Brassóban felállitandó községi iskola ügyében . . Brassó. Gött János és fia Henrik. 1871. 8° 12 S.

889. *A hajdani **Törcsvári Uradalom** jogi állapotjához . . . . . Brassó. Gött János és fia Henrik. 1871. 8° 49 S. Függelék 38 S. (Uebersetzung von Békessy.)

890. **Futó pillantás** az 1848-ik évtöl a jelen 1872-ik évig, a magyar birodalomban és kiválóan a székely nép között történt események felett. Brassó. Römer & Kammer. 1872. 8° 6. S.

891. ***Fodor József.** Hasznos vagy káros-e rikán belül a tagositás. Brassó. Römer és Kammer. 1872. 38 S.

892. ***Fodor József.** Miért nincs jövedelem rikán belül a gazdászatból. Brassó. Römer & Kammer. 1872. 8° 52 S.

893. ***Wass János**. Szerény vázlata a Kolozsvártt 1848-dik évben alakult 11-dik Honvédzászlóalj és azzal kapcsolatos erdélyi hadjárat történetének. Brassó. Römer és Kamner. 1872. 8° 73 S.

894. ***Emlékirat**. Az Alsó-Rákos községén 1871 oktober és november havában hivatalos visszaélés mellett elkövetett birtok megfosztás és alólirtaknak csendörökkeli elfogatása bebörtönöztetése és katonaexekutioval történt megterheltetéséröl. Brassó. Römer és Kamner. 1872. 8° 19 S.

895. ***Fodor József**. Mi lesz gyermekeinkböl rikán belöl? Brassó. Römer és Kamner. 1873. 8° 29 S.

896. ***Fodor József**. Ne felejts. Brassó. Römer és Kamner. 1873. 8° 19 S.

897. ***Otrobán N. és Nagy G.** Elöpatak és vidéke. Brassó. Römer és Kamner. 1875. 16° 126 S.

898. ***Gábor Antal**. Postakalauz. Brassó. Römer és Kamner. 1876. 16° 113 S.

899. ***Rápolty Károly**. A kezdet titkai. Kedélyes költöi rajz három szakaszban. Brassó. Römer és Kamner. 1877. 16° 112 S.

900. *Brassói **kereskedelmi szokások**. Brassó. Gött János és fia Henrik. 1877. 8° 31 S. Függelék 4 S.

901. **Brassó megye** törvényhatóságának szervezeti szabályzata 1878. Brassó. Gött János és fia Henrik. 1878. 8° 35 S.

902. ***Hornyánszky Julius**. Ungarisches Lesebuch. Kronstadt. 1878. Römer & Kamner. 8° 262 S.

903. ***Leirása** az orgyilkosok elitélésének és kivégeztetésének Brassóban, kik Bukurestben O r e s k u N i k o l a i d i özvegyet és K l e o p a t r a leányát megölték volt. Brassó. Römer és Kamner. 1878. 4° 4 S.

904. ***Koós Ferencz**. Apáczai Csere János népszerü életrajza. Brassó. Gött János és fia Henrik. 1881. 8° 22 S.

905. Brassó szabad kir. város urbéri tulajdonát képező hajdani **Töresvári uradalom** jogi állapota etc. Brassó. Alexi 1882 8° 85 Bl.

906. **Roszkosni Elek**. Katholikus Ima- és Énekeskönyv. Bövitve ujból kiadta R. E. Brassó. Römer és Kamner. 1882 8°. *Magyarisch* 99 S. *Deutsch* 96 S. *Anhang* 97—119 S.

907. ***Trausch József**. Brassói evangelikus Choralkönyv. Brassó Alexi. 1882. 8° X. 32 S.

908. ***Roth Dr.** Az Elöpataki gyógyvizek vegyelemezése és gyógyfontossága. Brassó. Römer és Kamner. 1883. 8° 8 S.

909. ***Borcsa Mihály**. A Türkösi templom alapkövének letétele emlékére 1883 május Baczoni Borbára neje szellemének ajánlja Borcsa Mihály bácsfalusi lelkész. Brassó. Römer és Kamner. 8° 2 Bl.

910. ***Baráczy Sándor**. Hellas, Ó-Görögország története tekintettel régiségeire, a legrégibb kortól a nemzeti függetlenség elenyészteig. Brassó. Gött János és fia Henrik. 1884. 8° 175 S.

911. **Lánczy Béla**. Hasznos Tudnivalók kézikönyve. Brassó. Alexi. 1884. 16° 303 S.

912. **Quirini Kálmán.** A növényi rostanyagokról (Cellulose) szesztermelés szempontjából. Brassó. Alexi. 1885. 8° 27 S.

913. **Rápolty Károly.** A Cs. kir. szabadalmazott Örökkévaló birtok-táblák rövid ismertetése. Brassó. Alexi 1885. 8° 15 S.

914. **Weiss Ignácz Dr.** Az erdélyi közmüvelődési egylet és a Brassói magyarság. Brassó. Alexi. 1885. 8° 82 S.

915. **Menykö.** Véd- és Vádirat. Brassó. Alexi. 1885. 8° 16 S.

916. **Kozma József.** Kilometer mutató. Brassó. Alexi. 1885. 8° 24 S.

917. **Timon Sándor.** Éjek és napok. Brassó. Alexi. 1885. 8° 160 S.

918. **Száva Gerö.** Elöpatak Gyógyfürdö. Brassó. Gött János és fia Henrik. 1885. 8° 8 S.

919. (**Obert Franz.**) Vasárnapi nyugvás és ünneplés. Brassó. Gött János és fia Henrik. 1885 8° 8 S.

920. **Pawelka Dr. Ernö.** Csik-Tusnád és Gyógyforrásai. Brassó. Gött János és fia Henrik. 1885. 8° 38 S.

921. **Száz tényleirás-minta** a szeszadó iránt fennálló törvények és szabályok ellen felmerülhető kihágások megállapitásához tekintettel az 1884. évi XXI. törvény-czikkre is. Brassó. Alexi. 1886. 16° 364 S.

922. **Veres Sándor.** A földrajz alapfogalmai kapcsolatban Brassó megye földrajzával. Brassó. Römer és Kamner. 1886. 8° 134 S.

923. **Dobiecki Sándor.** Európai Oroszország. Brassó. Alexi. 1886. 8° 195 S.

924. "Brassó szabad kir. város emlékirata a hajdani **töresvári uradalomhoz** tartozó ugynevezett Hétfaluban a jelen ideigleneg alatt az urbéri viszonyok tekintetében kifejlett állapotról illetöleg kérvénye az 1871-ik évi LIII. törv. cz. 82-ik §-ában kilátásba helyezett a töresvári uradalomra vonatkozó törvény hozatala végett. Brassó. Gött János és fia Henrik. 1886. 8° 39 S.

---

4. Romänische Schriften

(nebst einem Anhang französischer Schriften).

925. **Luther Martin.** *Kleiner Katechismus ins Walachische übersetzt.* 1559.
Trausch I. 105.

926. **Coresi Gheorghe.** Tetraevanghelul. 1560.
Tim. Ciparin, Analecte literarie. Blasiu 1858. — Trausch I. 103, 104.

927. **Coresi Gheorghe,** diacon. Psaltirea, tradusă şi tipărită. 1577 (?)
D. Iarcu, Anale bibliografice române. Bucuresci 1865.

928. **Coresi Gheorghe.** Pravila. *Vor* 1580.
Tim. Ciparin, Analecte literare. Blaşiu 1858.

929. **Coresi Gheorghe** (?). Tâlcul evangheliilor. *Auf Kosten des Foru Mielàuş (Michael Forò).* Fol. *Vor* 1580.
Tim. Ciparin, Analecte literare. Blaşiu 1858.

930. **Coresi Gheorghe,** diacon. Carte, ce se chiamă evanghelie cu învețătură etc., tipărită în zilele Măriei luĭ Batăr Criştov (Báthori Kristof)

etc., și în zilele marelui, de D-ḑeu luminat archiepisc. Ghenadie. Atunce era despuitoriu în tótă ţara rumânéscă bunul creştin şi dulce Michnea voeuodă, și spre despusul domnici luï crămitoriu legieï creștine marele Serafim, archiepiscopul. E cu ajutoriul lu D-ḑeu și cu voia acestor tuturor și a sfatuluï mieu și alăltor, eu jupânul Hrăjil Lucaci (Lucas Hirscher), judeţul Braşovuluï şi a tot ţinutul Brăşeï jeluiï și ded de le tiparu. (*Uebersetzung aus dem Serbischen.*) — *1580. Fol. 630 S.*

Tim. Cipariu. Analecte. — *Trausch II. 163—165.*

Vorhanden in der Bibliothek der St. Nicolaus-Kirche in Kronstadt.

931. **Coresi Serban.** (*Sohn des Gheorghe Coresi.*) Liturgia slavonă. (*Slavisches Messbuch.*) *1588.*

Tim. Cipariu. Analecte.

932. **Calendarĭ, acum ântâĭ rumânesc.** Aşezat de pe cel sêrbesc pe limba rumânéscă. Ca întru 100 de anĭ să slujéscă, ca şi cel slovenesc, într'acest chip au fost la Kiev scos de un mar doctor muscal. S'au tălmăcit într'acesta chip acum isvodit şi precum l'am aflat în stamp nouă s'au dat. În Braşov. Febr. 20. 1733.

Am Schluss: Sfărşita Călindaruluĭ prin ostenéla dascăluluĭ Soanul Petru dela Braşov, şi luĭ Dumneḑeu laudă.

933. ***Bucoavnă pentru învăţătura pruncilor.** Tipărită cu cheltuiala dumn. Kiriu Boghieĭ Costandin. Tipografia lui Gheorghie de Şobel. 1805. 8⁰ 5 Bogen. *Cyrillisch.*

934. ***Vasilie Aaron.** Patimile şi moartea a Domnului şi Mântuitorului nostru Isus Christos. Tipărită cu tótă cheltiala d. Kiriu Costandin Boghieĭ. Tipografia lui Gheorghie de Şobel. 1805. 8⁰ 432 S. *Cyrillisch.*

935. ***Cele opt glasurĭ sau Octoihul cel mic.** Tipărită cu cheltuiala D-luĭ Kiriu Costandin Boghieĭ. Tipografia lui Gheorghie de Şobel. 1805. 8⁰ 200 S. *Cyrillisch.*

936. **Octoihŭ micŭ.** ed. Boghieĭ. Tip. Herfurt. 1810. 12⁰ 200 S.

Iarcu, Annale bibl.

937. **Istoria prea frumosuluĭ Arghir** şi a prea frumóseĭ Elena cea măiastră şi cu pĕrul de aur, etc. Tipărită cu tótă cheltuiala d-loru fraţilor Constandin şi Ión Boghieĭ. In priveleghiata tipografie din Braşov. Prin tipograful Friderica Herfurt. Tip. Şobeln 1812. 8⁰ 5 Druckbogen. *Cyrillisch. Neue Auflage 1853.*

938. **Rafail Monach** din măn Neinţu. Uşa pocăinţeĭ, din grec. cu 4 stampe. Tip. Herfurt. 1812. 4⁰.

D. Iarcu, Annale bibliografice romăne.

939. ***Legiuire a prea înălţatului** şi prea pravoslavnicului domn şi oblăduitoriu a toată Ungrovlahia Io. Ioan Gheorghie Karagea V. V. cu toată cheltuiala dumnealor Constandin Caracaş, doktor, şi dumnealui Rădueanul Clineeanul, biv vel stolnic, şi dumnealui Dumitrache Toplicеanul, biv vel sluger. Tipărită în priveghiata tipografie

a dumnealor ot cişmeaua rĕposatului intru fericire domn Mavrogheni din Bucureşti. Prin tipograful Fridrich August Herfurt. 1818. 4° 208 S.

Handschriftliche Bemerkung des Rectors Fabricius J. C. auf der Rückseite des Titelblattes:

„Dieses Buch wurde den 29. März 1819 vom Herrn Buchdrucker Herfurth der Kronstädter Gymnasial-Bibliothek verehrt. Es ist nicht, wie der Titel sagt, in Bukarest, sondern in Kronstadt in der v. Schobeln'schen Buchdruckerey gedruckt worden."

940. ***Bucoavna pentru invăţătura pruncilor.** Tipografia domnului Francisc de Şobeln. prin Fridrich August Herfurt. 1822. 8° 84 S.

941. **Prale Ioan.** Psaltirea proroeului şi impĕrat David, în versurĭ alcătuită de micul între musicoşiĭ sistemiĭ vechĭ I. P. din Iaşul Moldoviĭ. Cu o precuvêntare de Popp Vasilie. Tip. în tipografia de Francisc de Şobeln. prin Fridrich Herfurth. 1827. 8° XII. 88 S. *Cyrillisch.*

942. **Psaltirea.** 1833. 8°.

D. Iarcu, Annale bibl. romăne.

943. **Istoria lui Alexandru.** acum a treia óră tipărită. Impreună cu „Vrednica de însemnare întêmplare a patru corăbieri rusescĭ". 1833. 8° 204 S. *Cyrillisch.*

944. **Lazar Gheorghe.** Povĕţuitorul tinerimiĭ cătră adevĕrata şi drépta cetire. 1833. 8°

D. Iarcu, Annale bibl. romăne.

945. Alese şi frumóse **istoriĭ morale.** 1834. 8°

D. Iarcu, Annale bibl. romăne.

946. **Tempe Radu.** duhovnic şi v. protopop al Braşovului de legea grecéscă reunită. Cuvênt la sfinţirea stégurilor a Ţĕriĭ romănescĭ. 1834. 8° 16 S. *Cyrillisch.*

947. **Paraclisul Haralambie şi Mina.** 1835. 8°

D. Iarcu, Annale bibl. romăne.

948. **Catichismul mic** sĕu pravoslavnica mărturisire scurtată. Pentru trebuinţa pruncilor aĭ Românilor reuniţĭ făcut etc. Tip. Ión Gött. 1835. 8° 94 S.

949. **Tempe Radu.** Oglinda statuluĭ bisericesc şi politicesc, sau învĕţătura năravurilor celor bune. tom. I. Ión Gött. 1835. 8° 222 S.

950. ***Orologhion, adecă: Ciasoslov.** Intru acest chip acum de non aşezat şi îmbogăţit cu mai multe acaftiste şi alte rugăciuni folositóre. Tipărit după rĕnduiala bisericei cei pravoslavnice a rĕsăritului, sub stăpânirea prea înălţatului împĕrat Ferdinand întâiul etc. Cu cheltuiala Dumnélui Kirin Boghici Constantin. Tipografia lui Ioann Gött. 1835. 4° VIII. 568 S. *Cyrillisch.*

951. ***O mie şi una de nopţi, istorii arabiceşti sau Halima.** Tradusă din nemţeşte cu cheltuiala domnului Orghidan Rudolf, Ioan Gott. 1836. 8° 223 S. *Cyrillisch.* Bd. I—IV. 1836. Bd. V. und VI. 1837. Bd. VII. und VIII. 1838.

952. **Baricz George.** Cuvêntare scolasticéscă la esamenul de vară în scóla românéscă din Braşov în Cetate. Tip. Ión Gött. 1837. 8° 32 S.

953. **Nichifor Emanoil Ión.** Allgemeine Handlungs- und Wechsel-Ordnung sau Pravila Comerţială, care cuprinde regulile-comerţiĭ, ale cataştifelor şi ale vecselilor şi socotéla interesurilor ş. a., acum întâiaş dată tălmăcită după cea germanicéscă. Dată la tipar cu cheltuiala v. Georgie Nica, Inspectorul scólei comerc. a capeleĭ româneseĭ din cetatea Braş. tip. Ión Gött. 1837. 8° 144 S. *Cyrillisch.*

954. **Cartea ce se numesce idea** (scunţa) celuĭ ce cu adeverat se pocăesce, alcătuită în limba cea de obşte grecéscă, de un nenumit dascăl, etc. . . carea s'au tălmăcit în limba românéscă acum în ḑilele bine credinciosuluĭ etc. împĕrat a tóte Rosiile Pavlovicĭ Nicolae, la anul 1829 în oraşul Romanul de un iubitor de ném patriot, în care se scrie viaţa, greşala, şi pocăinţa împĕratului David." Ión Ghett. 1837. 4° XI, 27 Bogen. *Cyrillisch.*

955. **Bucóvnă** pentru învețătura pruncilor. Tip. I. Gött. 1837. 8°
D. Iarcu. Annale bibl. rom.

956. **Grămatică românéscă şi nemţéscă** pentru tinerimea naţională. într'acest chip întocmită de un prietin al naţieĭ. Tiparită cu tótă chieltuiala domnieĭ sale Orghidan Rudolf, cetăţean şi negnţător de aicĭ. Tip. Ión Ghett. 1838. 8° V. 216 S. *Cyrillisch.*

957. ***Gavra Alexandru.** Şincai şi Samuil Klain în câmpi Elisului, şi intre alţii şi un nemernic dela Arad. O dramă mito-literală în 5 acturi. Tipărită cu slouele lui Ioan Gätt. 1843. 8° 30 S. *Halbcyrillisch.*

958. **Greissing J. v.** Foĭ de suvenire din Zaizon. Ioan Gätt. 1844. 8° 28 S. *Halbcyrillisch.*

959. **Barac Ión.** Cei trei fraţĭ ghebosĭ, sau 3 bărbaţĭ şi o muere, ist. com. în versurĭ. 1844.
D. Iarcu, Annale bibl. rom.

960. **Nenovicĭ N.** Elisabeta, sau esilaţiĭ din Siberia. 1844. 8°.
D. Iarcu, Annale bibl. rom.

961. **Vasică Pavel.** Macrobiotica, sau măestria a lungĭ viaţa. după Hufeland tradusă şi întocmită pentru ori ce Român cultivat. Tomul I-iu. Tip. Ioan Gätt. 1844. 8° VIII, 224 S. *Cyrillisch.*

962. **Cinstitul Paraclis** al S. Mareluĭ Mucenic Mina făcătoriul de minunĭ şi grabnic ajutător. 1844.
Trausch, Katalog.

963. ***Vaillant's J. A.** kurzgefasste walachische Sprachlehre zum Gebrauche und zum Selbstunterricht für Deutsche, bearbeitet und mit einem Anhang vermehrt von S. Petri, Sprachlehrer in Hermannstadt. Hermannstadt. Verlag der W. H. Thierry'schen Buchhandlung. Druck von Johann Gött in Kronstadt (1845). 8° 142 S.

964. **Rugămintea celor doĭ episcopĭ româneseĭ**, a celui gr. unit Ión

Lemeni de Eadem și a celuĭ greco-neunit Moga Vasilie, așternută dietei dela 1842. Tip. Ión Gött. 1845. 8° 27 S. *Cyrillisch.*

965. **Vasicĭ Pavel.** Macrobiotica. Tomul II-lea. Tip. luĭ Ión Gătt. 1845. 8°. *Cyrillisch.*

966. **Ce sânt meseriașiĭ?** Tip. Ión Gött. 1846 (?). 8° 11 S. *Halbcyrillisch.*

967. **Vasicĭ Dr. P.,** directorulu carantineĭ Timișuluĭ. Neputința și a ei totală vindecare. Tip. Ión Gătt 1846. 8° VIII. 55 S. *Halbcyrillisch.*

968. **Unele documente din Moldova** anon. Tip. Ión Gött. 1846 (?) 8° 37 S. (unvollständig). *Cyrillisch.*

969. **Lupulov Petru.** Măestria d'a se ferĭ de rĕul sĕrăciei 1846. 8°.
D. Iarcu, Annale bibl. rom.

970. **Istoria lui Tilu-Buhoglindă.** 1846.
D. Iarcu, Annale bibl. rom.

971. ***Iszer Andreas.** Walachische Sprachlehre für Deutsche. Kronstadt. Johann Gött. 1846. 8° 252 S.

972. **Elemente de dreptul politic,** dupe mai mulțĭ autorĭ, de un filo-român. Tip. Ión Gătt. 1846. 8° 38 S. *Halbcyrillisch.*

973. **Iszer Andreas.** Walachische Sprachlehre für Deutsche. Kronstadt. Johann Gött. 1847. 8° 256 S.

974. **Agripina.** Nuvelă. Sujet original. anon. Tip. Ión Gătt. 1847. 8° 22 S. *Halbcyrillisch.*

975. **Tincu N. Velia.** Cele șépte virtuțĭ, sau fapte bune de căpetenie. Tip. Ión Gött. 1847. XVI. 99 S.
Tincu N. Velia. Cele șépte pĕcate. Tip. Ión Gött.

976. **Céslov.** 1847. 8°.
D. Iarcu, Annale bibl. rom.

977. **Popovicĭ Ión** înv. la școla națională greco rĕs. din cetatea Brașovuluĭ. Ita, grafina din Toggănburg, o istorie fórte frumósă și plină de învĕțătură din vécul al doisprețecelea. Tradusă din nemțesce. Cu o icónă. Tip. Ión Gătt. 1847. 8° 92 S.

978. **Jakab Stefan și Venter Florian.** Cărticică teatrală, fiilor patrieĭ o predă soufleuriu soțietățiĭ. Ión Gătt. 1847. 8° 8 S. *Halbcyrillisch.*

979. **Versul unui recrut.** 1848. 8° 4 S. *Cyrillisch.*

980. **Iszer Andr.** Deutsch-walachisches Wörterbuch. Vocabula nemțescromânescĭ de Iszer Andrei. Brașov. Ión Gătt. 1848. 8°.
Trausch, Katalog.

981. **Mureșianu Andreiŭ.** Icóna cresceriĭ rele cu mijlóce de a o face și maĭ rea (după Salzman). Tip. Ion Gătt. 1848. 8° 236 S. *Halbcyrillisch.*

982. **Psaltirea.** Fericituluĭ proroc și împĕrat David, cu molitvele la tóte catismele, cu cântările luĭ Moisi, cu psalmiĭ ceĭ aleșĭ și cu pripelele lor, cu paschaliă, paradisul Preccatiĭ și scara Psalmilor. Tip. Ión Gătt. 1849. 8° 470 S. *Cyrillisch.*

983. **Iszer Andreas.** Walachisch-deutsches Wörterbuch. Vocabular roma-

nesc-nemţesc dela Iszer Andreiu. Iôn Gött. 1850. 8° IV. 278 S. *Halb-cyrillisch.*

984\. **Poesie dedicată** benefăctorilor la ridicarea scólelor române de legea orientală din Braşova cu occasiunea solemnităţeĭ puneréĭ petreĭ fundamentale în 17. Sept. 1851. Cu tiparinl luĭ Iôn Gött. 1851. 8° 7 S. *Trausch, Katalog.*

985\. ***Leresen Ioan C.** Fantasma sér: Greşit, dar bine nemerit. Comedie originală într'un act de I. C. L. Să tipărit la Iôn Gött. 1851. 8° 35 S. *Halbcyrillisch.*

986\. **Omagiŭ de fidelitate,** închinat M. S. c. r. apostalice Francisc Iosef I, Impĕrat al Austriei, Rege al Ungariei, Mare principe al Transilvanieĭ etc. etc. cu ocasiunea prea 'nalteĭ sale veniri în Transilvania, de către comunele româneşcĭ de relegea rĕs. Tip. Römer şi Kamner. 1852. 4° 4 S.

987\. **Istoria prea frumosuluĭ Arghir** şi a prea frumóseĭ Elena cea maiastră şi cu pĕrul de aur. 1853.

988\. ***Munteanu Gavriele.** Geografia biblică séu descrierea locurilor însemnate prin fapte biblice. Tipografia Römer & Kamner. 1854. kl. 8° 167 S. *Halbcyrillisch.*

989\. **Munteanu G.** Manualu de geografiă în două cursurĭ pentru gimnasiu şi şcóle reale micĭ dupre J. Bellinger. Editore: J. Juga. Tip. Römer & Kamner. 1854. 8° 88 S. *Lateinisch.*

990\. **Niceforu G. E.,** Crestomatiă germână pentru classi element. Römer & Kamner. 1854. 8°. — Editiunea III. Römer & Kamner. 1876. 8° 176 S.

991\. **Dicţonariŭ germano-român** întocmit şi în partea luĭ română înavuţita cu câteva miĭ de cuvinte de Georgiu Bariţiu şi Gavriele Munteanu. Editor şi Proveḑĕtor Rudolf Orgidan, cetăţeanu şi neguţător. Tipărit în tipografia luĭ Römer şi Kamner. Tomul I. A—G. Zweiter Titel: Deutsch-romänisches Wörterbuch, bearbeitet und in dessen romänischem Theile mit etlichen Tausend Wörtern bereichert von Georg Baritz und Gabriel Munteanu. Herausgeber und Verleger Rudolph Orgidan, Bürger und Kaufmann. Gedruckt bei Römer & Kamner. 1-ter Bd. A—G. 1853. 8°. 2-ter Bd. H—Z. 1854. 8° VIII zusammen 880 S. und ein Nachwort der beiden Verfasser. 1 S. (Der romänisch-deutsche Theil 1. 1857.)

992\. ***Munteanu G.** Geografia biblică séu descrierea locurilor insemnate prin fapte biblice. 1854.

993\. ***Iszer Andreas.** Walachische oder romänische Sprachlehre für Deutsche. 2. Auflage. Johann Gött. 1855. 8° 256 S.

994\. ***Niceforu G. E.** Gramatica germană pentru classĭ elementarĭ. Cursul I. Tip. al Römer şi Kamner. 1855. 8° 152 S.

995\. **Parissien G.** Jean sèu unu amoru francesu. Melodramă vodivilă originală cu o colecţie de Poesiĭ noĭ. 1855. *Trausch, Katalog.*

996. **Niceforŭ G. E.**, prof. gimn. Cuvêntu pronunțatu in capela română rĕs. din cetate în 11/23 Marțiu 1856 cu ocasiunea publicărir înaltulur decretu minist., prin care gimn. mic rom. rĕs. din Brașovu se dechiară de publicu. Tip. Römer și Kamner. 1856. 8° 8 S. *Halbcyrillisch.*

997. ***Ucenescu Georgie.** Cântece de stea și colinde ce se cântă la naşterea D. nostru Is. Hs. Broşura întâia. Römer și Kammer 1856. Br. 16°. 48 S. *Halbcyrillisch.*

998. **Polysu G. A.** Vocabular româno-german, compusu și intocmit cu privire la trebuințele vieţeĭ practice de G. A. P. doctor de Medicină. Inavuțit și cores de Bariţiu G. Dat în tipar și provĕdut de I. G. Ioan. Negutător și membru al camerei comerciale și industriale. Brașov, tiparul luĭ Römer și Kamnar. Zweiter Titel: Romänisch-Deutsches Wörterbuch, verfasst und mit Berücksichtigung der Bedürfnisse des praktischen Leben's geordnet von G. A. Polysu, Dr. der Medizin. Bereichert und revidirt von G. Baritz. Herausgegeben und Verlag von I. G. Johann. Handelsmann u. Mitglied der Handels- und Gewerbekammer. Kronstadt. Römer und Kamner. 1857. 8° VI. 606 S.

999. ***Meyr Dr. I.** Scurtă învăţătură despre puterea vindecătóre a băilor de abur preste tot și descrierea așezământului de băi de abur al fondului șcólelor românesci din Brașov. Römer și Kamner, tipografi și provĕdutori. 1857 8°. 24 S. *Halbcyrillisch.*

1000. **Cânturĭ la nascerea D. nostru Isus Christos** și alte stichurĭ morale pentru trebuința pruncilor 1857.

1001. **Munténu Gavrile.** Carte de lectură românéscă pentru classele gimnasiale inferióre și reale. 2 Theile. 1857. 8°.

1002. **Regulĭ de scăldatŭ** în băĭ de aburu de unu bĕtrânu scăld. Tip. Gött. 1857. 16°. 11 S.

1003. ***Munteanu Gavrile I.** Viața lui C. I. Agricola. Traducere din Latina în limba românéscă. Römer și Kamner. 1858. 8°. 8 S.

1004. **Deslușire despre banii ceĭ noĭ** de D. T. Retipărirea e reservată. Prețul 6 cr. M. C. Brașov, Römer și Kamner, tipografĭ și provedătorĭ. 1858. 12° 23 S.

Trausch, Katalog.

1005. Starea in care s'afla **administrația și funcțiile publice ale Țĕreĭ românescĭ** în Iunie 1856. Reprodusă din Buletinul oficial. Editor și Provĕdător C. I. Popasu Neguțător. Brașov tipărit la Römer și Kamner. 1858. 8°. 62 S.

Trausch, Katalog.

1006. **Munteanu G.** Gramatica română pentru clasele Gimn. inf. Partea etimologică. Römer și Kamner. 1860. 8°. 74 S.

1007. ***Carte de desfăcut farmecile.** Römer și Kamner. 1860. 8° 16 S.

1008. ***Cinstitul Paradis** al prea sfintei Năsăcătarei de Dumnezeu și pururea fecióreí Mariei. Tipărit la Ioan Gött. 1860. 8° 24 S. *Cyrillisch.*

1009. ***Ucenescu G.** Victoru și Camilla, o slobodă traducere ritmică. Römer și Kamner. 1860. 16° 32 S. *Halbcyrillisch.*

1010. **Munteanu Gavrilŭ.** Gramatica româna pentru classile Gimnasiului. Partea sintactica. Römer și Kamner. 1861. 8° 119 S. — A dou'a editiune. Römer și Kamner. 1874. 8° 120 S.

1011. **Cuvêntarea E. S. D. Al. Sterca Șuluțiŭ** ținută la Alba-Iulia 1. Febr. 1861. Tip. Gött. 1861. 12° 26 S.
Jarcu. Annale bibliografice.

1012. **Munteanu Gavriilŭ.** dir. și prof. Carte de lectura româna pentru clasele gimn. inferi și reali. Tomulu I. partea prima și a doua. Römer și Kamner. 1861. 8° 176 S. *Lateinisch und halbcyrillisch.*

1013. ***Protocolulŭ ședințelorŭ conferinței naționale românesci** ținute din 1/13 până in 4/15 Ianuariu 1861 la Sibiiu. Cu adusele sale și cu un comentariu. Editoru G. Barițu. Tip. Römer și Kamner. 1861. 8° 91 S. *Halbcyrillisch.*

1014. ***Din** Poesiile lui **Mureșianu Andrei.** Tipariulu lui Ioane Gött. 1862. 8° VIII. 222 S. *Halbcyrillisch.*

1015. **Ciparin Timoteu.** Discursu tienutu in adunarea generala a Asociatiunei romane transilvane etc. in 29 Iuliu 1862. Tip. Ioane Gött. 1862. 8° 24 S.

1016. ***Memorialu pentru celu dintâiu drumu de feru** in Romani'a unita. Cu tipariulu lui Ioane Gött. 1862. 8° 14 S.

1017. **Ucenescu Georgie.** Sonoru sau frumosu rĕsunătórele plânso-cânturi ale înmormêntăreĭ Domnuluĭ și mântuitoruluĭ nostru Jisusu Hristosu. Tipografia lui Römer și Kamner. 1862. 8° 16 S. *Halbcyrillisch.* — A doua tipărire. 1868. *Halbcyrillisch.* — A treia tipărire. Römer și Kamner. 1874. 16 S. *Halbcyrillisch.* — A patra tipărire. Römer și Kamner. 1880. 18 S. *Halbcyrillisch.* A cincia tipărire. Alexi. 1886. *Lateinisch.*

1018. ***Meyer Ignatiu Dr.** Inviatiune sprea intrebuintia cu folosu apele minerale dela Borszék in Transilvania. Brașovu. Römer și Kamner. (Tipografi si Proveзutori.) 1863. 8° 38 S.

1019. **Césurĭ de petrecere,** in versurĭ. 3 broș. 12°: pag. 32. 32. 34 de G. K. edit. G. Kristurianu. 1863.
Jarcu. Annale bibliografice.

1020. **Munteanu G. I.** Gramatica latină, partea primară pentru clasele I. și II. gimn. inf. Brașov. Römer și Kamner, tipografĭ și provediatorĭ. 1863. 8°. 173 S.

1021. **Iónu Petricŭ.** Infricosiatele urmărĭ ale bêntureĭ de vinarsu-rachiu. Römer și Kamner. 1863.

1022. ***Trepetnicul celŭ mare** pentru tóte semnele ce se fac la omu. Brașov. Römer și Kamner. 1863. 16° 16 S.

1023. ***Ucenescu George.** Magazinu de cânturĭ vechĭ și nouĭ. broșura întâiu. Römer și Kamner. 1863. 16° 152 S. *Halbcyrillisch.*

1024. **Iónŭ G. Iónŭ și Juga C. I.** Actulu de fundațiune alu scóleloru nationale romanesci, din Brasiovu și legatele concetatiénului Juga de Bacia Iónn. Römer și Kamner. 1864. 8° 17 S. 2. Auflage. Alexi. 1882.

1025. ***Catalogu generalu de carti** românesci alu librerici Haberl & Hedwig in Brasiovu. Tiparitu la Römer și Kamner. 1864. 8° 20 S.

1026. ***Nicefor G. E.** Crestomatia Germâna pentru clasii Elementari. Editiunea II. Brasiovu. Römer și Kamner. 1864. 8° 52 S.

1027. **Nestorŭ N.** Unu cabinetu secretu. in versuri. 1864. 24 S. *Iarca, Annale bibliografice.*

1028. ***Munteanu Gavriilŭ.** Carte de lecturu românéscă compusa din bucati culese in usulu classiloru III si IV. tom. I. Editiunea a treia. Brasiovu. Römer și Kamner Tipografi si Provediatori 1866. 8° 262 S.

1029. **Cuvêntu** la punerea și sântirea pietrii fundamentale a gimnasiului nostru de legea drepte. rés. din Brasiovu rostitu prin ex. sa d-lu ep. diecesanu Andreiu Baronu de Siaguna in 17 Sept. 1851. S'a tiparitu cu cheltuiala d-lui Radu Radovits din Brasiovu. Römer și Kamner. 1866. *1 Blatt mit 5 Spalten.*

1030. ***Alexandrescu J. M.** Poesii diverse. Dedicate barbatilor de inima. Brasiov. 1866. Tipografia lui Ioane Gött. 1866. 12° 112 S.

1031. **Petitiune substernuta majestâtii Sale** Ces. reg. apostolice in 30 Decembre 1866 pentru sustienerea si apararea autonomiei marelui Principatu alu Transilvaniei. redeschiderea dictei și continuarea lucrariloru ei. Insocita, de 37. Plenipotentieu 1493 subscriptiuni. Römer și Kamner. Tipografi si provedictori. 1867. 8° 16 S.

1032. **Baiulescu Bartolomeiu.** Unele Cuvêntari d'intre cele ce s'au rostitu in biserica stintei Treimi din Cetatea Brasiovului. Tiparitulu Römer și Kamner. 1867. 8° 24 S.

1033. ***Munteanu Gavr.** Caiu Suetoniu, Viatia a XII Imperatori. Tradu-ducere din latina in limb'a românésca ilustrata cu notitie și premiata cu 250 fl. v. a. de pré onoratulu D. Conte Rosetti Scarlatu, Senatoru si presedinte alu Societatii pentru invetiatura poporului romanu in Romania. Brasiovu. Tiparitu cu spesele Domnului premiatoru la Römer si Kamner. 1867. 8° XVI. 517 S.

1034. **Regule de beutŭ si scaldatu** apeloru minerale din Tusnadu. Tipografia Ioane Gött si fiu Henricu. 1868. 12° 26 S.

1035. ***Prospectus de l'ecole de Commerce** et du pensionat autorisé en haut lieu et fondés a Kronstadt Transsylvanie, par Adolphe A. Spitzer. Chef et Directeur. Avis: Les Cours del'école de commerce commenceront chaque année simultanément avec les autres écoles de ce lieu; pour l'anné actuelle cependant on ouvria au mois d'août un Cours preparatoire de la durée de trois mois — Prospectulu Institutului de invatiamentu comercialu și de educatiune autorisatu de locurile mai inalte și intemeiatu in Brasiovu.

(Transsilvania). Prin Adolfu A. Spitzer, Siefu si Directoru. *Hinten steht:* Imprimerie de Jean Gött et fils Henri a Kronstadt. 1868. 8° II. 19 S.

1036. **Baritiu Georgiu.** Dictionariu ungurescu-romanescu — Magyar-Román szótár, compusu de cetatiénu si membru alu representantiei municipali, asesoriu alu comisiunei orfanali din Brasiovu, secretariu alu asoçiatiunei transilvane pentru literatura etc. membru alu societatei academica romanesci., Editoriu si provedietoriu, auctoriulu. Brasiovu. Tipografiă Römer si Kamner. 1869. 8° III. 649 S.

1037. **Lengeru Ioanu.** Despre metru în poesiile lirice ale lui Horaţiu. Römer și Kamner. 1869. 8° 40 S.

1038. **Ionașă Ioan.** Esercitii in limba latina din autori classici după Iuliu Albert Dannebier. Römer & Kamner. 1869. 8° 84 S.

1039. ***Ucenescu Georgie.** Versurile naștera Domnului nostru Ic. Hs. ediţia a doua. Römer și Kamner. 1869. 16° 72 S. *Halbegrillisch.*

1040. **Ucenicescu G.** Introducerea elevilorn în cunóscerea orênduelelora bisericesci. Brasiovu. Römer și Kamner. 1870. 12° 48 S. *Halbcyrillisch.*

1041. ***Popu Dr. Nicolau.** Elemente de istoria si geografia pentru clasele gimnasiale și reale inferiore. Evulu vechiu. Brasiovu. Provedĕtura autorului 1870. 8°-58 S.

1042. **Functiunea caliloru ferate ale României** cu ale Ungariei si Transilvaniei. Bucuresci-Brasiovu. Ióne Gött. 1871. 8° 20 S.

1043. **Internatul societăţei israelite-române** pentru educaţiunea și cultura juuimei, în Brașovu, sub direcţiunea lui Moisi Lupesco. Tip. Römer și Kamner. 1871. 8° 26 S.

1044. **Dore'a J.** Manualu de limb'a germana pentru școlele populare și capitale rom. gr. orient. Tip. Ioane Gött și fiu Heuricu. 1871. 8° 133 S.

1045. ***Glodariu Dr. Vasilie.** Vocabulariu completu pentru opurile lui Caiu Iuliu Cesare si ale continuatorilora lui, prelucratu dupa Vocabulariulu lui C. Ch. Crusius și înavutitu. Tip. Römer și Kamner. 1871. 8° XXIX. 342 S.

1046. ***Lupesco Moisi.** Internatulu societatei Israelite-Romane pentru educatiunea si cultura juuimei in Brasiovu. Römer si Kamner. 1871. 8° 26 S.

1047. ***Vintila Georgiu.** Cursu de practic'a gradinaritului si de economia cassei. Compusu de absolutu de economi'a rurala și profesoru etc. Tip. Römer si Kamner. 1872. 8° 144 S.

1048. **Vajda Ladislau.** Epistola deschisa adresata redactiunei „Telegrafului Romanu". Ioane Gött si fiiu Heuricu. 1873. 8° 87 S.

1049. ***Istoria regimentului alu II. romanescu granitiariu transilvanu,** dupa monografi'a latina dein 1830 si dupa documente posteriore de G. B. Römer si Kamner. 1874. 8° 119 S.

1050. **Tacit. Ion Corn.** Gramatica latina teoretico-practica cu vocabulariu. Partea I. pentru cl. I. gimn. Ed. prima. Römer si Kamner. 1874. 8° 66 S.

1051. Ucenescu G. Canonulu sfintei cuminecaturi, care este trebuinciosu la totu creştinulu pentru mântuirea sufletului sĕu. Dedicatu tutuloru şcolariloru de Georgie Ucenescu, proto-psaltu etc. Tip. Römer şi Kamner. 1874. 32° 30 S.

1052. *Regule de beutu si scaldatu pentru folosirea apeloră minerale din Tusinadu. Tip. lui Ioane Gött şi fiu Henricu. 1874. 16° 28 S.

1053. Lăpĕdatu I. A. Incercări în literatură. Römer şi Kamner. 1874. 12° 198 S.

1054. *Junctiunile căiloru ferate. Bucuresci Braşova. Tip. Ióne Gött şi fiu Henricu. 1874 8° 19 S.

1055. *Alexi Theocharu. Sistemulu metricu. Legea şi aplicarea sa în Ungaria esplicată de T. A. Tip. Ioane Gött şi fiu Henricu. 1874. 8° 20 S.

1056. *Ucenescu Georgie. Sonoru sau frumos resunătoarele plînso-cânturĕ... Römer şi Kamner. 1874. 8°. 17 S. 2. Auflage 1880. Römer şi Kamner. 8° 18 S. *Cyrillisch.*

1057. *Popu Nicolau Dr. Istoria Ungariei pentru şcólele poporale 8° 40 S. Tip. Römer şi Kamner 1875. Ediţiunea a opta. Tip. Gött şi fiulu H. 1886. 8° 68 S.

1058. *Spányik Josif. Bai'a minerala cuprindietóre de alcali-pamentu, jodu şi feru dela Ciucu-Jioghiod (Zsögöd), de I. S. junior, dr. de medicină univ. etc. Tip. Römer şi Kamner 1875. 8° 32 S.

1059. Gade N. W. Cruciaţiĭ. poemu romantică după poema dramatică a lui Carol Andersen compusă pentru Soli, Cor şi orchestru de Niels W. Gade. traducere. Tip. Römer şi Kamner. 1875. 8° 12 S.

1060. Românii şi Maghiarii. reproducţiune din diariulu „Orientulu latinu.“ Römer şi Kamner. 1875. 8° 166. S.

1061. Tacit Cornelin Ióu. Gramatica latină teoretico-practică cu vocabulariu latino-român, româno-latin şi de nume proprie. Partea II. Formele neregulate pentru clasa II. gimnasială ed. primă. Römer şi Kamner. 1876. 8°. 248 S.

1062. Intêmplările lui Păcală. O istorióră veselă în 25 capurĭ, întamită astfel de S. F. Editorul: I. C. Hinţescu. Tip. Römer şi Kamner. 1876. 16°. 48 S.

1063. *Popu Dr. Nicolau, Geografia Ungariei si elemente din Geografia generala, pentru scólele poporale. Tip. Römer si Römer si Kamner. 1876. 8° 68 S. — Editiunea 5-a cu charta Ungariei. Alexi. 1885. 8° 64 S.

1064.a *Hinţescu J. C. Intemplărĭ lui Păcala. Römer şi Kamner. 1876. 16° 48 S.

1064.b Hinţescu I. C. Păţaniele mult cercatei Griselde. Römer şi Kamner. 1876. 16° 30 S.

1065. *Anagnosti Michail. Popórele Austriei. (5/17 Aprilie 1877.) Tip. Römer si Kamner. 1877. 8° 24 S.

1066. **Lăpĕdatu Iónu A.** Asupra situatiunei. Articoli și foișóre. Römer și Kamner. 1877. 12° 194 S.

1067. ***Usanțele pieței Brașov.** Edițiunea camerei de comerciu și de industrie din Brașov. Tip. Römer și Kamner. 1877. 8° 30 S.

1068. ***Siulutiu Ios. Sterca** de Carpenesiu. O lacrima ferbinte. Römer și Kamner. 1877. 8° 96 S.

1069. **Dore'a J.** Manualu de limb'a germână pentru șcólele populare și capitale rom. gr.-orient., lucratu de J. Dore'a, directorulu scólei din Sătulungu. Editoru: Dimitrie Ghimbesianu. Editiunea a doua. Tip. Ión Gött și fiu Henricu. 1877. 8° 136 S.

1070. **Tacit Corn.** Gramatica latină teoretico-practică cu vocabulariu latino-român, români-latin și de nume proprie. Partea I. Formule regulate pentru cl. I. gimn. de Ión Corneliu Tacit, profesor în gimnasiul român gr.-or. din Brașov. Edițiunea a doua. Tip. Römer și Kamner. 1877. 8° 260 S.

1071. **Popea Ión** prof. gimn. Religiunea crestină, cuprindĕnd învĕțături despre credința și faptele bune creștinesci pentru șcólele elementare de ambe secse. Römer și Kamner. 1878. 8°. *Spätere Auflagen:* 1879, 1882, 1883, 1885.

1072. **Popu Iosif.** Manualu asupra procedurei în causele mai menunte procesuali civile (Articulu de lege XXII: 1877), scrisu pre séma poporului romanu în specie pentru judecătoriile comunale de Iosifu Popu, jude cercualu regescu. etc. Tip. Römer și Kamner. 1878. 8° 96 S.

1073. **Orații ținute la nuntele țeranesci.** Tip. Römer și Kamner. 1878. 16° 24 S.

1074. ***Aexli Th.** Ciarda albă, narațiune poetică în 5 cânturi. Tip. Römer și Kamner. 1879. 8° 34 S.

1075. **Baiulescu B.** Biografia lui Cristureanu Gheorghe, fost căpitan în armata României, de Bartolomeiu Baiulescu, parochul gr.-or. al cetății Brașovului etc. Römer și Kamner. 1879. 8° 28 S.

1076. **Baiulescu Bartolomeiu.** Biografia lui George Cristureanu, fost căpitan în armata României. Römer și Kamner. 1879. 8° 28 S.

1077. ***Cinstitul Paraclis** al prea sântei Născătoarei de Dumnedeu și pururea fecioarei Mariei. Intocmit pentru îndemânarea în cântare. Tip Römer și Kamner. 1879. 8° 16 S.

1078. **Dogariu D. și Dariu I.** Aritmetică. Eserciții practice cu nume rii dela 1 pĕnă la 100 după sistemul decadic pentru începĕtorii din anul al doilea de Dometiu Dogariu și Dariu Ión, învĕțători la șcóla primară din Satu-lung etc. Manuel esaminat de o comisiune de învĕțătorĭ și profesorĭ. Editura librăriei române: I. C. Tacit. Tip. Römer și Kamner. 1879. 8° 48 S.

1079. ***Dogariu D. și Dariu I.** Aritmetică. Esercițiĭ practice cu numerii dela 1—100 după sistemul decadic pentru începĕtorii din anul I și II de școlă de Dogariu Domețiu și Dariu Ión. Tip. Römer și Kamner. 1879. 8° 47 S. — 2. Auflage Alexi. 1882. 8° 62 S.

1080. ***Filipescu Iulian.** Chemia anorganică, lucrată pe basa teoriilor mai nouĕ și întogmită pentru școlele medie de Filipescul Iulian, profesor la școlele centrale rom.-gr.-or. din Brașov. Tip. Römer și Kamner. 1879. 8° 154 S.

1081. ***Densusian A.** (Rĕspunsu d-lui Barițiu G.) Edițiunea II. Tip. lui Ióne Gött și fiiu Henricu. 1879. 8° 20 S.

1082. **Alexi Theochar.** Harpa și Caval, poesii. Toutsch și Kellemen. 1880. 8° 126 S.

1083. **Dima Panteleimon,** prof. de Mat. și Tis. la Gimn. român etc. Elemente de Aritmetică pentru începătorii din școlele primare. Brașov. Löw, Gerula și Comp. 1880. 8° 80 S.

1084. **Dariu Ión.** Aritmetica. Brașov. Löw. Gerula și Com. 1881. 8° 90 S.

1085. **Avestița,** aripa satanei. Tip. Römer și Kamner. 1880. 12°.

1086. ***Dogariu D.** Aritmetică. Esercițiĭ practice cu numerii dela 1 până la 100,000 după sistemul decadic pentru incepĕtorii din anul al patrulea de Dogariu Domețiu, învĕțătoriu la școla primară din Satulunga. Manual esaminat de o comisiune de învĕțători și profesori. Editura librăriei Heinrich Zeidner. Tip. Römer și Kamner. 1880. 8° 76 S.

1087. ***A norocului și a nenorocului oglindă** pentru resfățul iubitorilor de petrecere. Tip. Römer și Kamner. 1880. 32° 32 S.

1088. **Dariu Iónu.** Arion sau culegere de cânturi naționale, de stea și colinde spre întrebuințarea tinerimeĭ de ambele secse. Brașov. Löw, Gerula & Comp. 1881. 16° 192 S. — Edițiunea II. Indreptată și amplificata. Römer și Kamner. 16° 249 S. Tabla de materiĭ.

1089. **Fericeanu Iosif.** Logica. Löw, Gerula & Comp. 1881. 8° 431 S.

1090. **Roșca Iuliu J.** Sacrificiu pentru sacrificiu. Löw, Gerula & Comp. 1881. 8° 59 S.

1091. **Parjol Stan.** Mórtea lui Mihai Vitésul. Tragedie 5 acte. Löw, Gerula & Comp. 1881. 8° 102 S.

1092. **Piltia Nicolau.** Gramatica Limbei Române. Alexi. 1881. 8° 202 S.

1093. **Popu Iosif.** Legea communala séu articlii de lege XVIII: 1871 și V: 1876, esplicati de Iosifu Popu, jude regescu, etc. Tipariulu și editură lui Römer și Kamner. 1881. 8° 134 S.

1094. ***Cărticică de Rugăciune** cătră preasânta născătórea de D-ȡeu. Prea folositóre pentru tot creștinul. Tip. Römer și Kamner. 1882. 32° 62 S.

1095. **Popescu Virgiliu.** Sgărcitul, comediă in 5 acte de Molière, tradusă de V. P. Editura tip. Alexi. 1882. 8° 96 S.

1096. **Popescu Virgiliu.** Cain Grach tragediă în 5 acte de Vincențiu Monti, tradusă de V. P. Editura tip. Alexi. 1882. 8° 76 S.

1097. **Hasievici Ipolit.** Curs metodic de istoria naturală pentru școlele poporale. Partea I. Alexi. 1882. 8° 68 S.

1098. **Bernard Eugen.** Nihiliştii Roman. Alexi 1882. 8° 1440 S.
1099. **Iosif Stefan,** profesoru şi directoru. Carte de esercițiĭ grecescĭ, acomodată gramaticeĭ elenice a luĭ Curțius. După Schenkel întogmită. Alexi. 1883. 8° 138 S.
1100. **Iosif Stefan.** Gramatica limbei elenice. Alexi. 1883. 8° 164 S.
1101. **Born G. T.** Contesta palidă, roman. Alexi. 1883. 8° 1240 S.
1102. **Popescu Petru.** Indreptariu practic. Alexi. 1883. 8° 84 S.
1103. **Popescu Petru.** Manual de stilistică. Alexi. 1883. 8° 72 S.
1104. **Popu Nicolau Dr.** Schiță din istoria Braşovului. Alexi. 1883. 8° 34 S.
1105. **Petri V.** Legendar sĕu carte de cetire a 3-a ediţiune. Alexi 1883. 8° 196 S. 4. Auflage. 1883. 8° 136 S.
1106. **Smith Ewarsl.** Amor şi ura femeéscă, roman. Alexi 1883. 8° 1760 S.
1107. **Dariu Ion.** Idealul învĕţătoruluĭ român, studiu social-pedagogic. Alexi 1883. 8°.
1108. ***Roth Dr.** Unele date asupra isvórelora de apă minerale din Valcele (Elöpatak). Römer şi Kamner. 1883. 16° 7 S.
1109. **Petra-Petrescu.** Satul cu comorile Alexi. 1884. 16° 146 S.
1110. **Alexi Theochar.** Rein. Vodă, Domn roman. Alexi. 1884. 8° 1152 S.
1111. **Sternberg Hugo.** Catnica roman. Alexi 1884. 8° 1258 S.
1112. **Alexi Theochar.** Resunetul Culegere de cântărĭ. Alexi. 1884. 16° 225 S.
1113. ***Dariu Ión.** Micul rugătoriu, sau carte de rugăciuni potrivite pentru tinerime în şcólă şi acasă. ales şi aranjat de Ión Dariu, învĕţător la şcólele primare normale din Satulung. Editura librăriei H. Zeidner. Tip. Römer şi Kamner. 1885. 16° 46 S.
1114. **Budiu Paulă.** Cursu de limba maghiara pentru şcólele gimn., reale inf., pedagogice şi pentru privaţĭ. prelucrata după Töpler. metoda lui Ahn. Alexi. 1885. 8° 178 S.
1115. **March Richard.** Contele Henri de Montfort roman. Alexi. 1885. 8° 1200 S.
1116. **Comanescu Jósifŭ.** Studiu istoric-statistic asupra Romanilor din opidulu Codlea. Alexi. 1885. 8° 47 S.
1117. **Ucenescu George.** Versurile nascerei domnului nostru Isus Cristos. editura a treia. Alexi. 1885. 16° 32 S.
1118. **Dariu I.** Micul cântăreț în biserică, sau rĕspunsurile dela st. Liturghie cu troparele şi condacele Invieriĭ şi ale sĕrbătorilor de preste an, precum şi irmósele prasnicelor pentru tinerimea de ambe secse. Adunate şi aranjate de Ión Dariu, învĕţător la şcólele primare normale din Satulung. Editura librăriei H. Zeidner. Tip. Römer şi Kamner. 1885. 16° 50 S.
1119. **Szava G.** Baia Elöpatar. La însărcinarea societătii proprietarilor de băi din Elöpatac publică Gregoriu Száva, secretariu. Tip. lui Ioane Gött şi fiu Henricu. 1885. 8° 16 S.

1120. (**Obert Fr.**) Repausul și Serbarea Duminecei. Ióne Gött și fiu Heuric. 1885. 8° 8 S.

1121. **Alexi Theochar.** Deutsch-rumänisches Wörterbuch. Achtes und neuntes Tausend. Alexi. 1886. 8° 304.

1122. **Făgărășanu Dionisiu și Moldovanŭ Silvestru.** Geografiă pentru scólele medii, prelucrată după D. Laky. Tomulu I. Ungaria și țerile dimprejurulu mării-mediterane. Editura luĭ H. Zeidner. Tip. Ióne Gött. 1886. 8° 231 S.

1123. **Roth-Bârseanu.** Călătoria lui Stanley prin Africa centrală (1874—1877) povestită cu deosebire pentru tinerime de R. Roth, traducere de Andreiu Bârseanu, professoru în Brașovu. Tip. Alexi 1886. 8° 238 S.

1124. **Bumbacŭ Iónŭ I. și Halipŭ Gr.** Privire istorică asupra trecutuluĭ politicu-socialu și naționalu alu ducatuluĭ Bucovina. Retipărire separată din „Gazeta Transilvanieĭ". Alexi. 1886. 8° 41 S.

1125. **Miculescul T. Grigorie.** Cura naturală séu metodul curei cu apă rece. Alexi. 1886. 8° 79 S.

1126. **Georgescu Iónŭ.** Economia câmpului și cresceerea vitelor, observărĭ și îndrumărĭ practice pentru economĭ. Alexi. 1886. 8° 36 S.

Anhang.

1127. ***Meyr Ignace Dr.** Les Eaux Minerales de Borszék en Transylvanie et la manière d'en faire usage. Römer et Kamner. 1863. 8° 38 S.

1128. ***Anagnosti Michel.** La Roumanie. 13(25) Avril 1877. Römer et Kamner. 1877. 8° 26 S.

1129. ***Anagnosti Michel.** Les armements russes et l'impasse anglaise. (3 avril, 22 mars 1877). Römer & Kamner. 1877. 8° 164 S.

1130. ***Anagnosti Michel.** Grossières contradictions anglaises. — La fin. Iuin 1877. Römer et Kamner. 1877. 8° 64 S.

1131. ***Anagnosti Michel.** Lettres au Journal de Vienne Fremden-Blatt. Jean Gött et fils Henri. 8° 54 S.

1132. ***Cook U. N.** (J. L. B.) Ambigu Transylvanien. Tontsch & Kellemen. 1880. 8° 111 S.

II. Kronstädter Hochzeits- und Leichengedichte.

1133. *Decani Johannes. Epithalamium in honorem Nuptiarum Reverendi et Clarissimi Viri Domini Simonis Massae Pastoris Ecclesiae Rosnensis vigilantissimi, et Annae filiae Prudentis et Circumspecti Domini Andreae Kemmel, sponsae, scriptum a Joanne Decano Bistric. Coronae. 1581. Excudebat Joannes Nyroe Cibiniensis.

Trausch. Man. 4º 57 I. Nr. 1. S. 1—8.

1134. *H. G. auf Tein Georg, Collaborator und Prodner Sara. 7. Nov. 1632. Coronae, excudebat Martinus Wolffgang.

Trausch. Man. Fol. 52. Nr. 2. S. 5.

1135. Mederus Petrus. Ecloga in tristem quidem, at beatum obitum Pauli Spökelli, Pastoris Ecclesiae Ceidensis. Coronae. 1641. 4º 12 Bl.

Trausch II. 403.

1136. Mederus Petrus. Lessus in Luctuosum & communibus omninô omnium lachrymis deplorandum, ex hac aerumnosa vitâ Discessum, Generosi & Amplissimi viri, adeoque verè, communis Patriae, Patris, Dn. Martini Clausemburgeri Mediensis, Consulis ante hac inclytae Civitatis patriae, nec non duarum Sedium, ad ejusdem Civitatis Jurisdictionem pertinentium, longè meritissimi. Qui inter crebra eaque ardentia suorum suspiria, in verâ pietate, & assidua Filij Dei invocatione, post perceptum Coenae Dominicae Sacramentum, in Coelestem patriam, piè & placidè in Domino commigravit. Anno, Mense, die, Post salutiferam Christi, Salvatoris nostri, Nativitatem: SepteMbrJs ter senVs erat, qVo, sVb CrVce VJCtor ALta, CoLosVarJVs. teCta petebat oVans (1643). Coronae, Typis Mich. Herrmanni 1644. 14 Bl.

Szabó Károly. II. 179 und 180.

1137. *Mederus Petrus. H. G. auf Greissing Stephan und Herrmann Margaretha. 22. April 1646. Coronae. Typis Herrmannianis. 4º 4 Bl.

Kronstädter Gymnasialbibliothek.

1138. *Lacrymae Super tristem, at beatum obitum, Illustrissimi ac Celsissimi Transylvaniae Principis, ac Dn. Domini Georgii Rakoci, Partium Regni Hungariae Domini, & Siculorum Comitis & c. Qui Cum per Annos 19. pacificè regnasset, Relicto Filio Majori ejusdem nominis,

Principatu, Sedatis ac in solidum consopitis in Germania & Superiori Hungaria, bellorum tot annos durantium, tumultibus, Inter devotas preces, & crebra suspiria, In Domino, Ex hac lachrymarum valle, Pie ac Placide Ad Requiem suam Commigravit, Animam suam, Deo, Corpus verò terrae Matri Commendans. Anno Domini N. I. C. 1648. 5. Iduum Oct. Typis Michaelis Hermanni Judiicis (sic!) Coron. 8 Bl.

Trausch Manuskr. 4° 57. I. Nr. 4. S. 37—52.

1139. *H. G. auf Draut Georg, Diaconus und Herrmann Catharinae. 1652. Coronæ.

Trausch Manuskr. 4° 57. I. Nr. 5. S. 53—59.

1140. *H. G. auf Closius Georg, Sohn des Rathsgeschworenen Petrus Closius, und Schneeweiss Catharina. 7. Juli 1654.

Trausch Manuskr. Fol. 51 I. Nr. 1. S. 1.

1141. *H. G. auf Wolff Petrus, Lektor und Schankebank Martha. 25. May 1655. Typis Michaels Hermanni.

Trausch Manuskr. Fol. 51. I. Nr. 2. S. 3.

1142. *H. G. auf Mederus Petrus und Forgáts Margaretha. 28. November 1656.

Trausch Manuskr. Fol. 51. I. Nr. 3. S. 5.

1143. *L. G. auf Homer Johannes, Diakonus. 2. August 1656. Coronæ. Prelo Michaelis Herrmanni, Judicis Coronensis.

Kronstädter Gymnasial-Bibliothek, Leichenkarten Fol. I. Nr. 1. S. 1.

1144. *H. G. auf Herrmann Michael, und Martha verwittw. Chrestels, wie auf Hermann Michael jun. und Goldschmied Katharina. 4. Dezember 1657. Coronæ expressum, manibus Nicolai Mülleri.

Trausch Manuskr. 4° 57. I. Nr. 8. S. 73—79.

1145. *H. G. auf Herrmann Joh., Sohn des Zeidner Pfarrers Herrmann Georg, und Berger Martha. 17. November 1658. Coronæ, Charactere Herrmanniano.

Trausch Manuskr. 4° 57. I. Nr. 7. S. 65—72.

1146. *H. G. auf May Andreas Stud. Theol. et Phil. und Seuler Martha. November 1658. Coronæ, Charactere Herrmanniano.

Trausch Manuskr. 4° 57. I. Nr. 9. S. 81—88.

1147. *H. G. auf Albrich Martin M., Rektor und Sara verw. Chrestels. 30. November 1659. Coronæ, Apud Michaëlem Herrmannum, p. t. Judicem Coronensem.

Trausch Manuskr. 4° 57. I. Nr. 10 a) S. 89—96.

1148. *H. G. auf Albrich Martin M., Rektor und Sara verw. Chrestels. 30. November 1659. Coronæ, Charactere Herrmanniano repraesentata.

Trausch Manuskr. 4 57. I. Nr. 10 b) S. 97—104.

1149. *H. G. auf Spöckelius Georg, Studios., und Schildmacherin Anna. 4. Jänner 1660. Coronæ, Typis Michaelis Herrmanni ejusd. Reip. Judicis.

Trausch Manuskr. 4° 57. I. Nr. 11. S. 105—112.

1150 *H. G. auf Plecker Valentin, Sohn des Stadthannen Petrus Plecker, und Hirscher Agnetha. 2. Mai 1660.
Trausch Manuskr. 4° 57. I. Nr. 12. S. 113—124.

1151. *H. G. auf Draud Marcus, Stud. Theol. et Phil., und Plecker Sara. 18. Juli 1660. Coronæ.
Trausch Manuskr. 4° 57 I. Nr. 13. S. 125—132.

1152. *H. G. auf Greissing Paul, Prediger zu St. Martin und Chrestels Anna. 8. Februar 1661.
Trausch Manuskr. 4° 57. I. Nr. 14. S. 133—140.

1153. *H. G. auf Alesius Johann Stud. Theol. et L. A. und Berger Martha. Coronæ 13. Februar 1661.
Trausch Manuskr. 4° 57. I. Nr. 15. S. 141—148.

1154. *L. G. auf Deidricius Georg, der h. Schrift Beflissenen, von **Rheter Franz.** 17. December 1672. Kronstadt, in Petri Pfannenschmidts und Jakobi Jeckelii Druckerey druckts Nicolaus Müller.
Trausch Manuskr. Fol. 51. I. Nr. 6. S. 11.

1155. *H. G. Deitricius Simon und Amende Margaretha, von **Nera Daniel.** 2. Juli 1673.
Trausch Manuskr. Fol. 51. I. Nr. 7. S. 13.

1156. *L. G. auf Plecker Valentin jun. 26. November 1673. Excudebatur Coronae Typis-Herrmannianis Anno 1673.
Trausch Manuskr. Fol. 51. I. Nr. 8. S. 15.

1157. *L. G. auf Schunckabunck Marcus, Secretarius, 16. März 1674. Gedruckt zu Kronstadt bey Mich. Herrmann Anno 1674.
Kronst. Gymnasialbibliothek. Trauergedichte und -Reden. Nr. 1. Fol.

1158. *L. G. auf Trepches Thomas, Stadthann. 10. Januar 1676. Gedruckt zu Kronstadt in Petri Pfannenschieds Druckerey, durch Nicolaus Müller Anno 1676.
Trausch Manuskr. Fol. 51 I. Nr. 9. S. 17.

1159. *L. G. auf Pfannenschhmied Petrus, Archidiaconus. 21. November 1677.
Trausch Manuskr. Fol. 51. I. Nr. 8. 19.

1160. *H. G. auf Trausch Paulus, der heiligen Schrift Beflissener und Benkner Barbara. 22. May 1678. Kron-Stadt. bei der verw. Martha Pfannenschmiedin druckts Nicolaus Müller.
Trauch, Manuskr. Fol. 51, I. Nr. 12. S. 23.

1161. *H. G. auf Albrich Martin, Seelsorger in Rosenau und Greissing Sara, verw. Schunkabunk. 13. November 1678. Zu Kron-Stadt in der Herrmannischen Druckerey, druckts Nicolaus Müller.
Trauch, Manuskr. Fol. 51, I. Nr. 14. S. 27.

1162. *H. G. Closius Martin, Sohn des Petersberger Pfarrers Georg Closius und Letz Martha. 4. May 1681. Coronæ, Typis Hermaninis præsentavit Nicolaus Molitor.
Trausch, Manuskr. Fol. 51, I. Nr, 15. S. 29.

1163. *L. G. auf Draud Marcus, Prediger, von **M. Valentin Greissing**. 30. December 1681. Gedruckt zu Kron-Stadt in der Herrmannischen Druckerey.

Trausch, Manuskr. Fol. 51. II. S. 1.

1164. *H. G. auf Hintz Johann, Sohn des Senators Mathias Hintz und Greissing Margaretha. 10. August 1681. Zu Kron-Stadt in der Herrmannischen Druckerey druckts Nicolaus Müller.

Trausch Manuskr. Fol. 51. I Nr. 16. S. 31.

1165. *L. G. auf Fronius Petrus, Pfarrer in Neustadt, 28. August 1685. Kronstadt, gedruckt in der Hermannischen Druckerey.

Trausch Manuskr. Fol. 51. I Nr. 19. S. 37.

1166. *H. G. auf Herrmann Michael und Honterus Agnetha, dann Honterus Calixtus und Hirscher Anna. 30. September 1685. Kron-Stadt, in der Herrmannischen Druckerey druckts Nicolaus Müller.

Trausch Manuskr. Fol. 52. Nr. 5. S. 19–22.

Dasselbe lateinisch. Coronæ. Typis Herrmannianis mandavit Nic. Molitor.

Kronstädter Gymnasialbibliothek, Leichenkarten Nr. 7. Fol.

1167. *H. G. auf Barthesch Peter, Sohn des Rathsgeschwornen P. B. und Albrich Sara 15. Juli 1685. Von **M. Valentin Greissing** Kron-Stadt in H. Michael Herrmanns Druckerey druckts Nicolaus Müller.

Kronstädter Gymnasialbibliothek, Leichenkarten II. Nr. 11. Fol.

H. G. auf ebendieselben.

Kronstädter Gymnasialbibliothek, Leichenkarten I. Nr. 12. Fol.

1168. *L. G. auf Fuchs Johannes, Pfarrer in Weidenbach. 15. Juli 1686. Kron-Stadt in der Herrmannischen Druckerey gedruckt durch Nicolaum Müllern.

Kronstädter Gymnasialbibliothek, Leichenkarten II. Nr. 13. Fol.

1169. *L. G. auf Chrestels Johannes, Secretarius. 24. September 1686. Kron-Stadt in der Herrm. Dr. druckts Nic. Müller.

Kronstädter Gymnasialbibliothek, Leichenkarten II. Nr. 1 Fol.

1170. *L. G. auf Greissing Paul, Pfarrer in Honigberg. 25. Juni 1687. Gedruckt zu Kronstadt in der Hermannischen Druckerey.

Trausch Manuskr. Fol. 51. I. Nr. 22. S. 43.

1171. *L. G. auf Draudt Martha geb. Greissing. 7. April 1687. Kron-Stadt bey Michael Hermann. Druckt Nic. Müller.

Kronstädter Gymnasialbibliothek, Leichenkarten. II. Nr. 15 Fol.

1172. *L. G. auf Draud Georg, Stadtrichter. 5. August 1687.

Trausch Manuskr. Fol. 51. I. Nr. 23. S. 45.

1173. *Lateinisches L. G. auf Plecker Lucas, Student. 28. August 1687. Stephanopoli, Charactere Michaelis Hermanni mandavit Nicolaus Molitor.

Trausch Manuskr. Fol. 51. I. Nr. 24. a. S. 47.

Deutsches L. G. auf Plecker Lucas, Student den 28. August

1687. Gedruckt zu Kron-Stadt in der Hermannischen Druckerey durch Nicolaus Müllern.

Trausch' Manuskr. Fol. 51. I. Nr. 24. b. S. 49.

1174. *H. G. auf Filstich Mich. Projudex und Harnung Rosa, verw. Trepches. 31. Mai 1688. Coronae, Typis Lucae Seuleri excudit Nicolaus Molitor.

Trausch Manuskr. Fol. 51. I. Nr. 25. S. 51.

1175. *H. G. auf Pfannenschmied Martha, geb. Katner. 12. September 1688. Nicolaus Müller.

Trausch Manuskr. Fol. 51. Nr. 26. S. 53.

1176. *L. G. auf Albrich Martin, emer. Pfarrer in Rosenau und Greissing Martha geb. Hirscher. 9. Mai 1688. Gedruckt zu Kron-Stadt bey Mich. Herrmann.

Kronstädter Gymnasialbibliothek. Leichenkarten. II. Nr. 16. Fol.

1177. *L. G. auf Plecker Valentin, Mit-Richter. 8. Januar 1689. Kron-Stadt, in Michael Herrmanns Druckerey. Druckts Nic. Müller.

Trausch Manuskr. Fol. 51. I. Nr. 27. S. 55.

1178. *L. G. auf Mederus Asarela, beider Rechte Beflissener. 18. December 1689. Zu Kron-Stadt in der Herrmannischen Druckerey druckts Nicolaus Müller.

Trausch Manuskr. Fol. 51. II. Nr. 2. S. 3.

1179. *L. G. auf Greissing Rosa, geb. Gorgias. 5. November 1689. Kronstadt, in Michael Herrmann's Druckerey druckts Nicolaus Müller.

Trausch Manuskr. Fol. 51. I. Nr. 28 S. 57.

1180. *L. G. auf Mederus Asarella, beider Rechte Beflissenen. 18. December 1689. Kron-Stadt, in der Herrmannischen Druckerey druckts der Autor (d. i. **Nicolaus Müller**).

Trausch Manuskr. Fol. 51. I. Nr. 29. S. 59.

1181. *L. G. auf Chrestels Samuel, Sohn des Chrestels Joh. und der Mederus Agnathe. 3. März 1691. Kron-Stadt, in der Herrmannischen Druckerey druckts Nicolaus Müller.

Trausch Manuskr. Fol. 51. I. Nr. 31b. S. 65.

1182. *H. G. auf Jeckel Georg und Albelius Barbara verw. Fronius, dann Fronius Simon Petrus und Klein Agnetha. 22. Juli 1691. Kron-Stadt, in Michael Herrmann's Druckerey druckts Nicolaus Müller.

Trausch Manuskr. Fol. 51. I. Nr. 32. S. 67—69.

Trausch Manuskr. Fol. 52. Nr. 10. S. 39—42.

1183. *L. G. auf Herrmann Agnetha, geb. Honterus. 7. August 1691. Kronstadt, in des Herrn Wittiber's Druckerey druckts Nicolaus Müller.

Trausch Manuskr. Fol. 51. I. Nr. 33. S. 71.

1184. *L. G. auf Filstich Martha, geb. Honterus. 8. August 1691. Kron-Stadt, in Michael Herrmann's Druckerey druckts Nicolaus Müller.

Trausch Manuskr. Fol. 51. I. Nr. 34. S. 73.

1185. *L. G. auf Honterus Johann M., Stadtpfarrer. 31. August 1691.

Kronstadt, in der Herrmannischen Druckerey druckts Nicolaus Müller. 1691.

Trausch Manuskr. Fol. 51. I. Nr. 35. S. 75.

1186. *L. G. auf Honterus Johann M., Kronstädter Stadtpfarrer. 31. August 1691. Coronae. Typis Herrmannianis, mandavit Nicolaus Molitor.

Trausch Manuskr. Fol. 51. II. Nr. 3. S. 5.

1187. *H. G. auf Draudt Marcus jun., Stud. Theol. et Phil., Sohn des Marienburger Pfarrers Marcus Draudt, und Töppelt Anna, verw. Mederus. 14. Januar 1691. Coronae. Typis Michaelis Herrmanni.

Trausch Manuskr. Fol. 52. Nr. 8. S. 31—34.

1188. *H. G. auf Abraham Georg von der Heiden, Lieutenant, und Dietrich Agneta, geb. Plecker. 20 Mai 1691. Kronstadt, in der Herrmannischen Druckerey druckts Nikolaus Müller.

Trausch Manuskr. Fol. 52. Nr. 9. S. 35—38.

1189. *L. G. Herrmann Martin, Dr. Medicinae und Senator. 24. März 1692. Kron-Stadt, gedruckt bei Michael Herrmann.

Trausch Manuskr. Fol. 51. Nr. 38. S. 81.

1190. *L. G. auf Ziegler Joh., Senator. 4. April 1692. Kronstadt, in der Hermannischen Druckerey druckts Nikolaus Müller.

Trausch Manuskr. Fol. 51. I. Nr. 39. S. 83.

1191. *L. G. auf Filstich Anna, geb. Gokesch. 2. Mai 1692. Kronstadt, in der Herrmannischen Druckerey druckts Nicolaus Müller.

Trausch Manuskr. Fol. 51. I. Nr. 40. S. 85.

1192. L. G. auf Sinonius Rosina, Tochter des Nikolaus Sinonius, Pfarrer in Zeiden. 26. April 1692. Kron-Stadt, in Michael Herrmannischen Druckerey druckts Nikolaus Müller.

Kronstädter Gymnasialbibliothek, Leichenkarten II. Nr. 18 Fol.

1193. *L. G. auf Mederus Margaretha, Tochter des Asarela Mederus, von **Valentin Greissing.** 1. April 1692. Kronstadt, in der Herrmannischen Druckerey druckts Nicolaus Müller.

Trausch Manuskr. Fol. 51. II. Nr. 4. S. 7.

1194. *H. G. auf Filstich Michael, Stadtrichter, und Harnung Rosa verw. Trepches. 31. Mai 1693.

Trausch Manuskr. Fol. 51. I. Nr. 41. S. 87.

1195. *L. G. auf Draudt Simon, Stadtrichter. 27. August 1693. Kron-Stadt, in Lucae Seuleri M. D. Druckerey druckts Nicolaus Müller.

Trausch Manuskr. Fol. 51. I. Nr. 42a. S. 89.

1196. *L. G. auf Dradt Simon, Stadtrichter. 27. Aug. 1693.

Trausch Manuskr. Fol. 51. I. Nr. 42. b. S. 91.

1197. *L. G. auf Seuler Anna Catharina, Tochter des Physicus Seuler Luc. 11. October. 1693. Kronstadt, in des betrübten Herrn Vaters Druckerey Druckts Nicolaus Müller. Fol.

Trausch Manuskr. 51. I. Nr. 43 S. 93.

1198. *L. G. auf Wolf Petrus, Stadtprediger. 29 November 1693. Kronstadt, in Lucae Seuleri, M. D. Drukkerey Druckts Nic. Müller.
Trausch Manuskr. Fol. 51. I. Nr. 11. S. 95.

1199. *L. G. auf Rosenauer Agnetha, geb. Honigberger, 9. Juli 1694. Kron-Stadt in Lucae Seuler's M. D. Druckerey druckts N. Müller.
Trausch, Manuskr. Fol. 51. I. Nr. 45. S. 97.

1200. *Posthumum pietatis monumentum beatis Manibus... M. Mart. Albrichii... positum a. M. **Valent. Greissing** 27. Sept. 1694. Coronae. Typis Lucae Seuleri. M. D.
Trausch Manuskr. Fol. 51. I. Nr. 46. S. 99.

1201. *L. G. auf Seewald Christophorus der kön. freien Kronstadt... Ober-Amtmann. 15. März 1694.
Kronstädter Gymnasialbibliothek, Leichenkarten I. Nr. 29. Fol.

1202. *L. G. auf Filstich Rosa, geb. Harnung, 30. September 1694. Gedruckt zu Kronstadt in Lucae Seuler's M. D. Druckerey.
Trausch Manuskr. Fol. 51. I. Nr. 47. S. 101.

1203. *L. G. auf Bolthosch Joseph, Stadtprediger und nach Honigberg berufener Pfarrer. 20. December 1694. Coronae. Typis Lucae Seuleri M. D. impressit. N. Molitor.
Trausch Manuskr. Fol. 51. I. Nr. 48. S. 103.

1204. *L. G. auf Filstich Mich. Stadtrichter. 25. Juli 1696. Gedruckt zu Kronstadt in Lucae Seuler M. D. Druckerey.
Trausch Manuskr. Fol. 51. I. Nr. 49. a. S. 105.

1205. *L. G. auf Filstich Mich. Stadtrichter vom Buchdrucker **Müller Nicolaus.** 25. Juli 1696. Kronstadt, in Lucae Seulers M. D. Druckerey druckts der Author (d. i. Nic. Müller.)
Trausch Manuskr. Fol. 51. I. Nr. 49. b. S. 107.

1206. *L. G. auf Draudt Martin, 22. December 1696. Kronstadt, in Lucae Seulers M. D. Druckerey druckts Nicolaus Müller.
Trausch Manuskr. Fol. 51. I. Nr. 50. S. 109.

1207. *H. G. auf Draudt Marcus und Jeckel Anna Catharina. 15. August 1697.
Trausch Manuskr. 4° 57. I. Nr. 34. S. 289—292.

1208. *Der den 16. September 1697 Jahrs verschiedenen Wagnerin Marthen gebornen Froniusin . . Geschlechtsregister. Gedruckt zu Kron-Stadt in der Seulerischen Druckerey. 4° 4 S.
Trausch Manuskr. 4° 59. Nr. 2. S. 61—64.

1209. *L. G. auf Mankesch Johann, Stadtrichter. 26. November 1699. Kron-Stadt, in Lucas Seulers M. D. Druckerey druckts Nicolaus Müller.
Trausch Manuskr. 51. Fol. I. Nr. 52. S. 113.

1210. *L. G. auf Sinonius Samuel, Student, Sohn des Zeidner Pfarrers Nicolaus Sinonius. 21. März 1700. Kron-Stadt, in Lucas Seulers M. D. Druckerey druckts Nicolaus Müller.
Trausch Manuskr. Fol. 51. I. Nr. 54. S. 117.

1211. *L. G. auf Enyedter Martin, Sohn des Petersberger Pfarrers Martinus Enyedter und Plecker Agneta. 28. Juli 1700. Kron-Stadt in Lucas Seulers M. D. Druckerey druckts Nicolaus Müller.
Trausch Mannskr. Fol. 51. I Nr. 55. S. 119.

1212. *H. G. auf Fronius Daniel, der heiligen Schrift Beflissenen und Henning Margaretha, wie auch Fronius Michael, Beider Rechte Beflissenen und Drauth Anna Christina.' 23. Juni 1700. Kronstadt, In Lucas Seulers Druckerey druckts Nicolaus Müller.
Trausch Mannskr. Fol. 52. Nr. 21. S. 97—104.

1213. *H. G. auf Draud Simon, Stud. Theol. et Phil., Sohn des Stadtrichters Draud Simon, und Rheter Catharina. 28. April 1700. Kronstadt, In Lukas Seulers M. D. Druckerey druckts Nicolaus Müller.
Trausch Mannskr. Fol. 52. Nr. 17. S. 81—84.

1214. *H. G. auf Bolthosch Joseph, stud. Theol. et Phil., Sohn des Honigberger Pfarrers Bolthosch Joseph, und Draud Anna Catharina, wie auch Rosenauer Simon und Scheupner Martha. 5. März 1700. Kron-Stadt, in Lucas Seulers Druckerey druckts Nicolaus Müller.
Trausch Mannskr. Fol. 52. Nr. 18. S. 85—88.

1215. *L. G. auf Herrmann Marta, geb. Greissing. 4. Juni 1701. Kronstadt, in Lukas Seulers M. D. Druckerey druckts Nicolaus Müller.
Trausch Mannskr. 51. I. Nr. 56. S. 121.

1216. *L. G. auf Draudt Agneta, geb. Chrestels. 20. Juni 1701. Kronstadt, in Lukas Seulers M. D. Druckorey druckts Nicolaus Müller.
Trausch Mannskr. Fol. 51. I Nr. 57. S. 123.

1217. *L. G. auf Greissing Valentin M. 17. September 1701. Kron-Stadt, in Lucas Seulers M. D. Druckerey druckts Nicolaus Müller.
Trausch Mannskr. Fol. 51. I Nr. 58. S. 125.

1218. *L. G. auf Müller Nicolaus, Buchdrucker. 13. Mai 1702. Impressum Coronae Typis Lucae Seuleri M. D. Anno recuperatae salutis M.DCC.II.
Trausch Mannskr. Fol. 51. I. 59. S. 127.

1219. *L. G. auf Filstich Marcus, Sohn des Stadtgeschwornen Filstich Stephan, von **Martin Albrich.** 7. August 1703. Kron-Stadt, in Lucae Seulers M. D. Druckerey druckts Michael Heltzdörffer.
Trausch Mannskr. Fol. 51. I. Nr. 60. S. 129.

1220. *L. G. auf Harnung Martin, Stadtpfarrer. (*Lateinisch.*) 9. November 1703. Coronae. Typis Lucae Seuleri impressis Stephanus Müller.
Trausch Mannskr. Fol. 51. I. Nr. 61a. S. 131.

*L. G. auf Harnung Martin, Stadtpfarrer. (*Deutsch.*) 9. November 1703. Kron-Stadt, bei Luca Seulern druckts Stephan Müller
Trausch Mannskr. Fol. 51. I. Nr. 61 b. S. 133.

1221. *L. G. auf Chrestels Anna Catharina, geb. Dietrich. 15. November 1703. Kron-Stadt, bei Luca Seulern druckts Stepanus Müller.
Trausch Mannskr. Fol. 51. I. Nr. 62. S. 135.

1222. *L. G. auf Czakkens David, Student, Sohn des Notarius Czakkens David. 2. Mai 1704. Gedruckt zu Cron-Stadt bei Luca Seulern M. D. durch Stephanum Müllern.
Trausch Manuskr. Fol. 51. I. Nr. 64. S. 137.

1223. *L. G. auf Nell Martin, Pfarrer in Tartlau. 24. December 1704. Cron-Stadt, bei Lucas Seulern druckts Stephanus Müller.
Trausch Manuskr. Fol. I. 51. Nr. 64. S. 139.

1224. *L. G. auf Dietrich Martha, geb. Rheter. 14. Mai 1705. Cron-Stadt bei Lucas Seulern M. D. Druckts Stephanus Müller im Jahr 1705.
Trausch Manuskr. Fol. 51. I. Nr. 67. S. 145.

1225. *H. G. auf Draudt Marcus, Pfarrer in Marienburg und Margarethe verw. Jekel. 19. Mai 1705. Coronae, Anno 1705.
Trausch Manuskr. Fol. 52. Nr. 20. S. 93–96.

1226. *H. G. auf Chrestels Paul stud. Phil. et Jur. und Klusch Sara. 18. November 1705. Kronstadt, in Lucas Seuler's M. D. Druckerey.
Trausch Manuskr. Fol. 52. Nr. 22. S. 105.

1227. *L. G. auf Sinonius Nicolaus, Pfarrer in Zeiden. 3. Februar 1706. Coronae Typis Seulerianis.
Trausch Manuskr. Fol. 51. I. Nr. 68. S. 147.

1228. *L. G. auf Rosenauer Johann, Senator. 6. März 1706. Cronstadt, in Lucas Seulers Druckerey Druckts Stephanus Müller.
Trausch Manuskr. Fol. 51. I. Nr. 69 S. 149.

1229. *L. G. auf Jekel Barbara, geb. Albelius *(zwei verschiedene)* 9. Mai 1706. Cron-Stadt, in Lucas Seulers Druckerey Druckts Stephanus Müller.
Trausch Manuskr. Fol. 51. I. Nr. 70. S. 151–153.

1230. *H. G. auf Greissing Paulus, Sohn des Honigberger Pfarrers Greissing Paulus, und Plecker Catharina. 30. Juni 1706.
Kronstädter Gymnasialbibliothek, Leichenkarten II. Nr. 20 Fol.

1231. *H. G. auf Wallusch Samuel, Assessor und Greissing Sara geb. Fuchs und auf Wallusch Samuel, Sohn des ersteren mit Herrmann Anna Maria. 23. Juni 1706.
Kronstädter Gymnasialbibliothek, Leichenkarten II Nr. 19 Fol.

1232. *L. G. auf Rheter Andreas, Stadtrichter. 19. Januar 1707. Cron-Stadt, bei Lucas Seulern M. D. druckts Stephanus Müller.
Trausch Manuskr. Fol. 51. I Nr. 72. S. 157.

1233. *L. G. auf Rauss Caspar, Pfarrer in Neustadt. 23. Februar 1707. Cron-Stadt, bei Lucas Seulern M. D. druckts Stephanus Müller.
Trausch Manuskr. Fol. 51. I. Nr. 73. S. 159.

1234. *L. G. auf Harnung Martha, geb. Servatius. 19. September 1707. Cron-Stadt, bei Lucas Seulern M. D.
Trausch Manuskr. Fol. 51. I. Nr. 74. S. 161.

1235. *L. G. auf Drauth Simon, Sohn des Zeidner Pfarrers Drauth

Johannes. 27. Februar 1708. Cron-Stadt. mit Seuler'schen Schrifften druckts Stephanus Müller.

Trausch Manuskr. Fol. 51. I. Nr. 76. S. 165.

1236. *L. G. auf Csacko v. Rosenfeld Martha, geb. Jeckel. 17. April 1708. Cron-Stadt, mit Seulerischen Schrifften druckts Stephanus Müller.

Trausch Manuskr. Fol. 51. I. Nr. 78. S. 167.

1237. *L. G. auf Hubnn Anna Maria, geb. Plecker. 3. Juni 1708. Cron-Stadt, mit Seulerischen Schrifften druckts Stephanus Müller.

Trausch Manuskr. Fol. 51. I. Nr. 79. S. 169.

1238. *L. G. auf Plecker Rosina, Braut des Albrich Georg, Stud. Theol. et Phil. 27. Juni 1708. Cron-Stadt, mit Seulerischen Schrifften druckts Stephanus Müller.

Trausch Manuskr. Fol. 51. I. Nr. 80. S. 171—173.

1239. *L. G. auf Jeckel Georg, Stadtrichter. 28. Juli 1708. Cron-Stadt, mit Seulerischen Schrifften druckts Stephanus Müller.

Trausch Manuskr. Fol. 51. I. Nr. 81. S. 175.

1240. *L. G. auf Fronius Margaretha, geb. Rauss, 14. October 1708. Coronae, Typis Seulerianis excudit Stephanus Müller.

Trausch Manuskr. Fol. 51. I. Nr. 82. S. 177.

1241. *L. G. auf Seuler Catharina, geb. Neunachbar. 3 November 1708. Cron-Stadt, mit Seulerischen Schrifften druckts Stephanus Müller.

Trausch Manuskr. Fol. 51. I. Nr. 83. S. 179.

1242. *L. G. auf Simonius Sara, geb. Draut. 16. März 1708. Cron-Stadt, mit Seulerischen Schrifften druckts Stephanus Müller im Jahre 1708.

Trausch Manuskr. Fol. 51. I. Nr. 84 a. S. 181.

1243. *L. G. auf Seuler Bartholomäus, Sohn des Orators Seuler Lucas. 25. December 1709. Cron-Stadt, in des hochbetrübten Herrn Vaters Druckerey druckts Stephanus Müller.

Trausch Manuskr. Fol. 51. I. Nr. 84 b. S. 183.

1244. *H. G. auf Fronius Marcus, Stadtpfarrer und Hirscher Martha, verw. Albrich. 1709. Coronae, Typis Seulerianis. excudebat Steph. Müller, Anno MDCCIX. 4° 12 S.

Trausch Manuskr. 4° 57. I. Nr. 37. S. 297—308

1245. *H. G. auf Greissing Trostfried, Stud. Theol. et Phil., Sohn des Lectors Greissing Johann, und Henning Rosina. 14. Februar 1709. Cronstadt, mit Seulerischen Schrifften druckts Stephanus Müller.

Trausch Manuskr. Fol. 52. Nr. 23. S. 109—112.

1246. *H. G. auf Fronius Marcus und Albrich Martha, geb. Hirscher. 7. Mai 1709. Cronstadt, mit Seulerischen Schrifften druckts Stephanus Müller.

Trausch Manuskr. Fol. 52. Nr. 24. S. 113—116.

1247. *L. G. auf Ziegler Andreas. 19. Juli 1710. Cron-Stadt, mit Seuler'schen Schrifften druckts Stephanus Müller.

Trausch Manuskr. Fol. 51. I. Nr. 85. S. 185.

1248. *L. G. auf Henning Andreas, Pfarrer in Honigberg. 2. September 1710. Cronstadt, mit Seulerischen Schrifften druckts Stephanus Müller.
Trausch Manuskr. Fol. 51. I. Nr. 86. S. 187.

1249. *L. G. auf Bolthosch Joseph, Lektor. 3. März 1711. Cronstadt gedruckt mit Seuler'schen Schrifften.
Trausch Manuskr. Fol. 51. I. Nr. 87. S. 189.

1250. *L. G. auf Albrich Martha. 15. Juni 1711. Cronstadt, mit Seulerschen Schrifften im Jahr 1712.
Trausch Manuskr. Fol. 51. Nr. 88. S. 191.

1251. *L. G. auf Albrich Georg, Stud. Theol. 12. April 1712. Cron-Stadt, mit Seulerischen Schrifften im Jahr 1712.
Trausch Manuskr. Fol. 51. I. Nr. 89. S. 193.

1252. *L. G. auf Seuler Margaretha, geb. Gokesch. 14. September 1712. Cron-Stadt, in dero hinterlassenen hochbetrübten Herrn Sohnes Lucas Seuler's Druckerey druckts Stephan Müller.
Trausch Manuskr. Fol. 51. I. Nr. 90. S. 195.

1253. *L. G. auf Drauth Georgius, Beyder Rechten Candidaten. 7. Mai 1712. Cron-Stadt mit Seulerschen Schrifften druckts Stephan Müller. im Jahr 1712 den 9. May.
Kronstädter Gymnasialbibliothek, Leichenkarten II. Nr. 22 Fol.

1254. *H. G. auf Dr. Albrich Johann, Doctor Medic., und Draud Sara, sowie Schobel Joseph und Filstich Sara. 26. Juli 1712. Cronstadt, mit Seulerischen Schrifften druckts Stephan Müller.
Trausch Manuskr. Fol. 51. II. Nr. 5. S. 9.

1255. *L. G. auf Fronius Marcus M., Stadtpfarrer. *(Drei verschiedene.)* 14. April 1713. Cron-Stadt, mit Seuler'schen Schrifften druckts St. Müller.
Trausch Manuskr. Fol. 51. I. Nr. 91. S. 197—203.

1256. *L. G. auf Fronius Marcus, Stadtpfarrer. 1713.
Trausch Manuskr. Fol. 53. II. Nr. 2. S. 75—78.

1257. *L. G. auf Plecker Martha, geb. Wolf. 2. September 1714 Cron-Stadt, mit Seulerischen Schrifften druckts Stephanus Müller.
Trausch Manuskr. Fol. 51. I. Nr. 92. S. 205.

1258. *L. G. auf Dietrich Georg, Senator. 8. September 1715. Cron-Stadt, mit Seulerischen Schrifften druckts Stephanus Müller. An. 1715.
Trausch Manuskr. Fol. 51. I. Nr. 93. S. 207.

1259. *H. G. auf Fronius Michael, Assessor, und Seulerin Anna Maria geb. Herrmannin. 9. Jannar 1716. Cronstadt, mit Seulerischen Schrifften.
Kronstädter Gymnasialbibl., Leichenkarten II. Nr. 23 und 24. Fol.

1260. L. G. auf Wenzl Georgius 29. Februar 1716.
Kronstädter Gymnasialbibliothek; Leichenkarten II. Nr. 26 Fol.

1261. *L. G. auf Ziegler Martin, Pfarrer in Brenndorf. 6. Februar 1717. Cron-Stadt, mit Seulerischen Schrifften im Jahr 1716.
Trausch Manuskr. Fol. 51. I. Nr. 94. S. 209.

1262. *L. G. auf Drauth Sara, geb. Barthosch. 15. November 1717. Cron-Stadt, mit Seulerischen Schrifften 1717.
Trausch Manuskr. Fol. 51. I. Nr. 95. S. 211.

1263. *H. G. auf Czako v. Rosenfeld Georg, Stud., Sohn des Hannen Georg Czako v. Rosenfeld und Raab Anna Catharina. 3. Aug. 1717. Cron-Stadt, mit Seulerschen Schrifften druckts St. Müller.
Trausch. Manuskr. Fol. 51. II. Nr. 6. S. 11.

1264. *L. G. auf Albrich Martinus, I. U. Studiosus. 10. Januar 1718. Cron-Stadt mit Seulerischen Schrifften 1718.
Kronstädter Gymnasialbibliothek, Leichenkarten II. Nr. 27. Fol.

1265. *L. G. auf Seewald Martin, Senator und Notarius. 21. März 1721. Cron-Stadt, mit Seulerischen Schrifften druckts Michael Heltzdörfer.
Trausch, Manuskr. Fol. 51, I. Nr. 96. S. 213.

1266. *L. G. auf Rheter Christian. 28. November 1723. Cron-Stadt, in der Seulerischen Buchdruckerey druckts Michael Heltzdörfer, 1723.
Trausch. Manuskr. Fol. 51. I. Nr. 98. S. 217.

1267. *Erste und letzte mit Thränen benetzte Ehrensäule des Lucas Seuler v. Seulen Kindern Anna Catharina, Justina und Joseph Gottsmeister von Seuler. (Reden von **Johann Barbenius, Valentin Igel** und **Marcus Tartler** und Gedichte von verschiedenen Verfassern.) Cron-Stadt, druckts Michael Heltsdörffer, 1723. 8° 22 Bl.
Trausch, Manuskr. 4° 59. Nr. 4. S. 97—140.

1268. *H. G. auf Seuler Joh. Traug. und Chrestels Sara. 28. Juli 1723. Cron-Stadt, in der selbst eigenen Buch-Bruckerey, druckts Michael Heltzdörffer, 1723.
Trausch. Manuskr. Fol. 52. Nr. 27. S. 127—130.

1269. *L. G. auf Drauth Marcus, Pfarrer in Marienburg. 3. März 1724. Kron-Stadt, in der Seulerischen Buchdruckerey, druckts Michael Heltzdörffer. 1724.
Trausch, Manuskr. Fol. 51, I. Nr. 99 S. 219.

1270. *L. G. auf Czako Martha. 3. November 1724. Cron-Stadt, in der Seulerischen Buchdruckerey, druckts Michael Heltzdörffer, 1724.
Trausch. Manuskr. Fol. 51, I. Nr. 100. S. 221.

1271. *L. G. auf Gassner Anna Catharina. 7. Mai 1725. Kron-Stadt, in der Seulerischen Buchdruckerey, druckts Mich. Heltzdörffer. 1725.
Trausch. Manuskr. Fol. 51, I. Nr. 101. S. 223.

1272. *L. G. auf Czako v. Rosenfeld Georg, Divisor. 14. August 1725. Cron-Stadt, in der Seulerischen Buchdruckerey, druckts Michael Heltzdörffer, 1725.
Trausch, Manuskr. Fol. 51. I. Nr. 102. S. 225.

1273. *L. G. auf Czako v. Rosenfeld Georg, Stadthann. 20. Juni 1726. Cron-Stadt, in der Seulerischen Buchdruckerey druckts Michael Heltzdörffer. 1726.
Trausch Manuskr. Fol. 51. I. Nr. 103. S. 227.

1274. *H. G. auf Neidel Valentin, Stud. Theol., Sohn des Stadtpfarrers Paulus Neidel, und Chrestels Anna Catharina. (*Deutsch und lateinisch.*) 16. October 1726. Cronstadt, in der Seulerischen Buchdruckerey druckts Michael Heltzdörffer. 1726.

Trausch Manuskr. Fol. 52. Nr. 28. S. 131—138.

1275. *L. G. auf Fronius Michael, Stadthann. 21. August 1728. Cron-Stadt, in der Seulerischen Buchdruckerey druckts Michael Heltzdörffer. 1728.

Trausch Manuskr. Fol. 51. I. Nr. 105. S. 231.

1276. *L. G. auf Drauth Georg, Stadtrichter. 20. Mai 1728. Coronae. Typis Seulerianis, recudit Michael Heltzdörffer, Anno 1728.

Trausch Manuskr. Fol. 51. I. Nr. 104. S. 229.

L. G. auf denselben. Cron-Stadt, in der Seulerischen Buchdruckerey druckts Michael Heltzdörffer. 1728.

Kronstädter Gymnasialbibliothek. Leichenkarten II. Nr. 31. Fol.

1277. *H. G. auf Herrmann Georg, Stud. jur. et phil., Sohn des Bartholomäer Pfarrers und Scheipner Sara. (*Deutsch und lateinisch.*) 27. October 1728. Kronstadt, in der Seulerischen Buchdruckerey druckts Michael Heltzdörffer. 1728.

Trausch Manuskr. Fol. 52. Nr. 30. S. 143—150.

1278. *L. G. auf Scheipner Simon, Senator. 1. März 1729. Cron-Stadt, in der Seulerischen Buchdruckerey druckts Michael Heltzdörffer. 1729.

Trausch Manuskr. Fol. 51. I. Nr. 106. S. 233.

1279. *L. G. auf Drauth Simon v., Pfarrer in Zeiden. 12. November 1729. Cron-Stadt, in der Seulerischen Buchdruckerey druckts Michael Heltzdörffer. 1729.

Trausch Manuskr. Fol. 51. I. Nr. 107. S. 235.

1280. *L. G. auf Filstich Sara, geb. Schunkebunk. 18. Juni 1729. Cron-Stadt, in der Seulerischen Buchdruckerey druckts Michael Heltzdörffer. 1729.

Trausch Manuskr. Fol. 51. II. Nr. 7. S. 13.

1281. *L. G. auf Crones Anna, geb. Pancratius. 6. Januar 1730. Cron-Stadt, in der Seulerischen Buchdruckerey druckts Michael Heltzdörffer. 1730.

Trausch Manuskr. Fol. 51. I. Nr. 108. S. 237.

1282. *H. G. auf Neidel Christoph, Assessor und Schnell Margaretha verw. Czako. 23. Mai 1730. Cron-Stadt, in der Seulerischen Buchdruckerey druckts Michael Heltzdörffer. 1730.

Trausch Manuskr. Fol. 52. Nr. 32. S. 159—162.

1283. *H. G. auf Drauth Simon, Stud. jur. und Chrestels Anna Catharina. 21. Juni 1730. Cron-Stadt, in der Seulerischen Buchdruckerey druckts Michael Heltzdörffer. 1730.

Trausch Manuskr. Fol. 52. Nr. 32. S. 163—170.

1284. *H. G. auf Fronius Johann Sohn des Hannen Michael Fr. und

Agnetha Albrich 25. October 1730. Cron-Stadt, in der Seulerschen Buchdruckerey druckts Michael Heltzdörffer. 1730.

Trausch Manuskr Fol. 52. Nr. 34. S. 171—174.

1285. *H. G. auf Fronius Johann und Albrich Agneta. 25. October 1730. Cron-Stadt, in der Seuler'schen Buchdruckerey druckts Michael Heltzdörffer. 1730.

Trausch Manuskr. Fol. 1. 51. Nr. 110. S. 241.

1286. *L. G. auf Fronius Sara, geb. Barthosch. 24. Februar. 1731. Cron-Stadt, in der Seuler'schen Buchdruckerey druckts Michael Heltzdörffer. 1731.

Trausch Manuskr. Fol. 51. I. Nr. 111. S. 243.

1287. *H. G. auf Filstich Stephan, Stadtrichter und Fronius Anna Maria, geb. Herrmann, wie auch Neidel Paul, Stud. Jur. und Schobel Sara. 11. April 1731. Cron-Stadt, in der Seuler'schen Buchdruckerey druckts Michael Heltzdörffer. 1731.

Trausch Manuskr. Fol. 52. Nr. 35. S. 175—182.

1288. *L. G. auf Barbeuius Johann, Pfarrer in Zeiden. 29. Juni 1731. Cron-Stadt, in der Seuler'schen Buchdruckerey druckts Michael Heltzdörffer. 1731.

Trausch Manuskr Fol. 51. I. Nr. 112. S. 245.

1289. *L. G. auf Herbert Georg, Pfarrer in Tartlau. 12. August 1731. Cron-Stadt, in der Seulerischen Buchdruckerey druckts Michael Heltzdörffer 1731.

Trausch Manuskr. Fol. 51. I. Nr. 113. S. 247.

1290. *L. R. und L. G. auf 2 Kinder des Herbert Sam., Kronstädter Sekretärs von **Johann Sam. Schilbach.** 10. und 13. Juli 1732. Cronstadt, druckts Michael Heltzdörffer.

Trausch Manuskr. Fol. 53. II. Nr. 4. S. 95—98.

1291. *L. R. und G. auf Seuler Lucas von Seulen Orator Communitatis Coronensis 13. September 1733. Cronstadt, druckts Michael Heltzdörffer 1733.

Trausch Manuskr. Fol. 53. II. Nr. 5. S. 99—143.

Trausch II, 235.

1292. *Gedicht über den Meuchelmord, welchen 2 Soldaten an Catharina verw. Peter Rhener verübt. Von **Schilbach.** 5. Februar 1733. Cronstadt, druckts Michael Heltzdörffer, im Jahr 1733.

Trausch Manuskr. 53. I. Nr. 15. S. 193—196.

1293. *L. G. auf Schneeweiss Martinus, Quästor. 20. November 1734. Cron-Stadt, druckts Michael Heltzdörffer 1734.

Kronstädter Gymnasialbibliothek. Leichenkarten I. Nr. 8.

1294. *L. G. auf Seuler Catharina, geb. Albrich. 11. Februar 1734. Cronstadt, druckts Michael Heltzdörffer 1734.

Trausch Manuskr. Fol. 51. Nr. 114. S. 249.

1295. *L. G. auf Czako v. Rosenfeld Martha, geb. Birthælmer. 16. Mai 1734. Cron-Stadt, druckts Michael Heltzdörffer 1734.
Trausch Manuskr. Fol. 51. I. Nr. 116. S. 253.

1296. *L. G. auf Tartler Valentin, Stadthann. 27. December 1734. Cron-Stadt, druckts Michael Heltzdörffer 1734.
Trausch Manuskr. Fol. 51. I. Nr. 117. S. 255.

1297. *L. R. und L. G. auf Seuler Catharina, geb. Albrich. 11. Februar 1734. Cronstadt, druckts Michael Heltzdörffer 1734.
Trausch Manuskr. Fol. 53. II. Nr. 6. S. 145—170.
(*Enthält ausser den Leichengedichten* S. 2 des Dechanten Paul Neidel Einladung zur Leichenbestattung an die Capitularen, S. 3—11 Leichenpredigt von Lukas Rauss, S. 13—14 Lebenlauf der Verstorbenen, S. 15—18 Abdankungsrede von Georg Zultner.)

1298. *L. G. auf Rauss Lucas, Stadtprediger. 25. März 1734. Cron-Stadt, druckts Michael Heltzdörffer 1734.
Trausch Manuskr. Fol. 51. II. Nr. 8. S. 15.

1299. *L. G. auf Herbert Anna Rosina. 8. August 1735. Cron-Stadt, druckts Michael Heltzdörffer 1735.
Trausch Manuskr. Fol. 51. I. Nr. 118. S. 257.

1300. *L. G. auf Krauss Andreas, Sohn des Petersberger Pfarrers A. Krauss. 9. September 1735. Cron-Stadt, druckts Michael Helsdörffer 1735.
Kronstädter Gymnasialbibliothek, Leichenkarten II. Nr. 35. Fol.

1301. *L. G. auf Neidel Paulus, Stadtpfarrer. 23. August 1735.
Trausch Manuskr. Fol. 51. I. Nr. 119. S. 259.

1302. *L. G. auf Seuler Lucas, Stadtrichter. 30. August 1735. Cron-Stadt, druckts Michael Heltzdörfer 1735.
Trausch Manuskr. Fol. 51. I. Nr. 120. S. 261.

1303. *L. G. auf Drauth Simon v., Stadthauptmann. 10. April 1736. Cronstadt, druckts Michael Heltzdörffer. Anno 1736.
Trausch Manuskr. Fol. 51. I. Nr. 122 S. 265.

1304. *L. G. auf Seuler v. Seulern Lucas Cristophorus. Studios. 17. Mai 1736. Cron-Stadt, druckts Michael Heltzdörffer 1736.
Trausch Manuskr. Fol. 51. I. Nr. 123. S. 267.

1305. *L. G. auf Johanna Christiana Groossin geb. Lachmannin., des H. Bartholomaei Groosz, stud. jur. Acad. Ehe-Gemahlin. Cron-Stadt druckts Michael Heltzdörffer 1736.
Kronst. Gymnasialbibl., Leichenkarten I. Nr. 11.

1306. *L. G. auf Filstich Stephan, Stadtrichter. 10. October. 1737. Cron-Stadt, druckts Michael Heltzdörffer 1737.
Trausch Manuskr. Fol. 51. I. Nr. 125 S. 271.

1307. *L. G. auf Drauth Catharina. 25. October 1737. Cronstadt, Druckts Michael Heltzdörffer 1737.
Trausch Manuskr. Fol. 51. I. Nr. 126. S. 273.

1308. *L. G. auf Drauth Josef und Chrestels Martha. 20. Februar 1737. Cron-Stadt Die 20. Febr. Anno 1737.
Trausch Manuskr. Fol. 52. Nr. 41 S. 229—232.

1309. *L. G. auf Valentinus Neidel. Con-Rector. 3. Mart. 1737. Cron-Stadt druckts Michael Heltsdörffer Anno 1737.
Kronst. Gymnasialbibl. Leichenkarten I. Nr. 12.

1310. *L. G. auf Barthosch Petrus, Assessor. 30. Juni 1738. Cron-Stadt, druckts Michael Heltzdörffer. 1738.
Trausch Manuskr. Fol. 51. I. Nr. 127. S. 275.

1311. *Wohlverdienter Ehrenkranz der Jungfer Anna Maria Christina, Tochter des gewesenen Stadt-Hannes Fronii Michael, von **Tartler Marc., Honterus Johannes** und **Clos Petrus.** Cron-Stadt, druckts Michael Heltzdörffer im Jahr 1738.
Trausch Manuskr. 4° 59. Nr. 5. S. 141—176.

1312. *L. G. auf Fronius Anna Maria Christina, Tochter des Stadthannen Fronius Michael. 2. Februar 1738. Cronstadt, druckts Michael Heltzdörffer 1738.
Trausch Manuskr. Fol. 51. II. Nr. 9. S. 17.
Leichenrede auf dieselben von **Tartler Marcus.** 4° 18 Bl.

1313. *L. G. auf Plecker Georg. Secretair. 9. August 1738. Cron-Stadt, druckts Michael Heltzdörffer 1738.
Trausch Manuskr. Fol. 51. I. Nr. 128. S. 277.

1314. *H. G. auf Plecker Georg und Filstich Catharina. 15. October 1738. Cronstadt.
Trausch Manuskr. Fol. 52. Nr. 43. S. 237—240.

1315. *H. G. auf Clomp Petrus, Lector, und Tartler Anna. 20. August 1738. Cron-Stadt, druckts Mich. Heltzdörffer im Jahr 1738.
Trausch Manuskr. Fol. 52. Nr. 42. S. 233—236.

1316. *L. G. auf Drauth Anna Catharina, geb. Closius. 28. April 1739. Cron-Stadt.
Trausch Manuskr. Fol. 51. Nr. 129. S. 279.

1317. *Gedicht auf die Fronius und Herbertischen Hochzeit Festin. 27. October 1739. Cron-Stadt druckts Georgius Klein 1739.
Kronstädter Gymnasialbibliothek, Hochzeit-Gedichte Nr. 2 Fol. 2 Bl.

1318. *L. G. auf Drauth Samuel, Dr. med. 16. September 1739. Cron-Stadt, druckts Georgius Klein 1739.
Trausch Manuskr. Fol. 51. II. Nr. 10. S. 19.

1319. *L. G. auf Schobel Joseph, Pfarrer in Tartlau. 18. September 1739. Cron-Stadt, druckts Georgius Klein 1739.
Trausch Manuskr. Fol. 51. I. Nr. 130. S. 281.

1320. *L. G. auf Herberth Catharine, geb. Rheter. 17. Februar 1740. Cron-Stadt, druckts Martinus Fernolend 1740.
Trausch Manuskr. Fol. 51. I. Nr. 131. S. 283.

1321. *L. G. auf Croner Daniel, Dechant und Pfarrer in Heldsdorf. 23. April 1740. Cronstadt, druckts Martinus Fernolend. Anno 1740.
Trausch Manuskr. Fol. 51. II. Nr. 11. S. 21. (Auf Seide.)

1322. *H. G. auf Fronius Michael und Seewald Martha. 8. November 1740. Cron-Stadt, Gedruckt von Martino Fernolend. 1740.
Trausch Manuskr. Fol. 52. Nr. 48. S. 257–260.

1323. *H. G. auf Albrich Martin und Seuler Johanna. 23. November 1740. Cron-Stadt, Gedruckt von Martino Fernolend. 1740.
Trausch Manuskr. Fol. 52. Nr. 47. S. 253–256.

1324. *H. G. auf Igel Marcus und Raab Anna Marie. 27. September 1740. Gedruckt von Martino Fernolend. 1740.
Trausch Manuskr. Fol. 52. Nr. 45. S. 245–248.

1325. *L. G. auf Seevald Susanna v., geb. Wolff. 26. Januar 1741. Cron-Stadt, Druckts Martino Fernolend. 1741.
Trausch Manuskr. Fol. 51. I. Nr. 133. S. 287.

1326. *L. G. auf Seuler v. Seulen Joh. Traug. Carl. 11. März 1741. Gedruckt von Martino Fernolend.
Trausch Manuskr. Fol. 51. I. Nr. 134. S. 289.

1327. *L. G. auf Lang Johann, Pfarrer in Brenndorf. 11. October 1741. Cronstadt, Gedruckt von Martino Fernolend. 1741.
Trausch Manuskr. Fol. 51. I. Nr. 135. S. 291.

1328. *H. G. auf Closius Martin und Igel Johanna. 1741. Cronstadt. Gedruckt von Martino Fernolend. 1741.
Trausch Manuskr. Fol. 52. Nr. 49. S. 261–264.

1329. *H. G. auf Schobel Joseph Traugott, Stud. Jur. und Seuler Anna Catharina. 24. Juli 1742. Druckts Martino Fernolend. 1742.
Trausch Manuskr. Fol. 51. I. Nr. 137. S. 295.

1330. L. G. auf Neidel Paulus, Assessor. 8. August 1742. Druckts Martinus Fernolend.
Kronstädter Gymnasialbibl., Leichenkarten II. Nr. 44. Fol.

1331. *H. G. auf Neidel Christoph und Filstich Susanna. 1742. Cronstadt, Gedruckt von Martino Fernolend 1742.
Trausch Manuskr. Fol. 52. Nr. 55. S. 285–288.

1332. *H. G. auf Closius Stephan Dr. und Tartler Anna Maria. 28. November 1742. Cronstadt, gedruckt von Martino Fernolend.
Trausch Manuskr. Fol. 52. Nr. 54. S. 281–284.

1333. *H. G. auf Schobel Joseph und Seuler Anna Catharina. 24. Juli 1742. Gedruckt von Martino Fernolend.
Trausch Manuskr. Fol. 52. Nr. 51. S. 273–274.

1334. *H. G. auf Herberth Samuel und Seulen Justina, geb. Gottsmeister. 8. Mai 1742. Cronstadt, gedruckt von Martino Fernolend.
Trausch Manuskr. Fol. 52. Nr. 50. S. 265–272.

1335. *L. G. auf Albrich Sara, geb. Drauth, 1. Mai 1743.
Trausch Manuskr. Fol. 51. I. Nr. 139. S. 299.

1336. *L. G. auf Fronius Sara, geb. Closius. 17. Juni 1743. Cronstadt, gedruckt von Martino Fernolend.
Trausch Manuskr. Fol. 51. I. Nr. 140. S. 301.

1337. *L. G. auf Fronius Daniel, Decan und Pfarrer in Honigberg. 31. August 1743.
Trausch Manuskr. Fol. 51. I. Nr. 141. S. 303.

1338. *L. G. auf Filstich Joh., Rector Gymnasii. 18. December 1743. Gedruckt von Martino Fernolend.
Trausch Manuskr. Fol. 51. I. Nr. 42. S. 305.

1339. *L. G. auf Filstich Anna Maria, geb. Herrmann. 20. Mai 1744.
Trausch Manuskr. Fol. 51. Nr. 143. S. 307.

1340. *J. S. **Schilbachs** Epitaphium für den Cäsar Josef v. Lentulus, gewesenen Stadt- und Grenzcommandanten in Kronstadt. 29. Mai 1744.
Trausch Manuskr. Fol. 53. II. Nr. 10. a. S. 255—258.

1341. *H. G. auf Chrestels Paul und Igel Barbara. 1744. Gedruckt von Martino Fernolend.
Trausch Manuskr. Fol. 52. Nr. 62. S. 331—334.

1342. *L. G. auf Rosenfeld Agnetha Rosina. 20. März 1745.
Trausch Manuskr. Fol. 51. Nr. 144 S. 309.

1343. *H. G. auf Czako v. Rosenfeld Franz und Herrmann Sara Elise 18. Mai. 1745. Cronstadt, Gedruckt von Martino Fernolend.
Trausch Manuskr. Fol. 53. I. Nr. 16. S. 197—200.

1344. *L. G. auf Seevald Martha, geb. Igel. 20. März 1745.
Trausch Manusk, Fol. 51. I. Nr. 145. S. 311.

1345. *Chrestels Paul, Stadtrichter. 26. December 1745.
Trausch Manuskr. Fol. 51. I. Nr. 146. S. 313.

1346. *L. G. auf Rheter Martha. 20. Mai 1747.
Trausch Manuskr. Fol. 51. I. Nr. 147. S. 315.

1347. *L. G. auf Herbert v. Herbersheim Samuel, Stadtrichter. 26. December 1747.
Trausch Manuskr. Fol. 51. Nr. 149. S. 319.

1348. *H. G. auf Rheter Georg und Seuler Justina. 24. April 1748. Cronstadt, in der Seulerischen Buchdruckerey, gedruckt von Martino Fernolend.
Trausch Manuskr. Fol. 52. Nr. 68. S. 357—364.

1349. *L. G. auf Honterus Johann, Pfarrer in Rothbach. 10. October 1749. Cronstadt. Gedruckt von Martino Fernolend.
Trausch Manuskr. Fol. 51. I. Nr. 150. S. 321.

1350. *Albrich Johann Dr., Senator. 11. December 1749.
Trausch Manuskr. Fol. 51. I. Nr. 151. S. 323.

1351. *L. G. auf Bogner Andreas, Pfarrer in Marienburg. 19. März 1749. Cronstadt, Gedruckt von Martino Fernolendt.
Trausch Manuskr. Fol. 51. II. Nr. 12. S. 23.

1352. *H. G. auf Fronius Michael und Rheter Martha. 28. Januar

1750. Cronstadt, in der Seulerischen Buchdruckerey, gedruckt von Martino Fernolend.

Trausch Manuskr. Fol. 53. Nr. 69 S. 365—368.

1353. *L. G. auf Gokesch Johann, Pfarrer in Weidenbach. 21. November 1750. Cronstadt, Gedruckt von Martino Fernolend.

Trausch Manuskr. Fol. 51. I. Nr. 152. S. 325.

1354. *L. G. auf Igel Valentin, Stadtpfarrer. 30. Januar 1751. Cronstadt, Gedruckt von Martino Fernolend.

Trausch Manuskr. Fol. 51. I. Nr. 153. S. 327.

1355. *L. G. auf Closius Johanna, geb. Igel. 12. April 1751.

Trausch Manuskr. Fol. 51. I. Nr. 154. S. 329.

1356. *L. G. auf Clompe Petrus, Rektor. 14. Juni 1751. Kronstadt, Gedruckt von Martino Fernolend.

Trausch Manuskr. Fol. 51. I. Nr. 155. S. 331.

1357. *L. G. auf Fronius Stephan, Pfarrer in Honigbach. 8. August 1751.

Trausch Manuskr. Fol. 51. I. Nr. 156. S. 333.

1358. *L. G. auf Clompe Petrus, Rektor. 14. Juni 1751. Gedruckt von Martino Fernolend.

Trausch Manuskr. Fol. 51. II. Nr. 11. S. 27.

1359. *H. G. auf Seulen Mart. Gottl. v. und Closius Martha. 17. November 1751. Cronstadt, in der Seulerschen Buchdruckerey gedruckt von Martino Fernolend.

Trausch Manuskr. Fol. 52. Nr. 71c. S. 381—386.

1360. *Closius Martin, Stadtrichter. 28. September 1752. Cronstadt, Gedruckt von Martino Fernolend.

Trausch Manuskr. Fol. 51. I. Nr. S. 335.

1361. *L. G. auf Fronius Michael Gottlieb, Senator. 6. Dec. 1752.

Trausch Manuskr. Fol. 51. I. Nr. 158. S. 337.

1362. *H. G. auf Closius Martin und Seidel Sara. 22. November 1752. Cronstadt, in der Seuler'schen Buchdruckerey gedruckt von Martino Fernolend.

Traurch Manuskr. Fol. 52. Nr. 75. S. 397—400.

1363. *H. G. auf Seewald Petrus und Seidel Anna Catharina. 15. November 1752. Cronstadt, in der Seuler'schen Buchdruckerey gedruckt von Martino Fernolend.

Trausch Manuskr. Fol. 52. Nr. 74. S. 395—396.

1364. *L. G. auf Colb Lucas, Dechant und Pfarrer in Rosenau. 31. Octob. 1753.

Trausch Manuskr. Fol. 51. Nr. 159. S. 339.

1365. *H. G. auf Reissenfels Carl Friedr. v. und Seulen Amalia v. 18. Juli 1753. Cronstadt, in der Seulerischen Buchdruckerey gedruckt von Georg Weinisch. 1753.

Trausch Manuskr. Fol. 52. Nr. 78. S. 413—420.

1366. *H. G. auf Bogner Samuel und Rheter Johanna. 4. Juli 1753.

Cronstadt, in der Seulerischen Buchdruckerey gedruckt von Georg Weinisch.

Trausch Manuskr. Fol. 52. Nr. 77. S. 405–412.

1367. *H. G. auf Closius Laurentius und Neidel Agneta. 1753. Cronstadt, in der Seuler'schen Buchdruckerey gedruckt von Georg Weinisch.

Trausch Manuskr. Fol. 52. Nr. 76. S. 400–404.

1368. *L. G. auf Milius Vendelinus. Pfarrer in Honigberg. 22. Febr. 1754.

Trausch Manuskr. Fol. 51. Nr. 160. S. 341.

1369. *L. G. auf Sewaldt Susanna, geb. Orbes. 8. Mai 1754. Cronstadt. Gedruckt von Georgio Weinisch.

Trausch Manuskr. Fol. 51. I. Nr. 161. S. 343.

1370. *L. G. auf Seevald Christof v., Stadtrichter. 8. December 1754.

Trausch Manuskr. Fol. 51. I. Nr. 163. S. 347.

1371. *H. G. auf Pöldner Georg und Filstich Anna Marg. 22. Mai 1754. Cronstadt, in der Seuler'schen Buchdruckerey gedruckt von Georg Weinisch. 1754.

Trausch Manuskr. Fol. 52. Nr. 79. S. 421–424.

1372. *L. G. auf Schobel Sara, geb. Filstich. 8. August 1755. Cronstadt, druckts Christian Lehmann.

Trausch Manuskr. Fol. 51. I. Nr. 165. S. 351.

1373. *L. G. auf Czako v. Rosenfeld Franz, Rektor. 12. November. 1755. Druckts Christian Lehmann.

Trausch Manuskr. Fol. 51. I. Nr. 166. S. 353.

1374. *H. G. auf Himesch Petrus und Filstich Anna Maria. 19. Mai 1756. Cronstadt, in der Seulerischen Buchdruckerey druckts Christian Lehmann.

Trausch Manuskr. Fol. 52. Nr. 80. S. 425–428.

1375. *L. G. auf Herbertsheim Justina v., geb. Gottsmeister. 8. September 1757.

Trausch Manuskr. Fol. 51. I. Nr. 167. S. 353.

1376. *L. G. auf Kraus Anna Margarethe, geb. Filstich. 24. Okt. 1757. Druckts Christian Lehmann.

Trausch Manuskr. Fol. 51. II. Nr. 17. S. 33.

1377. *L. G. auf Tartler Marcus, Stadtpfarrer. 25. Juli 1757. Druckts Christian Lehmann.

Kronstädter Gymnasialbibliothek, Leichenkarten I. Nr. 33.

1378. *L. G. auf Seuler Johann Traugott v., Stadtrichter 2. Oct. 1757. Druckts Cristian Lehmann.

Trausch Manuskr. Fol. 51. I. Nr. 168. S. 357.

1379. *L. G auf Scheipner Bartholomaeus, Pfarrer in Weidenbach. 28. Juli 1758. Druckts Christian Lehmann.

Trausch Manuskr. Fol. 51 I. Nr. 169. S. 359.

1380. *L. G. auf Herbert v. Herbertsheim Samuel, königl.

Steuereinnehmer. 23. Juli 1761. Cronstadt, Gedruckt von Martin Brenndörffer.

Trausch Manuskr. Fol. 51. II. Nr. 18. S. 35.

1381. L. G. auf Sara Elisabetha Czako v. Rosenfeld geb. Herrmann. 15. Oktober 1761.

Kronstädter Gymnasialbibliothek, Leichenkarten III.

1382. *L. G. auf Drauth Joseph, Senator. 6. September 1762. Cronstadt, Gedruckt von Martin Brenndörffer.

Trausch Manuskr. Fol. 51. II. Nr. 19. S. 37.

1383. *L. G. auf Fleischer Susanna, Gattin des Rektors Johann Filstich und Dr. Johann Albrich. 24. October 1762 *(Magyarisch und Deutsch)* Coronae in officina Seuleriana expressit Martinus Brenndörffer. 1762.

Trausch Manuskr. Fol. 53. II. Nr. 17. S. 315—318.

1384. *L. G. auf Fronius Michael, Assessor. 18. October 1763. Cronstadt, Gedruckt von Martin Brenndörffer.

Trausch Manuskr. Fol. 51. I. Nr. 170. S. 361.

1385. *L. G. auf Herrmann Georg, Stadthann. 24. Juni 1763. Cronstad, Gedruckt von Martin Brenndörffer.

Trausch Manuskr. Fol. 51. II. Nr. 20. S. 39.

1386. *L. G. auf Herrmann Georg, Stadthann, „von dessen hinterbliebenen drey trostlosen Söhnen." 24. Juni 1763. Cronstadt, in der Seuler'schen Buchdruckerey gedruckt von Martin Brenndörfer.

Trausch Manuskr. Fol. 51. II. Nr. 19. S. 323—326.

1387. *L. G. auf Chrestels Sara, geb. Kinsch. 10. October 1764. Cronstadt, Gedruckt von Martin Brenndörffer.

Trausch Manuskr. Fol. 51. I. Nr. 171. S. 363.

1388. *L. G. auf Pöldner Georg und dessen Wittwe Helner Sophia. 1764. Cronstadt, in der Seulerischen Buchdruckerey druckts Martin Brenndörffer.

Trausch Manuskr. Fol. 53. II. Nr. 20. S. 327—334.

1389. *L. G. auf Mylius Johann Friedrich, Dr. med. 24. October 1764. Cronstadt, Druckts Martin Brenndörffer.

Trausch Manuskr. Fol. 51. II. Nr. 21. S. 41.

1390. *H. G. auf Herrmann G. M. G. v. und Heidendorf Sofia Susanna v. 5. September 1764. Cronstadt, in der Seulerischen Buchdruckerey druckts Martin Brenndörffer.

Trausch Manuskr. Fol. 52. Nr. 86. a—e S. 467—478.

1391. *L. G. auf Fronius Andreas, Medicina Doctor. 25. Januar 1764. Cronstadt, Gedruckt von Martin Brenndörffer.

Kronstädter Gymnasialbibliothek, Leichenkarten. I. Nr. 39. Fol.

1392. *H. G. auf Rauss Johann und Wenzel Sara. 6. März 1764. Cronstadt, in der Seulerischen Buchdruckerey gedruckt von Mart. Brenndörffer.

Trausch Manuskr. Fol. 52. Nr. 81. S. 455—462.

1393. *H. G. auf Drauth Samuel und Closius Anna Maria. 29. Februar 1764. *Das 1.:* Jena, gedruckt mit Straussischen Schriften. *Das 2.:* In der Seulerischen Buchdruckerey von Martin Brenndörffer. *Das 3:* Manuskr.
Trausch Manuskr. Fol. 52. Nr. 83. S. 441—454.

1394. *L. G. auf Elisabetha Dürrin geb. Tartler, Gemahlin des Joh. Georg Dürr, Assessor. 2. April 1765. Cronstadt, Druckts Martin Brenndörffer.
Kronstädter Gymnasialbibliothek, Leichenkarten III.

1395. *L. G. auf Teutsch Catharina, geb. Stühler. 26. Juli 1765. Cronstadt, Druckts Martin Brenndörffer.
Trausch Manuskr. Fol. 51. I. Nr. 173. S. 367.

1396. *H. G. auf Enyeter Andreas und Albrich Sara. 10. Juli 1765. Cronstadt, in der Seulerischen Buchdruckerey druckts Martin Brenndörffer.
Trausch Manuskr. Fol. 52. Nr. 88. S. 487—490.

1397. *L. G. auf Trausch Anna, geb. Bömches. 19. Juni 1766. Cronstadt, Gedruckt von Martin Brenndörffer.
Trausch Manuskr. Fol. 51. I. Nr. 176 S. 375.

1398. *L. G. auf Teutsch Andreas und Rebecca Sara, verw. Himesch. 18. Juni 1766. Cronstadt, in der Seulerischen Buchdruckerey druckts Martin Brenndörffer.
Trausch Manuskr. Fol. 52. Nr. 91. S. 499—502.

1399. *L. G. auf Neidel Sara, geb. Greissing. 6. August 1767. Cronstadt, Gedruckt von Martin Brenndörffer.
Trausch Manuskr. Fol. 51. II. Nr. 23. S. 45.

1400. *L. G. auf Anna Maria geb. Kellerin, Gemahlin des Stadthannen Tartler Valentinus. 13. September 1767. Cronstadt, druckts Martin Brenndörffer.
Kronstädter Gymnasialbibliothek. Leichenkarten I. Nr. Fol. 47.

1401. *H. G. auf Draudt Marc. Anton und Chrestels Barbara. 23. Januar 1768. Cronstadt, in der Seulerischen Buchdruckerey druckts Martin Brenndörffer.
Trausch Manuskr. Fol. 52. Nr. 94. S. 523—526.

1402. *L. G. auf Trausch Nathanael, Decan und Pfarrer in Zeiden. 31. August 1768. Cronstadt, Gedruckt von Martin Brenndörffer.
Trausch Manuskr. Fol. 51. I. Nr. 178. S. 379.

1403. *L. G. auf Closius Catharina, geb. Greissing. 4. September 1768. Cronstadt, Gedruckt von Martin Brenndörffer.
Trausch Manuskr. Fol. 51. II. Nr. 24. S. 47.

1404. *L. G. auf Schobel Anna Catharine, geb. v. Seuler. 10. April 1769. Cronstadt, Gedruckt von Martin Brenndörffer.
Trausch Manuskr. Fol. 51. II. Nr. 25. S. 49.

1405 *L. G. auf Tartler Thomas, Pfarrer in Tartlau. 8. Februar 1770. Cronstadt, druckts Martin Brenndörffer.
Trausch Manuskr. Fol. 51. I. Nr. 179. S. 381.

1406. *L. G. auf Rheinert Martin, Kirchenvater. 15. December 1770. Cronstadt, druckts Martin Brenndörffer.
Kronstädter Gymnasialbibliothek, Leichenkarten I. Nr. 49. Fol.

1407. *L. G. Teutsch Sara, geb. Gundhardtin. 17. October 1770. Cronstadt, druckts Martin Brenndörffer.
Kronstädter Gymnasialbibliothek, Leichenkarten I. Nr. 48. Fol.

1408. *L. G. auf Closius Laurentius, Prediger zu St. Bartholomä. 28. December 1770. Kronstadt, druckts Martin Brenndörffer.
Kronstädter Gymnasialbibliothek, Leichenkarten, III. Fol.

1409. *L. G. auf Closius Martinus Gottofredus, Quästor. 6. Jan. 1770.
Kronstädter Gymnasialbibliothek, Leichenkarten III.

1410. *L. G. auf Clos Petrus, Stadtpfarrer. 6. Januar 1771. Cronstadt, druckts Martin Brenndörfer.
Trausch, Manuskript, Fol. 51. I. Nr. 180. S. 383.

1411. *L. G. auf Fronius Andreas Traugott, Sohn des Doctori A. F. 1771. Cronstadt, druckts Martin Brenndörffer.
Kronstädter Gymnasialbibliothek, Leichenkarten III.

1412. *L. G. auf Hiemesch Anna Catharina, geb. Rheterin. 3. Januar 1771. Cronstadt, druckts Martin Brenndörffer.
Kronstädter Gymnasialbibliothek, Leichenkarten I. Nr. 50.

1413. *L. G. auf Himesch Johann, Notarius. 31. October 1771.
Kronstädter Gymnalbibliothek, Leichenkarten I. Nr. 43.

1414 *L. G. auf Closius Anna Maria, geb. Tartler. 18. Juni 1772. Kronstadt, druckts Martin Brenndörffer.
Trausch, Manuskript. Fol. 51. II. Nr. 27. S. 53.

1415. *L. G. auf Seulen Martin Gottlob, k. Perceptor. 25. April 1772. Cronstadt, Gedruckt von Martin Brenndörffer.
Trausch, Manuskript. Fol. 51. I. Nr. 181. S. 385.

1416. *L. G. auf Seulen Sara, geb. Chrestels. 29. September 1772. Cronstadt, druckts Martin Brenndörffer.
Trausch. Manuskript. Fol. II. Nr. 29. S. 57.

1417. *H. G. auf Schobeln Joh. Georg und Albrich Johanna Regina. 30. August 1773. Kronstadt, in der Albrichischen Buchdruckerey druckts Martin Brenndörfler.
Trausch Manuskr. Fol. 52. Nr. 97. S. 569—572.

1418. *L. G. auf Igelan Barbara, geb. Fronius. 23. August 1773. Cronstadt, Druckts Martin Brenndörffer.
Trausch Manuskr. Fol. 51. I. Nr. 182. S. 387.

1419. *L. G. auf Roth Martha, geb. Alzner. 2. September 1775. Cronstadt. Druckts Martin Brenndörffer.
Trausch Manuskr. Fol. 51. I. Nr. 183. S. 389.

1420. *L. G. auf Seidel Margaretha, geb. Schnell. 21. Februar 1777. Kronstadt, druckts Martin Brenndörffer.
Trausch Manuskr. Fol. 51. I. Nr. 184. S. 391.

1421. *L. G. auf Enyeter Sara Johanna. 15. August 1779. Cronstadt, in der Albrichischen Buchdruckerey Druckts Martin Brenndörffer.
Trausch Mannskr. Fol. 53. II. Nr. 25. S. 121—124.

1422. *L. G. auf Herrmann Susanna Sophia, geb. v. Heydendorf. 13. April 1780. Cronstadt. Druckts Martin Brenndörffer.
Trausch Mannskr. Fol. 51. I. Nr. 188. S. 401.

1423. *Thränen .. auf das Grab der .. Fräul. Johanna Friedericke Josepha Fronius .. von **M. F. Fronius.** CRONSTADT, In der Albrichischen Buchdruckerey Druckts Martin Brenndörffer. 1781. 4° 4 S.
Trausch Mannskr. 4°. 57. Nr. 56. S. 469—472.

1424. *Trauer-Oden auf den Tod der Kayserin Maria Theresia, Cronstadt, In der Albrichischen Bruchdruckerey gedruckt von Martin Brenndörfer, 1781.
Trausch Mannskr. Fol. 53. II. Nr. 26. S. 425—432.
Vgl. Trausch I. 224.

1425. *Ein Lied auf höchst seligen Hintritt der Gross-Fürstin von Siebenbürgen, Maria Theresien, welches in der hiesigen Cronstädter Evangelischen Pfarr-Kirche, nach der Leichen-Predigt, von der Gemeinde ist abgesungen worden. Von **Paul Roth.** 8° 4 S. Cantate 2 S.

1426. *Versuch den .. Hintritt .. Marien Theresiens .. zu besingen von **M. T. F(ronius).** Der freyen Künste beflissenen. *(Deutsch und französisch.)* CRONSTADT, In der Albrichischen Buchdruckerey druckts Martin Brenndörffer. 1781. 4° 8 S.
Trausch Mannskr. 4° 57. Nr. 55. S. 461—468.

1427. *L. G. auf Closius Stephan, Dr. Med. und Senator. 8 April 1781. Cronstadt, Druckts Martin Brenndörffer.
Trausch Mannskr. Fol. 51. I. Nr. 190. S. 401.

1428. *L. G. auf Schobeln Jos. Trang., Stadtrichter und Viecmundschenk. 7. August 1783. Cronstadt. Gedruckt von Martin Brenndörffer.
Trausch Mannskr. Fol. 51. I. Nr. 192. S. 411.

1429. *L. G. auf Croner Samuel, Decanus und Pfarrer in Petersberg. 26. April 1787. Cronstadt. Druckts Martin Brenndörffer.
Trausch Mannskr. Fol. 51. I. Nr. 195. S. 417.

1430. *L. G. auf Schobeln Martha, geb. Closius. 22. November 1801. Cronstadt, gedruckt von Friedrich Herfurth.
Trausch Mannskr. Fol. 51. I. Nr. 196. S. 419.

1431. *Elegie auf Johann v. Michelson, Sr. Russisch k. Majestät General der Cavallerie, (nebzt Lebens-Skizze). 31. August 1807.
Trausch Mannskr. 4° 57. I. Nr. 60. S. 505—512.

1432. *Leichencantate auf Samuel Schramm, Stadtpfarrer, von **L. J. Marienburg,** Rector. Kronstadt, gedruckt in der von Schobeln'schen Buchdruckerey von Fr. Aug. Herfurth. 1807. 8° 2 Bl.

1433. *Empfindungen .. bei der Nachricht des in Wien .. verstorbenen

Herrn Joseph Madatsch (von Chr. Heyser und Chr. Greissing). Kronstadt. 1808. 4° 4 S.

Trausch Manuskr. 4° 57. I. Nr. 62. S. 517—520.

1434. *H. G. auf Trausch Friedrich und Frl. Barbenius Katharina (von **Silbert**).

Trausch Manuskr. 4° 57. I. Nr. 63. S. 521—523.

1435. *Die Wehmuth. (Am Grabe des Distrikts-Richters Jacob Pauli von Heyser.) 1813.

Trausch Manuskr. 4° 57. I. Nr. 64 S. 525.

1436. *Klage am Grabe des Joseph Benjamin Barbenius, Doctors der Medicin von **Chr. Heyser.** 27. Februar 1814. Kronstadt, gedruckt in der von Schobeln'schen Buchdruckerey von F. A. Herfurth. 4° 11 S.

Trausch Manuskr. 4° 57. Nr. 67. S. 535—545.

1437. *Wiedergeburt der nach der Diluvianischen Ebbe zum Vorschein gekommenen Töchter der Erde. Eine wunderseltsame Historia in sechsundzwanzig Gesängen zur Feier der Vermählung des H. A. S. mit Fräulein J. M. (d. i. Andreas Särai mit Juliana May) in sassliche, gar zierliche Reimleins gebracht, nec non Sententiunculis aurei aevi discoloribus munita von einem gutgelaunten Freunde der Vermählten. 1880. 4° 8. S.

Trausch Katalog.

1438. *L. G. auf Pauline Ludovica Justina Heinrich, Tochter des Medic. Doctor Martin Heinrich. Von einem theilnehmenden Freund. 5. Juni 1820 8° 2 Bl.

1439. *Denkmal der Achtung dem am 24. August 1841 verstorbenen Ober-Richter der k. fr. Stadt und Districkts-Kronstadt Johann Georg v. Trauschenfels. Kronstadt. Johann Gött 1841. 4° 8 S.

1440. *Gedicht an Lassel Franz Pfarrer in Petersberg und Julie geb. Greissing zur silbernen Hochzeitsfeier. 2. August 1845.

Folio. 53. I. Nr. 106. S. 180.

1441. *Festlied zur silbernen Hochzeitsfeier des Pfarrers Petrus Tontsch in Neustadt und seiner Gattin Katharina geb. Lassel sowie zur Vermählungsfeier des Stadtpredigers G. Albert mit Juliana Ludowika Teutsch. Von **L. Moltke.**

Kronstadt 1847. 8° 2. Bl.

1442. *Sächisches Hochzeitsgedicht auf Lassel Julie und Giesel Fritz (von **Lassel Franz.**) 18. Mai 1862. 8° 2 Bl.

III. Schriften politischer und kirchlicher Behörden, Schulprogramme u. ä.

1. Schriften des Kronstädter Komitates.

1443. *Municipal-Organisations-Statut des Kronstädter Comitates. Johann Gött & Sohn Heinrich. 1878. 8° 39 S. *(Magyarisch, deutsch, romänisch.)*

*Statut über die Ausübung des Fischereirechtes auf dem Gebiete des Kronstädter Komitates. Johann Gött & Sohn Heinrich, 1884. 8° 8 S. *(Magyarisch, deutsch, romänisch.)*

*Statut des Kronstädter Komitates betreffend das Halten von Zuchtstieren, Hengsten und Ebern. Johann Gött & Sohn Heinrich. 1884. 8° 10 S. *(Magyarisch, deutsch, romänisch.)*

—

2. Schriften der Stadtgemeinde Kronstadt und einzelner Dorfgemeinden.

1444. *Gemeinde-Statut der Stadt Kronstadt. Johann Gött & Sohn Heinrich. 1878. 8° 144 S.

*Jahresvoranschläge 1874—1886 (*bis* 1882 bei Johann Gött & Sohn Heinrich, *dann* Alexi).

Feuerlösch-Ordnung für die Stadtgemeinde Kronstadt. Johann Gött & Sohn Heinrich. 1880.

Statut für den Waisenstuhl der Stadt Kronstadt. Johann Gött & Heinrich 1880.

Statut über das Kaminfegergewerbe. Alexi. 1885.

Statut über das Stellwagengewerbe. Kronstadt. Alexi. 1885.

Statut über das Fiakergewerbe. Alexi. 1885.

Straf-Statut der königl. freien Stadt Kronstadt mit geregeltem Magistrat über Uebertretungen. Alexi. 1885.

Entwurf zu einer Instruktion für den von der Kommune Kronstadt neu zu kreirenden Dienstes-Posten eines Wirthschafts-Inspektors. Johann Gött & Sohn Heinrich.

Instruktion für das städtische Forst-Personale. Alexi. 1886. 8° 62 S.

Jahresbericht über die Verwaltung und den Haushalt der mit geregeltem Magistrat versehenen Stadt Kronstadt für das Jahr 1879. Johann Gött & Sohn Heinrich. 1881.

Markt-Ordnung für die königl. freie Stadt Kronstadt. Alexi 1883.

Bericht und Anträge in Angelegenheit des Kronstädter Dampfsägewerkes. Alexi. 1883.

Statut über die Pflastermauth in Kronstadt. Alexi. 1883.

Vorarbeiten für die Schaffung eines Statutes über die Pensionirung der städtischen Beamten und Diener. Alexi. 1884.

Statut-Entwurf über die Regelung der Weideverhältnisse. Alexi. 1884.

Statut über die Ordnung der Benützung und Instandhaltung des Tömöser Wasserkanales. Alexi. 1884.

Statut über das Lastträgergewerbe. Alexi. 1885.

1445. *Nachbarschafts-Statuten in der Marktgemeinde Rosenau. Johann Gött 1864. 8° 6 S.

*Statuten behufs Regelung der alljährlich vorkommenden Gemeinde-Arbeiten in der Marktgemeinde Zeiden. Johann Gött & Sohn Heinrich. 1883. 8° 8 S.

---

3. Schriften Kronstädter Kirchengemeinden.

a) *Evangelische Kirchengemeinden A. B.

1446. Bruderschafts- und Schwesterschafts-Ordnung für die sächsischen Gemeinden des Kronstädter evang. Kirchenbezirkes A. B. Johann Gött & Sohn Heinrich. 1877. 8° 12 S.

1447. *Leichenordnung, wie solche von dem Cronstädter Consistorio Domestico zu einer künftigen Richtschnur, sowohl für die Kirchendiener, als auch für die hiesige Evang. Bürgerschaft unter dem 22. November 1784 und zwar nach den verschiedenen Classen, welche dabei angenommen sind, festgesetzet worden. Fol. 6 S.

Leichenordnung, wie solche vom Kronstädter Local-Consistorium A. C. V. nach Anleitung der im Jahr 1784 im Druck zur öffentlichen Kenntniss gebrachten Leichen-Ordnung und mit Berücksichtigung der im Laufe der Zeit nothwendig gewordenen Abänderungen zur künftigen Richtschnur sowohl für die Kirchendiener, als auch für die evang. Bürgerschaft vom 1. Juni 1835 angefangen nach den verschiedenen Classen der alten Leichen-Ordnung in Conv.-Münze festgesetzt worden Fol. 11 S.

Trausch Manuskr. Fol. 54.

1448. *Uebersicht der Gebühren, welche bei Copulationen der

Augsb. Conf. Verwandten in Kronstadt vom 1. Juny 1835 angefangen in Conv. Münze entrichtet werden sollen Fol. 1. S.

1449. Programm der Kronstädter evang. Gemeinde A. B. für das Jahr 1861. Veröffentlicht von dem ev. Presbyterium A. B. Johann Gött. 1860. 8° 12 S.

Zweiter Jahresbericht der Kronstädter evang. Gemeinde A. B. für das Jahr 1861. Johann Gött 1862 8° 12 S.

Dritter Jb. . . . 1862. Johann Gött. 1863. 8° 16 S.

Vierter Jb. . . . 1863. Johann Gött. 1864 8° 26 S.

Fünfter Jb. . . . 1864. Johann Gött 1865. 8° 42 S.

Sechster Jb. . . . 1865. Johann Gött 1866 8° 42 S.

Siebenter Jb. . . . 1866. Johann Gött und Sohn H. 1867 8° 42 S.

Achter Jb. . . . 1867. Predigt auf den 8. Sonntag nach Trinit. 11. August 1867. Gedächnissrede auf Dr. G. P. Binder mit Vorwort von Samuel Schiel. 13 S. Johann Gött und Sohn H. 1868. 8° 28 S.

Neunter Jb. . . 1868. . . Predigt auf den ersten Pfingsttag 1866, zugleich Weiherede über den neuen Altar in der Stadtpfarrkirche mit Vorwort von Samuel Schiel 17 S. Johann Gött und Sohn Heinrich 1869 8° 38 S.

Zehnter Jb. . . . 1869. . . Ein Wort über confessionslose Gemeindeschulen. Mit Vorwort von Samuel Schiel. 20 S. J. Gött und Sohn H. 1870. 8° 40 S.

Eilfter Jb. . . 1870. . Predigt auf den Neujahrstag 1871. Mit Vorwort von S. Schiel. J. Gött und Sohn H. 1871. 8° 40 S.

Zwölfter Jb. . . über das Jahr 1871. . . Predigt auf den 12. Sonntag nach Trinitatis 1871. S. 5—15. Kronstadt. Johann Gött & Sohn Heinrich. 1872. 8° 40 S.

Dreizehnter und vierzehnter Jb. . . 1872 und 1873. . . Predigt auf den 1. Pfingsttag 1874. Von S. Schiel. S. 5—13. Johann Gött & Sohn Heinrich. 1874. 8° 41 S.

Fünfzehnter und sechszehnter Jb. . . 1874 und 1875. Stiftungen zu Gunsten der evang. Gemeinde A. B. in Kronstadt. Johann Gött & Sohn Heinrich. 1876. 8° 67 S.

Siebzehnter und achtzehnter Jb. . . 1876 und 1877. Stiftungen zu Gunsten der evang. Gemeinde A. B. in Kronstadt. Johann Gött & Sohn Heinrich. 1878. 8° 87 S.

Neunzehnter und Zwanzigster Jb. . . 1878 und 1879 Confirmationsrede am Trinitatis-Sonntage. 23. Mai 1880. Mit Vorwort von Samuel Schiel. 15 S. Johann Gött & Sohn Heinrich. 1880. 8° 45 S.

Einundzwanzigster Jb. . . 1880. 1881. 1882. Johann Gött & Sohn Heinrich 1883. 8° 72 S.

Zweiundzwanzigster Jb. . . 1883 und 1884. Johann Gött & Sohn Heinrich. 1885. 8° 66 S.

1450. Verzeichniss der Sitze und ihrer Nutzniesser in der evang. Stadtpfarrkirche zu Kronstadt. Johann Gött 1861 und 1866.

Satzungen bezüglich der bei Taufen, Trauungen und Leichenbegängnissen zu entrichtenden Gebühren, festgestellt von der evang. grösseren Gemeinde-Vertretung A. B. in Kronstadt. 1870 und 1879. Johann Gött & Sohn Heinrich.

Geschäfts-Ordnung für das Presbyterium der Kronstädter evang. Kirchengemeinde A. B. Johann Gött & Sohn Heinrich. 1880.

Local-Statut der evang. Stadtpfarr-Gemeinde A. B. in Kronstadt, betreffend die inneren Verhältnisse der Muttergemeinde und ihrer Filialen. Johann Gött & Sohn Heinrich. 1882.

Friedhofs-Ordnung . . und Instruktion für die Friedhofsgräber der evang. Muttergemeinde A. B. in Kronstadt. Johann Gött & Sohn Heinrich. 1883.

Bestimmungen über den Vorgang bei Vergebung der Johann Tartler'schen Stipendien und Waisenhausstiftplätze, sowie bei Bestellung des Aufsehers (Waisenvaters) im Johann Tartler'schen Waisenhause. Johann Gött & Sohn Heinrich. 1883. 12° 16 S.

Statut über Zahl- und Eignungsbedingungen der an den innerstädtischen Schulen der Kronstädter evang. Kirchengemeinde A. B. wirkenden Lehrer und der ihnen unter verschiedenen Titeln zukommenden Bezüge. Johann Gött & Sohn Heinrich. 1884. 8° 2 Bl.

Bestimmungen die Johann Tartler'schen Stipendisten betreffend. Johann Gött & Sohn Heinrich. 1885. 12° 4 S.

1451. Kérő szózat a brassói ág. hitv. ev. magyar egyház kebeléből. Römer & Kamner. 1882. Fol. 2 Bl.

Kimutatása azon adományoknak a melyek a brassói ág. hitv. evang. magyar egyház község templomának 100 éves Jubiläumához szükséges templomi s egyéb javitásokra és diszitésekre befolytak. Römer és Kamnernél. 1884. 8° 8 S.

A brassói ág. hitv. evang. magyar egyházmegye tanácsának az erdélyi evang. egyházkerület kötelékéből való kilépés ügyében a brassói ág. hitv. evang. szász egyházmegye tanácsához intézett emlékirata. 1886. Fol. 2 S.

b) Römisch-katholische Kirchengemeinde.

1452. *Statuten der Kronstädter römisch-katholische Kirchengemeinde-Vertretung. A Brassói rom. kath. egyházmegye képviseletének alapszabályai. Römer & Kamner. 1871.

*Voranschläge. Alexi. 1882 ff.

A Bérmálás Szentségének szertartása. — Die Ausspendung des heiligen Sakramentes der Firmung. Römer & Kamner. 8° 8 S.

c) Griechisch-orientalische Kirchengemeinde.

1453. A Szt.-Háromságról czimzett brassói görök keleti egyházközség oláh tagjai. Pollák és Herrmann. Brassóban. (1872 *oder* 1873).

d) Israelitische Cultusgemeinde.

1454. *Statut der israelitischen Cultus-Gemeinde in Kronstadt. Johann Gött & Sohn Heinrich. 1877. *(Auch magyarisch.)*

---

4. Schulprogramme u. ä.

A. *Kronstädter Schulanstalten.

a) Evang. Gymnasium A. B.

1455. Erstes Programm des evang. Gymnasiums zu Kronstadt in Siebenbürgen, nebst Anschluss des unter derselben Direktion stehenden Lehrer-Seminars sowie auch der Unter-Realschule. Am Schlusse des Schuljahres 1851/52 veröffentlicht durch den Gymnasialdirektor Samuel Frätschkes. — Ueber den Umfang des philosophischen Studiums an Gymnasien S. 5—7. Johann Gött. 1852. 4°.

1456. Zweites Programm 1853/4 (*wie* 1851/2). - - Einige Bemerkungen betreffend das Fachsystem in seinem Verhältniss zu dem im Organisationsentwurf für österreichische Gymnasien gestellten höchsten Zweck der Gymnasialbildung: „Dass aus denselben ein edler Charakter hervorgehe," von Johann Vogt. S. 3—7. Johann Gött. 1854. 4°.

1457. Programm des evang. Gymnasiums zu Kronstadt in Siebenbürgen, nebst Anschluss des unter derselben Direktion stehenden Lehrer-seminars, so wie auch der Unterreal- und Volksschule. Am Schlusse des Schuljahres 1854/5. Veröffentlicht durch den Gymnasial-Director Samuel Fraetschkes. -- I. Das Höhenmessen von Franz Eduard Lurtz S. 3—17. II. Zur Frage des lateinischen Sprachunterrichtes an unsern Gymnasien von Friedrich Schiel. Kronstadt. Johann Gött 1855. 4°.

1458. Programm des evang. Gymnasiums in Kronstadt und der damit verbundenen Lehranstalten. Zum Schluss des Schuljahres 1855/56 veröffentlicht vom Director Samuel Schiel. — Die Temperatur der Quellen bei Kronstadt von Franz Ed. Lurtz. S. 3—15. Johann Gött. 1856. 4°

1459. Programm . . 1856/7 (*wie* 1855/6). — Versuch eines Leitfadens für die Vorlesungen über Logik in der dritten Klasse des Obergymnasiums. Von Heinrich Neugeboren. IX. 82 S. Johann Gött. 1857. 8°.

1460. Programm . . 1857/8 (*wie* 1855/6). Andeutungen über den geographischen Unterricht im Untergymnasium. Vom Director Samuel Schiel S. 1–30. Johann Gött 1858. 8°.

1461. Programm 1858/9 (*wie* 1855/6). — Tafeln zur Bestimmung der Zeit aus der Sonnenhöhe mittelst des Sextanten für die Polhöhe von Kronstadt. Von F. E. Lurtz. 51 S. Kronstadt. Johann Gött 1859. 4°.

1462. Programm 1859/60 (*wie* 1855/6). — Die Gebirgsarten im Burzenlande. Ein Beitrag zur Geognosie von Siebenbürgen. Von Josef Meschendörfer. 69 S. Johann Gött. 1860. 8°.

1463. Programm des ev. Gymnasiums zu Kronstadt und der damit verbundenen Lehr-Anstalten. Zum Schlusse des Schuljahres 1860/61. Veröffentlicht vom Direktor Friedrich Schiel. Die deutschen Ritter im Burzenlande von Friedrich Philippi. 72 S. Johann Gött. 1861. 8°.

1464. Programm 1861/2 (*wie* 1860/1). – Die deutschen Ritter im Burzenlande von Friedrich Philippi. S. 73–140 als Fortsetzung und Schluss zum vorigen Jahrgang. Johann Gött. 1862. 8°.

1465. Programm 1862/3 (*wie* 1860/1). A. Nausikaa. 6-ter Gesang der Odyssee des Homer, in freie Stanzen übersetzt von Ludw. Korodi. 18 S. B. Matrikel des Kronstädter Gymnasiums vom Jahre 1544 bis 1623. Von Fr. Schiel. 46 S. Johann Gött. 1863 8°.

1466. Programm . . . 1863/4 (*wie* 1860/1). — A. Zur Geschichte des Turnens im Siebenbürger Sachsenland von W. Teutschländer. 24 S. B. Fortsetzung der Matrikel des Kronstädter Gymnasiums vom Jahre 1624–1704. S. 47–87. Johann Gött. 1864. 8°.

1467. Programm . . . 1864/5 (*wie* 1860/1.) – A. Die römische Satire und ihre Hauptvertreter von Eugen Lassel. 31 S. B. Fortsetzung der Matrikel des Kronstädter Gymnasiums vom Jahre 1704–1784. S. 89 bis 154. Johann Gött. 1865. 8°.

1468. Programm . . . 1865/6 (*wie* 1860/1). – A. Versuch einer urweltlichen Geschichte des Burzenlandes von J. T. Meschendörfer. 49 S. mit 6 lithographischen Abbildungen. B. Fortsetzung und Schluss der Matrikel des Kronstädter Gymnasiums vom Jahre 1785–1810. S. 155 bis 210. Johann Gött & Sohn Heinrich. 1866. 8°.

1469. Programm . . 1866/7 (*wie* 1860/1). — Berechnung der Logarithmen, der natürlichen Zahlen und der trigonometrischen Funktionen von Eduard Lurtz. 27 S. Johann Gött & Sohn Heinrich. 1867. 8°

1470. Programm . . 1867/8 (*wie* 1860/1). – Irene. Trauerspiel in fünf Aufzügen von Karl v. Kisfaludy, aus dem Ungarischen übersetzt vom Prediger und Professor Jul. Hornyánszky. 73 S. Johann Gött & Sohn Heinrich. 1868. 8°.

1471. Programm des evang. Gymnasiums A. B. zu Kronstadt und der damit verbundenen Lehranstalten. Zum Schlusse des Schuljahres 1868/9 veröffentlicht vom Rektor Franz Lassel. — Versuch eines Leitfadens der Geometrie für Untergymnasien von Eduard Kessler, Gymnasiallehrer. 39 S. Johann Gött & Sohn Heinrich. 1869. 8°.

1472. Programm . . 1869/70 (*wie* 1868/9). — Versuch eines Leitfadens der Geometrie für Untergymnasien von Eduard Kessler, Gymnasiallehrer. (Schluss.) 46 S. Johann Gött & Sohn Heinrich. 1870. 8°.

1473. Programm . . 1870/1 (*wie* 1868/9). — Die Verfassung der evang. Landeskirche A. B. in Siebenbürgen von Franz Lassel. 55 S. Johann Gött & Sohn Heinrich. 1871. 8°.

1474. Programm . . 1871/2 (*wie* 1868/9). — Berechnung des Pensions-Einheiten-Werthes für alle Altersclassen der Kronstädter allgemeinen Pensions-Anstalt. Von Eduard Lurtz. 40 S. Johann Gött & Sohn Heinrich. 1872. 8°.

1475. Programm . . 1872/3 (*wie* 1868/9). — Zur Vergleichung der Iliade und des Nibelungenliedes. Von Michael Türk. 37 S. Johann Gött & Sohn Heinrich. 1873. 8°.

1476. Programm . . 1873/4 (*wie* 1868/9). - A. Die Lectüre aus der Muttersprache. Von Johann Vogt. 11 S. B. Rede zur Eröffnung des neu hergestellten Gymnasialgebäudes in Kronstadt am 16. September 1873. Von Franz Lassel. S. 12—17. Johann Gött & Sohn Heinrich. 1874. 8°.

1477. Programm . . 1874/5 (*wie* 1868/9). — Handbuch der Formenlehre für die IV. Elementar-Classe. Von Josef Teutsch. 49 S. Johann Gött & Sohn Heinrich. 1875. 8°.

1478. Programm des evangel. Gymnasiums A. B. zu Kronstadt und der damit verbundenen Lehranstalten. Am Schlusse des Schuljahres 1875/6 veröffentlicht von Johann Vogt, Rector. — Wesen und Begründung der Lehre Darwin's. Von J. Römer, Fachlehrer für Naturwissenschaften. 51 S. Johann Gött & Sohn Heinrich. 1876. 8°.

1479. Programm . . . 1876/7 (*wie* 1875/76). — Der Religionsunterricht auf den höheren Lehranstalten. Ein Beitrag zur Orientirung auf diesem Gebiet. Von Johann Vogt. S. 1—15. 2. Antrittsrede des Rectors. Zur Eröffnung der Prüfungen am 3. Juli 1876 S. 16—21. 3. Zur Eröffnung der Schulen am 4. September 1876 S. 22—25. 4. Rede, gehalten am 23. October 1876 bei der Einweihung des Mädchen-Schulgebäudes vom Mädchen-Schuldirector Karl Thomas, S. 26—30. Johann Gött und Sohn Heinrich. 1877. 4°.

1480. Programm . . 1877/8 (*wie* 1875/6). - 1. a) Der Bürger-Aufstand von 1688 und b) Der grosse Brand von 1689 von Professor Fr. Philippi. S. 1—39. 2. Zur Eröffnung der Prüfungen am 9. Juli 1877 S. 40—43. Zur Eröffnung der Schulen am 1. September 1877 von Johann Vogt. S. 44—46. Johann Gött & Sohn Heinrich. 1878. 4°.

1481. Programm . . 1878/9 (*wie* 1875/6). — 1. Quid venusti et elegantis in verborum elocutione Homeri carmina habeant. Von Professor Franz Herfurth. S. 1—27. 2. Zur Eröffnung der Prüfungen am 3. Juli 1878. S. 28—32. 3. Zur Eröffnung der Schulen am 2. September 1878 von Johann Vogt. 4. Anhang: Eine Kirchenvisitation im Burzenlande vor 300 Jahren. Mitgetheilt von Professor Fr. Philippi. S. 68—70. Johann Gött & Sohn Heinrich. 1879 4°.

1482. Programm . . 1879/80 (*wie* 1875/6). — 1. Ein Bild aus dem Leben der alten Schule. (Skizze aus meinem Leben.) Von Johann Vogt. S. 1—16. 2. Zur Eröffnung der Prüfungen am 1. Juli 1879. S. 17—20. 3. Zur Eröffnung der Schulen am 1. September 1879. S. 21—22. Von Johann Vogt. 4. Zugabe: Aus unserem Gymnasialarchiv. I. Unsere Schulen vor 100 Jahren. Von Johann Vogt. S. 23—43. Johann Gött & Sohn Heinrich. 1880. 4°.

1483. Programm . . 1880/1 (*wie* 1875/6). — 1. Ueber Kohlenhydrate. Von Karl Jüngling. S. 1—53. 2. Zur Eröffnung der Prüfungen am 1. Juli 1880. S. 54—58. 3. Zur Eröffnung der Schulen am 1. September 1880. S. 58—60. Von Johann Vogt. Johann Gött & Sohn Heinrich. 1881. 4°.

1484. Programm . . 1881/2 (*wie* 1875/6). — Die heutige Erziehung. Von J. Vogt. 30 S. Johann Gött & Sohn Heinrich. 1882. 4°.

1385. Programm (*wie* 1875/6). — Der Organismus unserer Schule vor 1850. Von J. Vogt. 29 S. Johann Gött & Sohn Heinrich. 1883. 4°

1486. Programm des evang. Gymnasiums A. B. zu Kronstadt und der damit verbundenen Lehranstalten. Am Schlusse des Schuljahres 1883/4 veröffentlicht von Ludwig Korodi, Rektor. — Demosthenes. Eine Studie von Professor Albert Schiel. 30 S. Johann Gött & Sohn Heinrich. 4° 1884.

1487. Programm . . 1884/5 (*wie* 1883/4). — Demosthenes. (Zweite Hälfte.) Eine Studie von Professor Albert Schiel. 37 S. Johann Gött & Sohn Heinrich. 1885. 4°.

Programm . . 1885/6 (*wie* 1883/4). — Die Grabdenksteine in der Westhalle der evang. Stadtpfarrkirche in Kronstadt. Abbildungen von Friedrich Hermann, Zeichenlehrer. Text von Christof Gusbeth, Professor. 27 S. Johann Gött & Sohn Heinrich 1886. 4°.

1489. Einladung zur öffentlichen Schulprüfung im evang. Schul-Auditorium. 1820—23, 1839, 1840, 1842, 1845.

1490. Schulordnung für das evang. Gymnasium A. B. in Kronstadt. Johann Gött & Sohn Heinrich. 1884. 8° 18 S.

1491. Schulordnung für das evangelisch-theologisch-pädagogische Seminar A. B. in Kronstadt. Römer & Kamner. 1885. 8° 17 S.

b) Evang. Mädchenschule.

1492. Programm der Kronstädter evangelischen Mädchenschule und der mit ihr verbundenen Fachkurse. Nr. 1. Am Schlusse des Schuljahres 1884 5 veröffentlicht vom Direktor Karl Thomas. 1. Der dem hochlöbl. Landeskonsistorium zur Genehmigung unterbreitete detaillierte Lehrplan. Mit einem Vorwort 30 S. 2. Biographische Notizen über die Lehrer. S. 30—34. Johann Gött & Sohn Heinrich. 1885. 8°.

Nr. 2. . . . 1885 6. — 1. Weibliche Berufsarbeiten und die mit unserer Mädchenschule verbundenen Fachkurse. 32 S. 2. Das fünfzigjährige Dienstjubiläum des Kollegen G. Sterns. S. 33—40. Von Karl Thomas. Johann Gött & Sohn Heinrich. 1886. 8°.

c) *Römisch-katholisches Gymnasium.

1493. Programm des römisch-katholischen Unter-Gymnasiums in Kronstadt für das Studienjahr 1858 9. Veröffentlicht vom Herrn Direktor Jakob Maroschan. — A. Die europäische Hauptwasserscheide. Geographische Studie von Professor Adolf Simiginovicz. S. 1—26. B. Geschichte des Kronstädter römisch-katholischen Unter-Gymnasiums. Von J. Maroschan. S. 27 34. Johann Gött & Sohn Heinrich. 1859. 8°.

1494. Tudositvány a Brassai rom.-kath. Gymnasiumról 1868—1869-diki tanévben. Gött János és fia Henrik. 1869. 4°.

1495. A brassai rom.-kath. Fögymnasium tudositványa az 1870—1871 tanévben. Közzéboesátja Marosan Jakab, igazgató (*Auch deutsch.*) I. A gymnasium történeti vázlata a fóokmányokkal együtt. 14 S. Gött János és fia Henrik. 1871. 4°.

1496. A Brassói rom.-kath. fögymnasium értesitvénye az 1875—1876-iki tanévröl. Kiadta Roszkosni Elek igazgató. — A milkói püspökség. Történeti vázlat, irta Légárd József fögymn. tanár. 24 S. Römer és Kamner. 1876. 8°.

1497. A Brassói rom.-kath. fögymnasium értesitvénye az 1876—1877-iki tanévröl. Kiadta Roszkosni Elek igazgató. 1. A latin irálytan a gymnasiumban, különös tekintettel az alsóbb osztályokra. Grünhut József fögymn. tanártól. 35 S. Römer és Kamner. 1877. 8°

1498. A Brassói rom.-kath fögymnasium értesitöje az 1877—1878-ik tanévröl. Kiadta Kiss Gusztav igazgató. 1. A történelem-bölcsészet köréböl. Baráczy Sándor fögymn. tanártól. 23 S. Römer és Kamner 1878. 8°

1499. A Brassai rom.-kath. fögymnasium értesitöje 1878—1879 tanévröl. A Adalékok gymnasiumnak tannyelvének történetéhez az igazgatótól (Vargyasi Ferencz). 17 S. Römer és Kamner 1879. 8°.

1500. A Brassai rom.-kath. fögymnasium értesitöje 1879—1880 tanévröl. A Vizsgálatok az ujabb mértan köréböl, Mally Nándor fögymnasium tanártól. Römer és Kamner. 1880. 8° 32 S.

1501. A Brassói rom.-kath fögymn. értesitöje 1880—1881 tanévröl. A viz a természet háztartásában, Czinege István, fögym. tanártól. Römer és Kamner. 1881. 8° 23 S.

1502. A Brassai rom.-kath főgymn. értesitője 1881—1882 tanévről. A., Vizsgálatok az ujabb mértan köréből. Mally Nándor, gymn. tanártól. Römer és Kamner. 1882. 8° 24 S.

1503. A Brassai rom.-kath. fögymnasium értesitője 1882—1883 tanévről. A., Herodotus földrajza. Bournáz Ernő, gymn. tanártól. Römer és Kamner. 1883. 8° 29 S.

1504. A Brassai rom.-kath. fögymnasium értesitője 1883—1884 tanévről. A., Folytatás. Römer és Kamner. 1884. 8° 47 S.

1505. A Brassai rom.-kath fögymnasium értesitője 1884—1885 tanévről. A bölcseleti elötan segédtanszakai a gymnasiumon. Vargyasi Ferencz igazgató tanártól. Römer és Kamner. 1885. 8° 31 S.

1506. A Brassai rom.-kath. fögymnasium értesitője 1885—1886 tanévről. A., Javaslat gymnasiumunk ujraszervezési kérdésének kapcsán. Vargyasi Ferencz igazgató-tanártól. Alexi. 1886. 8° 56 S.

1507. A brassói rom. kath. fö-gymnasium rend- és fegyelmi szabályai. 1877. 8° 6 S.

d) Römisch-katholische Hauptvolksschule.

1508. Értesitvénye a romai katholikus föelemi tanodának Brassóban 1873 4. *(Auch deutsch.)* Johann Gött & Sohn Heinrich. 1874. 4°.

1509. A Brassó belvárosi rom. kath. föelemi tanoda I. Értesitője az 1884 5. tanévről. Kiadta Biró Sándor, föel. vezető-tanitó. Römer és Kamner. 1885. 8°.

II. Értesitője az 1885 6-ik tanévről. Biró Sándor. — Spaller József, Irásbeli házi-földadványok a népiskolai oktatásban. 4 S. Gött János és fia Henrik 1886. 8° 27 S.

e) Romänisches Gymnasium.

1510. *Ântêia programă a Gimnasiului micu Romànu de legea orientală din Brașovŭ la sfârșitulu anului scolasticu 1854 5. Publicată de Gavriele Munteanu, directorul Gimnasiului. Cu cheltuiala Dr. Iónu Popasu, protopopŭ. Tiparită în Tipografia luĭ Römer și Kamner. 1855. 4° 16 S.

1511. *Adou'a programa a gimnasiuluĭ micu romànu de religiunea ortodocsă orientală pe an. 1859/60. impreunata cu IV classi normalĭ de fetiorĭ și cu I classe în III despărțeminte de fete, compusă de G. J. Munteanu, directoru și profesoru la gimnasiulu romànu ort. or. și publicată cu spesele D. Iónă Popasu, I protopopŭ. Coprinsulu: I Incercare spre a stavili unŭ principŭ pentru ortografia romànă. II Câte-va date din cronica decenară a gimnasiuluĭ. III. Scirĭ școlastice. Brașovŭ. In tipografia luĭ Römer și Kamner. 1861. 8° 26 S.

1512. *A treia programa a Gimnasiului romanu de religiunea ortodocsa orientală pe annulu scolasticu 1862 impreunatu cu patru clasi normali de feciori si atetea de fete, dintre care pe lunga a IV de fete se invatie si lucrulu redigata de G. J. Munteanu, Directoru si Profesoru la Gimnasiu Coprinsulu I. Idei initiative despre Epigrafia romana de Dr. I. Mesiota. II. Purismulu in limba romana. III. Binefactorii fundatori ai Gimnasiului. IV. Premiale Rosetti. V. Sciri scolastice. (II—V.) De G. I. Munteanu. In tipografia lui Römer et Kamner. 1862. 8° 39 S.

1513. *A septea Programa a Gimnasiului plenariu romanescu de religiunea gr.-orientale pe an. scol. 1865/6 redigita de G. I. Munteanu, Directoru si Profesoru la Gimnasiu Cuprinsulu: A. Care su fia geniulu seu angerulu conducatoru alu educatiunii junimi nostre acasa si in scola. B. Espunerea catorura fenomene sufletesci cu privire la espresiunile philologice in limba rumanesca. C. Sciri scolastice. Brasiovu. Tipografi si provediutori Römer et Kamner. 1866. 8° 48 S.

A patra, a cincia și a șesea în Sibiiu (Tip. archidiecesană).

1514. *A opta Programa a Gimnasiului mare rumanescu de religiunea gr.-orientale pe an. scol. 1866/7 redigéta de G. I. Munteanu, directoru si profesoru la gimnasiu. Cuprinsulu: A. Despre desvoltarea poesiei dramatice la Greci. B. Date statistice de Scola. Tipografi si provediutori Römer et Kamner. 1867. 8° 41 S.

1515. *A nona Programa a Gimnasiului mare romanescu de religiunea ort. orientale pe an scol. 1868/9 redigéta de Davidu Almasianu locutiitoriulu directorului si profesoru la gimnasiu. Cuprinsulu A. Despre metru in poesiile lyrice ale lui Horatiu. d. Lengeru. S. 3—37. B. Date statistice dela scolu. S. 38—48. Tipografi si provediutori Römer et Kamner. 1869. 8°.

1516. *A diecea Programa a Gimnasiului mare publicu romanescu de Religiunea ort. orientala si a scoleloru medii si inferiore legate cu acesta, pe an scol. 1869—1870 redigáta de Dr. I. G. Mesiota, Conrectoru si Professoru gimnasiulu. Cuprinsulu I. In memoria reposatului directoru G. Munteanu de prof. St. Iosiffu. S. 1—11. II. Sciri scolastice de conrectorulu S. 12—39. In Tipografia lui Römer et Kamner 1870. 8° 39 S.

1517. *A unsprediecea Programa pe an scol. 1870/1 prin Mesiotu directoru si professorulu gimnasiulu. Cuprinsulu I. Invetiamentulu limbei materne in scolele elementare si factorulu principalu in acesta ramu de invetiamentu de prof. I. Popea S. 3—22. II. Sciri scolastice de directorulu S. 23—46. In tipografia lui Römer et Kamner. 1871. 8° 46 S.

1518. *A donesprediecea programă a gimnasiului mare publicu românu etc. pe anulu școlasticu 1872—1873, publicată de Dr. I. G. Mesiotu directoru și profesoră. Cuprinsulu I. Scólele reale în paralelă cu gimnasiale, de directorulu. II. Sciri școlastice. Römer & Kamner. 1873. 8° 48 S.

1519. A treisprediecea programă a Gimnasiului mare public român etc.

pe anul școl 1876—1877 publicată de Dr. I. G. Meșotă, dir. și prof. Cuprinsulu I. Dane cuvêntări ocasionale, de directorul, II. Sciri școlare. Römer & Kamner. 1877. 8° 48 S.

A patruspredicecea în Sibiiu (tip. arch.)

1520. A XV-ea programă a gimnasiului mare public român de ref. ort. rĕs. etc. din Brașov pe anul școl. 1878 9, publicată de Stefan Josif, director și profesor. Cuprinsul: I. Ochire chronologică despre Fundarea și augmentarea școalelor române ort. or. din Brașov, de directorul. II. Sciri școlastice. Tip. Römer et Kamner. 1879. 8° 48 S.

1521. A siasespredicecea programă a Gimnasiului mare public român de rel. ort. rĕs. și a celorlalte școle secundare și primare împreunate cu acesta, din Brașov, pe anul școl. 1879—1880 publicată de Stefan Iosif, director și profesor. Cuprinsul I. Discurs ținut în 23 Sept. 1879 de conrectorul Dr. N. Pop. II Sciri școlastice de directorul. Tipogr. Römer & Kamner. 1880. 8° 46 S.

1522. A sieptespredicecea Programă a gimn. mare publica română de rel. or. res. etc. din Brașovu pe anulu școl. 1880—1881 publicată de Stefanu Josifu dir. și prof. Cuprinsulu I. Dialectele limbei române de professorulŭ Iòn Stinghe. II. Sciri școlastice de direcțiune. Tip. Löw, Gerula & Comp. 1881. 8° 58 S.

1523. A optspredicecea programă a gimnasiului mare publica românu de rel. ort. res. și a celorlalte școle secund. și prim. împreunate cu acestu, din Brașovu pe anulu școl. 1881—1882. Publicată de Stefanu Iosiffi, directoru și prof. Cuprinsulu I. Cum trebue să se propună limba latină în gimnasiile nóstre? de prof. N. Pilția. II Sciri scolastice de direcțiune. Tip. Alexi. 1882. 8° 74 S.

1524. A nouespredicecea programă a gimnasiului mare publică română de rel. ort. rĕs. și a celorlalte școle sec. și prim. împreunate cu acesta. din Brașov pe anul școl. 1882—1883. publ. de Stefanu Iosifu, dir. și prof. Cuprinsulu I. Estinderea geografică a comerciului levantinu. II. Sciri școlastice. Tip. Alexi. 1883. 8° 62 S.

1525. A douedicecea programă etc. publicată de Stefanu Iosifu, dir. și prof. Cuprinsulu I. Planulu de instrucțiune pentru gimnasiu. II Sciri scolastice de directorulu. Tip. Alexi. 1884. 8° 51 S.

1522a. A XXI programă a gymnasiului mare publica română de rel. ort. rĕs. și a celorlalte școle secundare și primare împreunate cu acesta, din Brașov pe anul școl. 1884—85, publicată de Stefanu Iosifu, directoru și profesoru. Cuprinsulu: I. Influințe limbei grece asupra desvoltării limbei latine, de prof. N. Pilția. II. Sciri școlare de directorulu. Tip. Römer et Kamner. 1885. 8° 86 S.

1526. A XXII programă etc. publ. de II. Iosifu. Cuprinsulu: I. Câte-va observări cu privire la propunerea studiului istoriei de Andreiu Bârteanu. II. Sciri școlastice de directorulu.

1527. Legi disciplinare pentru gimnasiu şcóla comercială şi reală române gr.-or. din Braşov. Römer & Kamner. 1879. 8° 8 S.

f) Gewerbeschule.

1528. Vierter Jahresbericht der Gewerbeschule in Kronstadt, veröffentlicht von Wilhelm Kamner, Reallehrer und Director der Gewerbeschule am Schlusse des Schuljahres 1875/6. — Ueber die Wahl des künftigen Berufs unserer angehenden Gewerbetreibenden. Von Wilhelm Kamner. 5—14 S. Johann Gött & Sohn Heinrich. 1876. 8°.

1529. Fünfter Jahresbericht der Gewerbeschule in Kronstadt, veröffentlicht von Johann Hubbes, Director der Gewerbeschule, am Schlusse des Schuljahres 1876/7. — Anfangsgründe der Chemie. Von Johann Hubbes. S. 17—61. Johann Gött & Sohn Heinrich. 1877. 8°.

1530. Achter Jahresbericht der Gewerbeschule in Kronstadt. — Das in Ungarn geltende Wechselrecht. Gedrängte Darstellung zur Benützung in Gewerbe- und Handelsschulen von Moritz Klokner, Advocat in Kronstadt. S. 15—58. Johann Gött & Sohn Heinrich. 1880. 8°.

1531. Zehnter Jahresbericht der Gewerbeschule in Kronstadt. — Lehrplan der Kronstädter Gewerbeschule. S. 9—21. Johann Gött & Sohn Heinrich. 1882. 8°.

1532. Eilfter Jahresbericht der Gewerbeschule in Kronstadt. — Der Kampf und die Harmonie der wirthschaftlichen Interessen. Ein Vortrag gehalten im Kronstädter Gewerbeverein von C. Fogarascher, Advocat, Lehrer an der Kronstädter Gewerbeschule. S. 13—35 Johann Gött & Sohn Heinrich. 1883. 8°.

1533. Zwölfter Jahresbericht der Gewerbeschule in Kronstadt. Das Handwerk und seine Zukunft in Ungarn. Monographie von C. Fogarascher. S. 13—26. Johann Gött & Sohn Heinrich. 1884. 8°.

1534. Dreizehnter Jahresbericht der Gewerbeschule in Kronstadt. Bedeutung und Entwickelung der Naturwissenschaft. — Wesen des Lichtes und der Wärme. Ein Vortrag gehalten vor einer gemischten Zuhörerschaft von J. Hubbes. S. 17—37. Johann Gött & Sohn Heinrich. 1885. 8°.

g) Königl. ung. Staatsschulen.

1535. A Brassói m. kir. állami főreáliskolának első évi értesitője. Az 1885/86 tanév. — Szerkesztette Rombauer Emil helyettes igazgató. — A reáliskola hivatásáról. Irta Rombauer Emil. 21 S. Alexi 1886. 8° 54 S.

1536. A Brassó Bel- és Bolonya Külvárosi Magy. Kir. Állami Elemi Népiskolák I. Értesitője az 1875/6-ik tanév végén. . . Kiadta Orbán Ferencz igazgató. Gött János és fia Henrik. 1876. 8° 24 S. — II. Értesitője . . Gött János és fia Henrik. 1877. 8° 24 S. — III. Értesitője . . Gött János és fia Henrik. 1878. 8° 23 S.

1537. A Brassói Magyar Királyi Állami Felső Leány- és Elemi Népiskolák IV. Értesitöje az 1878/9-ik tanév végén . . Kiadta Orbán Ferencz igazgató. Gött János és fia Henrik. 1879. 8° 40 S. — V. Értesitöje . . Gött János és fia Henrik. 1880. 8° 45 S. — VI. Értesitöje . . Gött János és fia Henrik. 1881. 8° 31 S.

1538. A Brassói Magyar Királyi Állami Elemi. Polgári és Ipar-Iskolák. — VII. Értesitöje az 1881/2 tanév végén . . kiadta Orbán Ferencz, igazgató. Gött János és fia Henrik. 1882. 8° 56 S. — VIII. Értesitöje . . . I. Mally Nándor. A szemléleti oktatásról. 14 S. Gött János és fia Henrik. 1883. 8° 68 S. — IX. Értesitöje . . I. Dániel György. A vulkánok 12 S. . . Alexi 1884. 8° 85 S. — X. Értesitöje . . I. Kimutatás a Brassói Állami Iskolák elsö tiz évéröl. II. Kimutatás a Polgári és Elemi Iskolák jelenlegi állásáról. Alexi. 1885 8° 128 S. — XI. Értesitöje . . Raidl Sándor. A polgári leányiskolai rajzoktatásról. 17 S. Alexi. 1886. 8. 74 S.

1539. A brassói magyar k. állami ipariskola IV-ik Értesitöje az 1884/85-ik tanév végén . . . Összeállitotta Killyéni Endre az iskola vezetöje. I. Az ipar és iparos osztály fejlödése kapcsolatban a nemzetgazdaságtan elveivel. Killyéni Endre. 22 S. Alexi. 1885. 8° 40 S. — V. Értesitöje az 1885/6-ik tanév végén. Szerkesztette Killyéni Endre. I. Jáno Lajos. Az ipariskola nevelö hivatása. 8 S. Alexi. 1886. 8° 33 S.

1540. A Brassói magyar királyi állami közép kereskedelmi- és közép ipariskola 1-sö értesitöje az 1885—6-ik tanévröl. Szerkesztette Orbán Ferencz, ideigl. igazgató. — I. Az intézetek keletkezése s azoknak 1885/6-ik évi története. 7 S. Alexi. 1886. 8° 45 S.

B. *Schulanstalten ausserhalb Kronstadts.

1541. Satzungen der Ackerbauschule für den Kronstädter Distrikt zu Kronstadt. Johann Gött & Sohn Heinrich. 1871. 8° 60 S.

Nachrichten über die Kronstädter Distrikts-Ackerbauschule und deren Wirthschaft aus den Schuljahren 1872/3 und 1873/4. Erstattet von L. Hintz, Direktor. Johann Gött & Sohn Heinrich. 1875. 8° 52 S. mit mehreren Beilagen.

Schulnachrichten 1879/80, 1880/1. Johann Gött & Sohn Heinrich. 1880. 24 S. 1881. 8° 27 S.

Jahresbericht 1883/4. Geschichte der Kronstädter Distrikts-Ackerbauschule von L. Hintz. 36 S. Johann Gött & Sohn Heinrich. 1884. 8° 53 S.

Jahresbericht 1884/5. Johann Gött & Sohn Heinrich. 1885. 8° 18 S.

1542. A Hosszufalusi ipari szakosztálylyal megtoldott mümetszö m. kir. állami felsö népiskola elsö értesitöje az 1872/73 tanévenkezdve az 1877—78. tanévig bezárólag... szerkesztette Pál Károly igazgató. Römer és Kamner. 1878. 8° 32 S.

A Hosszufalusi műfaragó ipar-tanműhelylyel kapcsolatos m. kir. állami felső népiskola értesitője az 1878—79. és 1879—80 tanévekről... szerkesztette Veres Sándor, igazgató. Römer és Kamner. 1880. 8° 26 S.

Értesitője az 1880—81-ik tanévről. Löw. Gerola és társánál 1881. 8° 24 S.

Visszatekintés a Hosszufalusi... népiskola tizéves multjára... összeállitotta Veres Sándor igazgató. Römer és Kamner 1882. 8° 56 S.

A hosszufalusi műfaragó ipartanműhelylyel egybekapcsolt m. k. felsö állami népiskola ismertetése az 1884—85-ik iskolai évben. Alexi. 1885. 8° 10 S.

A Hosszufalusi alsó foku ipariskola első értesitője az 1885—86-ik iskola évről. — Összeállitotta Veres Sándor az iskola igazgatója. I. Az alsó foku iparos-oktatásról hazánkban S. 1—9. Alexi. 1886. 8°. 19 S.

A Sepsi-Szent-Györgyi evang. reform. Székely-Mikó-Kollégium Értesitője i. Gött J. és fia H.

A Minorita tanitó-rendiek vezetése alatt álló Kézdi-Vásárhely-Kantai rom. kath. Algymnasium Értesitvényei. Gött J. és fia H.

1543. *In Kronstadt bei Johann Gött, Johann Gött & Sohn Heinrich sind auch gedruckt:* Programm des ev. Untergymnasiums in Mühlbach. 1857. - Programme des ev. Gymnasiums zu Bistritz 1853—1859. — Programme des ev. Gymnasiums in Schässburg. 1852—1855. 1857—1864. — 6. Jahresbericht der Gewerbeschule in Bistritz. 1880.

IV. Kalender, Zeitungen, Zeitschriften.

1. Kalender.

a) Deutsch.

1544. *Die ersten Kalender in Siebenbürgen gingen aus der Honterus'schen Druckerei hervor.*

Trausch II. 218.

1545. New vnd Alter CALENDER Auff dass Jahr nach der heilbringenden Geburt CHristi 1643 Auff Vngern, Siebenbürgen vnd andere vmbliegende Örter, mit höchsten Fleiss calculiret Von Davide Frölichio, Astronomo zu Kaeysrmarckt. Gedruckt in Cronstadt. F. 14b *Wappen Kronstadts.* F. 15a.

PROGNOSTI-con Astrologinm. Auff das Jahr nach der Gna-denreichen Geburth vnsers Herrn vnd Seeligmachers Jesu CHRisti. M. DC. XLIII. Darinnen dieses Jahrs Eigen-schafft. Finsterniss vnd andere Him-lische Zufaelle, aus Natürlichen gründen ersucht vnd erklaeret werden. Auff Vngern vnd Sieben-bürgen mit allem Fleiss gestellet von Davide Frölichio. Astron. in Käysrmarck. *(In „Magyar Könyvszemle" 1883 veröffentlicht von Hellebrant Árpád.)*

*New und Alter Calender Auff das Jahr nach der Seeligmachenden Geburt Jesu Christi 1655. Auff Vngern, Siebenbürgen und benachbarte Länder gestellet. Von Christophoro Neubarth, Theol. & Astron. in Sup. Lusat. Gedruckt in Cronstadt. 16°.

*Siebenbürgischer Calender Auff das Jahr nach der Gnadenreichen Geburt Jesu Christi 1659. Durch Georgium Rondium Mathematicum & h. t. Scholae Schaessburgensis Rectorem. Gedruckt zu Cron-Stadt. 16°.

Kalender auf das Jahr 1664 . . . 16° 80 S.

Szabó K. II. 281.

*Der Neue und Alte Almanach Auff das unglückselige Jahr, nach der Gebuhrt Jesu Christi. M. DC. LXXIV. . . . . Darinnen die Monath, Wochen, Sonn- und Feyertage, Planetenlauff, Aspecten, Witterung, Tag- und Nachtlänge, Sonnen-Auff- und Untergang etc. zu finden. Gestellet von Christoph Neubarth, B. Siles.

Calender Auff das Jahr M. DC. LXXXI. 16° 32 Bl.

Szabó K. II. 403.

*Neuer und Alter Almanach auf das Jahr 1689 auf Siebenbürgen gestellet von Andreas Scharsius, Medicus, Philo-Mathemat. et p. t. Scholae patriae Rector. .

Trausch III. 161.

*Neu- und Alter Almanach auff das Jahr nach der Geburt unsers Herrn Jesu Christi 1693 (*wie* 1674). Gedruckt zu Kronstadt. 16°.

*Neu- und Alter Kalender Auff das Jahr nach der heilsamen Geburt unsers Herrn Jesu Christi. 1697 etc. (*wie* 1674). Nachgedruckt zu Kron-Stadt. 16°.

*Neu-verbesserter und Alter Kalender, Auff das Jahr nach der heilsamen Geburt unsers Herrn Jesu Christi 1701 etc. (*wie* 1674). Nachgedruckt zu Kron-Stadt. 16°.

*Verbesserter Neu- und Alter Calender . . 1714, 1719. (*wie* 1774.) 16°.

*Neu Versesserter und Alter Kalender. . Welcher mit Nutz kan gebrauchet werden, in gantz Siebenbürgen, Ungarn, und andern angräntzenden Ländern. Gestellt von Johann Neubarths Continuat. Cronstadt, in der Seuler'schen Druckerey, druckts Michael Helzdörffer 1722, 1723. 16°.

*Neu Verbesserter und Alter Kalender etc. (*wie* 1722.) Gestellt von Samuel Solano. Cronstadt, in der Seuler'schen Druckerey, druckts Michael Helzdörffer 1727, 1728, 1731, 1732. — Cronstadt, druckts Michael Heltzdörffer 1733, 1734, 1738. 16°.

*Johannis Neubarthi continuirter Neuer Verbesserter, und Alter Calender etc. (*wie* 1722). Cronstadt, druckts Martinus Fernolend. 1741.

*Neuer, Verbesserter und Alter Calender etc. (*wie* 1722) Gestellt von Samuel Solano. Cronstadt, druckts Martinus Fernolend. 1742, 1748. Gestellet von Johanne Neubart 1750. 16°.

*Neuer, Verbesserter und Alter Calender etc. (*wie* 1722). Gestellet von Johann Neubart. Cronstadt, druckts Christian Lehmann 1756, 1757. In der Seulerischen Buchdruckerey druckts Martinus Breundörffer 1764, 1765, 1766, 1767, 1768, 1769, 1770, 1772. In der Albrichischen Buchdruckerey druckts Martin Breundörffer 1780, 1782, 1784 (Typis Martini Hochmeister), 1789 (Typis Martini Hochmeister), 1790, 1791, 1793. In der Albrichischen Buchdruckerey druckts Stephanus Onjert 1795. In der Albrichischen Buchdruckerey druckts Johann Hardt 1796. 16°.

*Neu verbesserter und alter Kalender auf das gemeine Jahr 1798. Von 365 Tägen. Darinnen die Monate, Wochen, Sonn- und Feyertage, Planetenlauf, Aspecten, Witterung, Sonnenauf- und Niedergang, enthalten. Cronstadt, in der J. G. Edlen v. Schobeln'schen Druckerey. *Am Schluss:* Cum speciali Sue Majestatis Privilegio. Typis Martini Hochmeister. 16°.

*Neuer Verbesserter, und Alter Kalender etc. (*wie* 1798). Cronstadt, in der J. G. Edlen v. Schobeln'schen Buchdruckerey, gedruckt von Friedrich August Herfurth 1801. 16°.

*Kronstädter neuer, verbesserter und alter Kalender.. Kronstadt, in der J. G. Edlen v. Schobeln'schen Buchdruckerey, gedruckt von Friedrich August Herfurth 1803, 1804, 1805, 1807, 1809—1814, 1816—1831, gedruckt bei Franz v. Schobeln 1832—1834, Johann Gött 1835—1866, Johann Gött & Sohn Heinrich 1867—1886. Herausgegeben von Traugott Teutsch 1870—1886. 16°.

1546. *Der nützliche Rathgeber. Ein Kalender für jeden Haus- und Landwirth in dem Grossfürstenthum Siebenbürgen. Aus den besten haus- und landwirthschaftlichen Werken und Zeitschriften zusammengestellt und dann durch eine Gesellschaft erfahrener Haus- und Landwirthe geprüft. Kronstadt. Johann Gött. 1839—1849.

1547. *Siebenbürgisch-deutsches Volksbuch für 1850. (Neue Folge des nützlichen Rathgebers.) XII. Jahrgang. Kronstadt. Johann Gött.

1548. *Der Herold. Allgemeiner Haus-, Volks- und Geschäfts-Kalender für das Grossfürstenthum Siebenbürgen, für Katholiken, Protestanten und Griechen, nebst einem Jahrbuche des Nützlichen, Unterhaltenden und Belehrenden. Allen Vaterlandsfreunden und Volksklassen geweiht. Kronstadt. Johann Gött. 1839, 1840, 1843.

1549. *Adressenbuch der königlich freien Stadt Kronstadt. Johann Gött. 1845, 1847. *Seit 1850 vereinigt mit dem* „Hausfreund" *unter dem Titel* „Kronstädter Adressenkalender".

1550. *Der Siebenbürgische Hausfreund. Ein Kalender für Siebenbürgen zur Unterhaltung und Belehrung für das Jahr 1848. I. Jahrgang. Kronstadt. Johann Gött.

Sächsischer Hausfreund. Ein Kalender zur Unterhaltung und Belehrung für das Jahr 1849. Herausgegeben von Georg Binder, evang. Pfarrer in Wolkendorf bei Schässburg. 2-ter und 3-ter Jahrgang. Kronstadt. Johann Gött. 1849, 1850.

Sächsischer Hausfreund. Ein Kalender zur Unterhaltung und Belehrung auf das Jahr 1851. Neue Folge des Siebenbürgisch-deutschen Volksbuches. Herausgegeben von Georg Binder, evang. Pfarrer in Henndorf bei Schässburg. Johann Gött. 13—16. Jahrgang, 1851—1854.

Sächsischer Hausfreund. Ein Kalender für Siebenbürgen zur Unterhaltung und Belehrung auf das Jahr 1855. Neue Folge des siebenbürgisch-deutschen Volksbuches. Herausgegeben unter der Verantwortung des Verlegers Johann Gött 17—21. Jg. 1855—1859.

Sächsischer Hausfreund. Ein Kalender für Siebenbürgen zur Unterhaltung und Belehrung auf das Schaltjahr 1860. Neue Folge des siebenbürgisch-deutschen Volksbuches. Herausgegeben von Eugen v. Trauschenfels. 22.—47. Jg. 1860—1885.

Der Sächsische Hausfreund . . auf das Jahr 1886 . . Herausgegeben von Franz Obert und Traugott Teutsch. 48. Jahrgang. Johann Gött & Sohn Heinrich.

1551. *Kompass für Siebenbürgen. Neuer vaterländischer Kalender für das Gemeinjahr 1854. Zur richtigen Orientirung in wichtigen Angelegenheiten des häuslichen und öffentlichen Lebens, besonders solchen, welche durch die neuen Landes-Verhältnisse eine veränderte Gestalt erhielten, nebst belletristischen Beiträgen. Herausgegeben durch die Verleger Römer & Kamner. 1854—57.

1552. *Der Burzenländer Wandersmann. Ein Kalender zur Unterhaltung und Anregung für Stadt und Land . . 1858. Neu umgestaltete Fortsetzung des „Compass für Siebenbürgen". Herausgegeben durch die Verleger Römer & Kamner. 1858—1861.

1553. *Der Kronstädter Gevattersmann. Ein Kalender fürs Volk von Johann Vogt. (Neue Folge des „Burzenländer Wandersmann".) Römer & Kamner . . 1862—1870.

1554. *Illustrirter Siebenbürgischer Volkskalender für 1868. Von Ludwig Adolf Staufe. Erster Jahrgang. Verlag von L. J. Haberls Buchhandlung, Römer & Kamner.

1555. *Honteruskalender für Stadt und Land. Von H. Neugeboren. Römer & Kamner. 1877.

b) Magyarisch.

1556. Brassói Nép-Naptár az 1853-ik közönséges évre. I. évi folyam. Kiadta Székely Lajos. Römer és Kamner 1853 und 1854. *(Trausch Katalog.)*

1557. Székely naptár 1858. közönséges évre. Szász Károly, Kézdi-Vásárhelyi ref. pap szerkesztése mellett. Kiadja Gött János. Első évfolyam. Gött János. 8°. *(Trausch Katalog.)*

1558. *Székely Naptár a nép számára. 1861. Első évi folyam Gött János 1860. 8°.

1559. *Székely Nép Naptára az 1862-dik közönséges évre. Szerkesztik M. J. D. S-I és D. S-r. 1-ső évfolyam. Römer és Kamner. 8.

c) Romänisch.

1560. *Călendariu pentru poporul Românesc pe anul 1852. Care este bisect, de 366 ḑile. Întocmit pe gradurile și climu Transilvaniei, Ungariei, Ţĕrei românescĭ și Moldaviei, de Georgiu Bariţ. Anul I. În noua Tipografie a luĭ Römer et Kamner 1852 8°.

Calendariu pentru poporul romănesc etc. (f. 1853) de Georgiu Bariţ. Anul II. În tipografia luĭ Römer și Kamner. 1853. 8°.

Călindariu pentru poporul romănesc cu privire la mai multe

cérinţe ale lui pe anul normal 1854, care este de 365 ḑile. Întocmit de Georgiu Bariţiu. Anul III. In tipografia şi provědětura lui Römer şi Kamner. 1854. — *Dasselbe* 1856—1861. — 1862—1865. — *Bis* 1862 von Bariţiu, *halbcyrillisch*. 1863 von Bariţiu *halbcyrillisch und lateinisch*. — 1864 von Oraşiann *lateinisch*. — 1865 von Bariţu (XIV), *lateinisch*.

1561. Noul Călindar de Casă pe anul comun 1881. Anul I. Löw, Gerula & Comp. 1876 8°.

1562. Călindar poporal român von Alexi 1881 8°.

1563. Noul Călindar de casă pe anul comun 1882—1886 Alexi 1881—85, 8°.

---

2. Zeitungen und Zeitschriften.

a) Deutsch.

1564. *Siebenbürger Wochenblatt 1837—1849. Johann Gött.

1565. *Unterhaltungsblatt für Geist, Gemüth und Publicität 1837, *verwandelte dann den Titel* in Blätter für Geist, Gemüth und Vaterlandskunde. 1838—1848, 1851 bis 1858. Johann Gött. (*Beiblatt des* „Siebenb. Wochenblatt“).

1566. *Satellit des Siebenbürgischen Wochenblattes 1840—1858. Johann Gött.

1567. *Stundenblumen der Gegenwart. 1840—1842. 10 Bändchen. — 1843. Neue Folge 4 Bändchen. 1845. Zweite Folge. 4 Bändchen. Johann Gött.

1568. *Kronstädter Zeitung 1849—1886. Johann Gött. Joh. Gött & Sohn Heinrich. *Früher* „Siebenb. Wochenblatt“.

1569. *Transilvania, periodische Zeitschrift für Landeskunde. Redigirt von Joseph Benigni von Mildenberg und Karl Neugeboren 3. Bandes 1. Heft. Kronstadt. Johann Gött. 1838.

1570. *Magazin für Geschichte, Literatur und alle Denk- und Merkwürdigkeiten Siebenbürgens. Im Verein mit mehreren Vaterlandsfreunden herausgegeben von Anton Kurz. Kronstadt. Johann Gött. 1844 1847 2 Bd. (8 Hefte); 3 Bd. 1. Heft 1852. Herausgegeben von Josef Trausch.

1571. *Schul- und Kirchenzeitung für die ev. Glaubensgenossen in Siebenbürgen von Geltch, Michaelis, Giesel, Schiel. Wöchentlich 1 Bogen vom 1. März 1851 bis Ende Dezember 1852. Kronstadt Johann Gött 4°.

1572. *Archiv des Vereines für siebenbürgische Landeskunde. Neue Folge Herausgegeben vom Vereins-Ausschuss. Kronstadt. Johann Gött. 1853—1871. 9 Bde. (1872 *bis zur Gegenwart in Hermannstadt.*)

1573. *Kronstädter Anzeiger (für Handel, Gewerbe und Oekonomie) Kronstadt, Römer & Kamner. Red.: Eduard Hüllverding. kl. 4°.

1574. *Der Horizont. Illustrirte Hefte für Belletristik, Industrie, Handel und Gewerbe. Von Tornay L. E. Druck und Verlag von Römer & Kamner in Kronstadt. 4°. 1. Heft, 46 S.

1575. *Magazin für Geschichte, Literatur und alle Denk- und Merkwürdigkeiten Siebenbürgens. Im Verein mit mehreren Vaterlandsfreunden herausgegeben von Eugen v. Trauschenfels. Neue Folge. Kronstadt. Johann Gött. 2 Bände 1859—1861.

1576. *Vierteljahrsschrift für die Seelenlehre. Herausgegeben von Heinrich Neugeboren und L. Korodi. Kronstadt. Johann Gött. 1—1861. 3 B.

1577. *Deutsche Fundgruben zur Geschichte Siebenbürgens. (Neue Folge.) Herausgegeben von E. v. Trauschenfels, Dr. J. U. Kronstadt. Johann Gött. 1860.

1578. *Die Turnerglokc, auf Anregung H. Neugeboren's entstanden, wurde der Kronstädter Zeitung beigelegt und zwar sechsmal 1862 den Nrn. 147, 160, 169, 190, 196, 207, dann 1863 viermal den Nrn. 18, 33, 79 und 100

1579. *Die Ostgränze. Kronstadt. Redigirt von W. v. Fehrentheil. Kronstadt. Johann Gött & Sohn Heinrich. 1872.

1580. *Blätter für Handel- und Gewerbe in Siebenbürgen. Redigirt von Johann Hintz. Kronstadt. Joh. Gött & Sohn Heinrich. 1878 und 1879.

1581. *Musik-Zeitung. Redakteur Franz Hansleitner. Kronstadt. Römer & Kamner. 1878. Nr. 1—9.

1482. *Der kluge Hanns Michel. Wochenschrift für Siebenbürgens Ackerbau, Forstwirthschaft, Gartenbau, Gewerbe und Handel, überhaupt für volkswirthschaftliche Interessen, nebst Anhang (Feuilleton) für locale Angelegenheiten und Belletristik. Erscheint jeden Dienstag. Redakteur Siegfried Heinzel. Kronst., Römer & Kamner. 1880. Nr. 1 und Nr. 2.

1583. *Schul- und Kirchen-Bote. Herausgeber Franz Obert. XXI. Jahrgang. Johann Gött & Sohn Heinrich. 1886. 8°.

1584. *Der Siebenbürgische Volksfreund. Ein Sonntagsblatt für Stadt und Land. Herausgegeben und verantwortlich zusammengestellt von Franz Herfurth. I. Jahrgang. Johann Gött & Sohn Heinrich. 1886. 8°.

b) Magyarisch.

1585. *Mulattató. Kellemes és hasznos időtöltésre rendelt folyóirat 1838—1839-ik évre. Von Köpe János. Brassóban, Kiadja és nyomtatja Gött János. 4° 214 S. 208 S.

1586. *Erdélyi Hirlap. Brassó. Gött János, Kiadó. 4° 212 S. 214 S.

1587. *Brassói lap. 1849. Szerkeszti Veszely Károly. Johann Gött.

1588. *Nemere. Politikai, közgazdászati és társadalmi lap. Első folyam. Brassó. Römer és Kamner. 1871—1873 (?). Kenyeres A., *erster* Redakteur, *später* Orbán, Herrmann, Indaly, Vécsey.

1589. Brassó. Politikai, társadalmi, közgazdászati, közmüvelödési és szépirodalmi lap. Szterényi József Redakteur. Alexi. 1885. 1886. Folio. *Erscheint 3-mal wöchentlich.*

c) Romänisch.

1590. *Foile Duminecii spre înmulţirea cei de obşte folositóre cunoştinţe. In tótă Sâmbăta ivite. Cu cheltuiala d. Rudolf Orghidan. Tipografia Ioan Gött 26 Nr., 4°, 212 S. *Cyrillisch.*

1591. „Fóia săptămânei. Red. George Bariţiu. *1-mal wöchentlich.* Tip. Ión Gött. *Nur 2 Nummern erschienen.* (Juli 1837).

1592. Fóia pentru minte, inimă şi literatură. Red. George Bariţiu. 4° *1-mal wöchentlich.* (Januar 1838). Tip. Ión Gött bis 1865. *Seit März 1850 Red.* Iacob Mureşianu.

1593. Gazeta de Transilvania. Red. Georg Bariţiu. Ed. Ión Gött. 2-mal wöchentl. (22. März 1838—1850).

Von März 1850—1878 Red. Iacob Mureşianu. „Gazeta Transilvaniei“; 1878—1886 Aurelia Mureşianu.

1881—1884 3-mal wöchentlich, 1884—1886 6-mal.

Bis 1884 bei J. Gött; von 1884 bei Alexi. *Halbcyrillisch;* von 1860 an *lateinisch.*

1594. Espatriatul. Red. Cesar Boliac. (April—Juni 1849 16 Num.). Tip. I. Gött.

1595. Transilvania. Fóia Associaţiunei transilvane pentru literatura română şi cultura poporului română. Anulu I. 1868. *Am Ende steht:* „Editoriu şi provedictoriu: Comitetulu. Redactoriu: Secretariulu I. alu associaţiunei. George Bariţiu. Tipografia Römer şi Kamner. 1868—1878. 8° 624 S.

1596. Orientul latin. red. von Teofilu Frâncu, herausgegeben von Aron Densuşianu. 3-mal wöchentlich 1874 und 1875. Römer & Kamner.

1597. Coroşiu-Roşiu; fóia umoristica cu ilustraţiuni. 1-mal wöchentlich. Proprietar şi redactoru respundĕtoru Iosifu Puşcariu. Tip. Römer şi Kamner. 1875 und 1876. — *Dasselbe* 1881 *bei* Löw, Gerala & Comp. 4°.

1598. Amicul familiei. Negraţiu N. F. Redakteur. Braşov. Alexi 1881/2 4°. 4 Nummern à $2^1/_2$ Bogen.

1599. Noua biblioteca română. jurnal beletristic-literar. Von Alexi Theochar. Alexi 1881—1882 4°. I. Jahrgang 24 Nummern à 3 Bogen. — 2. Jahrgang 9 Nummern à 3 Bogen.

1600. Scóla practică. Magazină de lecţiuni şi materii pentru in trucţiunea primară. Tomul III und IV. Alexi 1885 und 1886. 8°, monatlich 1 Nummer 2 Bogen stark. Band I und II in Hermannstadt erschienen.

1601. Meseriaşul român. Von Bainlescu Bartolomeiu. Braşov, Alexi 1886. Folio. Erscheint 2-mal monatlich $^1/_2$ Bogen stark.

1602. Şcóla şi familia. fóiă pentru crescere şi învĕţămĕnt. Director al foii: Stefan Josif. Redactor responsabil: Ión Dariu. Editor: Reuniunea învĕţătorilor românu gr. or. din ţéra Bârsei. Erscheint 2-mal monatlich à $1^1/_2$ Bogen 4°. Römer & Kamner. 1886.

—

V. Schriften von Vereinen, Genossenschaften, Geldinstituten u. ä.

1. Vereine u. s. w. innerhalb des Kronstädter Komitates.

1603. Kronstädter Leichen-Gesellschafts-Ordnungen. Kronstadt. In der Albrichischen Buchdruckerey gedruckt von Martin Brenndörffer 1785. — Statuten der Kronstädter Leichengesellschaft umgearbeitet und festgestellt in Folge höherer Anordnung im Jahre 1855 nach Massgabe und an Stelle der im Jahre 1785 entworfenen Leichengesellschaftsordnung. Im Selbstverlag der Leichengesellschaft. Johann Gött 1855. Römer & Kamner. 1860.

1604. Anzeige der Kronstädter Schnittwaarenhändler. 1833. *Trausch Manuskr. Fol. 51. II. Nr. 40. S. 85.*

1605. Statuten der allgemeinen Kronstädter Sparkasse, hervorgegangen aus der Vergleichung ähnlicher Institute des In- und Auslandes, mit Beabsichtigung einer möglichst einfachen und leichten Manipulation, verbunden mit der wünschenswerthesten Bequemlichkeit und Sicherheit des Publikums, und mit stetem Hinblick auf die örtlichen Eigenthümlichkeiten und Verhältnisse. Kronstadt gedruckt bei Johann Gött. 1835. 1. Nachtrag dazu 1839, 2. Nachtrag 1843. — Jahresberichte 1836 ff. — Denkschrift über das Entstehen und Wirken der Kronstädter allgemeinen Sparkasse, zur Feier ihres 25-jährigen Bestehens. Veröffentlicht vom Ausschuss des Sparkassa-Vereins 1861. Johann Gött. 1862. 8° 15. S. — Eingabe des Verwalters der Kronstädter allgemeinen Sparkasse an den Ausschuss bei Vorlage der Jahres-Rechnung pro 1870. Kronstadt. 1871. — Statuten 1867. 1868. 1876. — Statuten für die Pensionirung der . . Beamten und deren Witwen und Waisen 1868, 1869. — Statuten des Credit-Vereines der Kronstädter allgemeinen Sparkasse 1877.

1606. Erinnerungsblatt des Kronstädter Dilettanten-Musik-Vereins über die öffentlichen Leistungen desselben im grossen Schul-Auditorium am 12., 19. 26. Dec. 1835 und 2. Jan. 1836. Nebst beigefügtem Ausweis über die diesfälligen Einnahmen und Ausgaben. Kronstadt. Johann Gött. 1836. 4° 8 S. — Ankündigung des Kronstädter Musik-Dilletanten-Vereins 25. März 1838. (*Trausch Manuskr.*

Fol. 53. I. Nr. 70. S. 429.) — Rechenschaftsberichte über die Jahre 1870—1872 Kronstadt. Johann Gött & Sohn Heinrich. — Eine Versammlung von Musikfreunden am 9. März 1869 in Kronstadt. Johann Gött & Sohn Heinrich. 8° 8 S. (Separatabdruck aus der „Kronstädter Zeitung".) — Statuten des Kronstädter Musikvereines. Johann Gött & Sohn Heinrich. 1870.

1607. Zünftige Verordnung zur Circulation der Ehrs. Kronstädter Czizmenmacher-Zunft. 24. Febr. 1830. Johann Gött. 1837. *(Auch magyarisch.)*

1608. Bestand und Gesetze des Lese-Kabinets in Cronstadt. Einladung dazu. 1839.

1609. Programm und Text zur musikalischen Akademie im Hörsaale des evangelischen Gymnasiums am 8. Dec. 1841. Abends präcise 6 Uhr unter der Leitung des Hrn. Musikdirektors Heinr. Mauss. 8° 4 S. — Programm und Text zur musikalischen Akademie im Saale des evangelischen Gymnasiums. 20. Apr. 1842. 8° 16 S.

1610. Von Sr. k. k. Apostolischen Majestät vermög. höchster Entschliessung allergnädigst bestätigte Statuten des für das sämmtliche Burzenländer Kirchen- und Schul-Personal bestimmten Witwen- und Waisen-Pensions-Instituts. Johann Gött. 1843. — Statuten 1868. Johann Gött & Sohn Heinrich. — Jahres-Rechnungen 1860—1884 5. Römer & Kammer. — Geschichte des Burzenl. W. und W.-P.-Inst. Römer & Kammer. 1882. 8° 18 S.

1611. Statuten der Kronstädter Mässigkeits-Gesellschaft. Johann Gött. 1845.

1612. *Kronstädter Gewerbe-Vereins-Statuten. Johann Gött. 1843. — Jahresbericht 1883—1885. Johann Gött & Sohn Heinrich. — Verzeichniss jener Gegenstände, welche zur ersten KronstädterGewerbs-Ausstellung vom 6. Juni 1843 eingesendet wurden. Johann Gött. 8° 13 S. — Sonntagsschule. Aufforderung an alle guten und edlen Bürger unserer Vaterstadt mitzuhelfen an einem guten Werke.

1613. Von Sr. k. k. apost. Majestät vermöge höchster Entschliessung allergnädigst bestätigte Statuten des Vereines zur Hebung und Beförderung der praktischen Bienenzucht in Siebenbürgen und insbesondere im Kronstädter Distrikte. 1844. Johann Gött.

1614. *Statuten der Kronstädter Allgemeinen Pensionsanstalt. 1845. 1876, 1882. 1885. *(Auch magyarisch und romänisch 1846).* — Rechenschaftsberichte, Rechnungs-Ausweise, Jahresberichte u. a. 1845—1885. — Geschäfts-Ordnung 1876.

1615. Statuten der Pensions-Anstalt für die Witwen und Waisen der k. Beamten der freien Stadt und des Distrikts Kronstadt. Johann Gött. 1845. — Statuten des Vereines zur Pensionirung der Witwen und Waisen der Kronstädter Magistrats- und Kommunalbeamten. 1876. Johann Gött & Sohn Heinrich. — Jahresbericht 1877—1885.

1616. **Schulfond-Verein.** Aufruf und Kundmachung vom Verein zur Bildung eines Fondes für die ev.-sächsischen Schulanstalten. 1848. Johann Gött. — Aufforderung und Einladung vom Verein etc. 1853. 1857. — Anfruf. 1861. — Regeln. 1861. 1870. — Personal-Stand. 1858. — Rechnungs-Ausweise 1861—1885. — **Türk Michael.** Der Kronstädter evangelische Schulfondverein. Eine geschichtliche Skizze. 1882. 8° 56 S. — Johann Gött. Johann Gött & Sohn Heinrich.

1617. Statutele **Reuniunei femeilor** române pentru ajutorința orfanelorn române. 12° 12 S. — *(Bei D. Iarca Annale bibl. rom.)* Computu publicu alu fondului Reuninei femeiloru române spre ajutorulu crescerei fetițelor orfane. Brașov 1853. Römer și Kamner. 8° 132 S. Partea I. pentru anulu I. și II. — Computu publicu al fondului Reuninnei femeiloru române spre ajutorul crescereï fetițelor orfane, actele acesteia și o parte de lectură. Partea II. pe anulu III. Römer și Kamner 1854. 8° XXIV. 120 S. — Computu publicu despre starea fondului Reuniunei f. r. pre sése anï, dela 30/18 Octobre 1850 — 21/9 Octobre 1855/6., publicatu de comitetulu reuninneï, Römer și Kamner. 1857. 8° 42. S. — Computu publicu despre starea fondului Reuniunei femeiloru române pe anulu VII. și al VIII Tiparită la Römer și Kamner 1859 8°. — Statutele reuniunei femeiloru române pentru ajutorința orfanelorn rom. și Computulu fondului reuniunii pre anulu X-lea. Brașovu. Römer și Kamner. 1861. 8° 20 S. Statutele Reuniunei femeilor române pentru ajutorința orfanelor române. Römer și Kamner. 8° 12 S.

1618. Statuten des Kronstädter **Bergbau- und Hütten-Actien-Vereins.** Johanna Gött. 1858. — Entwurf zu den Statuten des zu bildenden Kronstädter Bergbau- und Hütten-Actien-Vereins. Römer & Kamner. 1858. — Programm zu einem Bergbau- und Hütten-Actien-Verein für die Erweiterung der Kronstädter Eisen- und Kohlenwerkschaft. 1858. Johann Gött. — Geschäfts-Bericht für das Jahr 1858/59. — Programm des Kronstädter Bergbau- und Hütten-Actien-Vereins für die Periode 1859—1862. Kronstadt. Römer & Kamner. 1859.

1619. **Actien-Gesellschaft** der Papierfabrik zu Zernest. Statuten-Entwurf. — Proiectu de statute pentru **societatea** de acțiunia **fabricei de charteia** dela Zernesci. Römer și Kamner. 8° 30 S.

1620. Statuten des **Männergesangvereins** in Kronstadt. 1859. Johann Gött. 1861. Johann Gött. 1867. Römer & Kamner — Jahresberichte 1859/60—1883/4. Römer & Kamner. 1884/5. Johann Gött & Sohn Heinrich. — Geschichte des Kronstädter Männergesangvereins. Von **Fr. Philippi.** Johann Gött & Sohn Heinrich. 1884. 8°. 212 S. — Ein Viertel-Säculum Vereinsgeschichte. Von **L. Korodi.** Johann Gött & Sohn Heinrich. 1884. 8° 19 S. — Das erste Sängerfest in Siebenbürgen. 1862. Johann Gött. (Separatabdruck aus der „Kronstädter Zeitung".) 8° 27 S. — Die Teufelsbrücke bei Kronen etc.

Kronstadt. Gedruckt in diesem Jahre (1865) bei . . 8° 30 S. — Text der Chöre aus Oedipus in Kolonos . . . aufgeführt vom Kronstädter Männergesangverein . . Einleitendes Gedicht, Textes-Arrangement und Erklärung von **L. Korodi.** Römer & Kamner. 1865.

1621. *Statuten des Vereines zur Errichtung von Krippen-Anstalten in Kronstadt. Genehmigt und mit dem Erlasse der h. siebenbürgischen Statthalterei vom 27. Februar 1859. Johann Gött. 1859. — Aufruf 1858. — Bericht des Vereines etc. Johann Gött. 1859.

1622. Lese- und Geselligkeits-Verein in Kronstadt. 1860. Johann Gött.

1623. A Brassói magyar társalgó Alapszabályai. 1860, 1868, 1877. — *A Brassai magyar könyv olvasó Egylet Könyvlajstroma. Römer és Kamner. 1864. 8° 15 S. — A Brassói magyar Kaszino Alapszabályai Alexi. 1885.

1624. Az oltári szentség folytonos imádása és szegény egyházak gyámolitására alakult egylet Brassóban. Verein zur beständigen Anbetung des allerheiligsten Sakramentes des Altars und zur Unterstützung armer Kirchen zu Kronstadt. Römer & Kamner. 1860.

1625. Protokoll über die zu Kronstadt am 2. Dezember 1861 abgehaltene erste Versammlung des Burzenländer evang. Zweigvereins der Gustav Adolf-Stiftung. Kronstadt. Johann Gött. 1861. — Bericht über die am 2. Dezember 1861 stattgefundene Constituirung des Burzenländer evangel. Zweigvereins der Gustav Adolf-Stiftung 1862. Johann Gött. — Bericht über die 2.—25. Jahresversammlung des Burzenländer Zweigvereins der evang. Gustav Adolf-Stiftung 1862—1886. Johann Gött, Johann Gött & Sohn Heinrich.

1626. Bericht der Eisen- und Kohlen-Gewerksschaft in Kronstadt. Johann Gött. 1861.

1627. Statute pentru gremiulu romanu de comerciu levantinu in Brasiovu. Römer si Kamner. 8° 32 S.

1628. Statuten für das Detailhändler-Gremium in Kronstadt. Johann Gött. 1862. — Statuten des Kronstädter Handels-Gremiums. 1874. Johann Gött & Sohn Heinrch. — Statuten der Pensions-Anstalt des Kronstädter Detailhändler-Gremiums 1868, 1871. Johann Gött & Sohn Heinrich. — Jahres-Rechnungen der Pensions-Anstalt des Kronstädter Handels-Gremiums 1869 ff. Johann Gött & Sohn Heinrich.

1629. Statuten des sächsischen Schützenvereines in Kronstadt. 1862. Johann Gött. — Jahresbericht 1863 ff. — Fahnenlied, gesungen bei der Fahnen-Weihe des Kronstädter Schützen-Vereines, am 21. Mai 1866. Gedicht von **L. K(orodi).** — Programm der Einweihung der Fahne des Kronstädter Schützenvereins. 21., 22. und 23. Mai 1866. Johann Gött & Sohn Heinrich in Kronstadt. — *(Trausch Manuskr. Fol. 51. II. Nr. 69. S. 187.)* — Schiess-Ordnung für das 25-jährige

Jubiläums-Festschiessen 1886 in Kronstadt. Johann Gött & Sohn Heinrich 1886. 8° 15 S.

1630. Statuten für den Burzenländer Volksschullehrer-Verein 1862. Johann Gött. Bericht über Fortbildungskurse im Jahre 1875, 1876 *(gedruckt in Hermannstadt)*. 1877 *(gedruckt in Hermannstadt)*. 1882.

1631. Statuten des Frauen-Vereines zur Erziehung evangelischer Waisen in Kronstadt. Johann Gött, 1863. Römer & Kamner, 1873. Jahresbericht über das Jahr 1881—1884. Römer & Kamner, 1885. Johann Gött & Sohn Heinrich.

1632. Statuten des provisorisch siebenbürgisch-sächsischen Turnvereines. Johann Gött. 8° 1863. — Statuten 1884. Geschäftsordnung 1885. — Turnordnung. Jahresberichte 1861—1885. — Die Fahnenweihe des Kronstädter sächsischen Turnvereines am 29. Mai 1864. (Separatabdruck aus der „Kronstädter Zeitung".) Johann Gött. 8° 17 S. — **Thomas Karl.** Rückblick auf das erste Vierteljahrhundert des Kronstädter sächsischen Turnvereines. 1861—1886. einleitender Uebersicht über die Entwicklung des Turnens. Johann Gött & Sohn Heinrich. 1886.

1633. *Statutele Reuniunei romanesci provisorii de Gimnastica d'in Brașiovu. Römer & Kamner 1864. 8° 8 S.

1634. *Bericht des Kronstädter Thierschutz-Vereines als Filiale des österreichischen Thierschutz-Zentral-Vereines. Herausgegeben vom Vereinskomité. Johann Gött. 1865. 8° 47 S.

1635. Statuten des Kronstädter allgemeinen Consum-Vereines. Johann Gött & Sohn Heinrich, 1868 *(deutsch und magyarisch)*. Römer & Kamner.

1636. Statuten des Kronstädter Vorschuss-Vereines 1866. 1868, 1873, 1876, 1880. 1886. — Jahresbericht 1866/7—1885. Johann Gött & Sohn Heinrich. — Zeidner Vorschuss-Vereins-Statuten. Kronstadt. Johann Gött & Sohn Heinrich. 1879. — Honigberger Vorschuss-Vereins Statuten 1881. — Brenndörfer Vorschuss-Ver.-Statuten 1880. — Petersberger Vorschuss-Vereins Statuten 1883. — Marienburger-Rothbächer Vorschuss-Vereins Statuten 1883. Tartlauer Vorschuss-Vereins Geschäftsberichte über das 2. Vereinsjahr. 1882.

1637. Statuten des röm.-kath. Wohlthätigkeits-Vereines. A Brassói rom.-kath. jótékonysági egylet alapszabályai. Römer & Kamner. 1868. 1882. Rechenschaftsbericht über das Jahr 1877. ff.

1638. Geschäftsberichte der Ersten Siebenbürger Bank zu Kronstadt über das Jahr 1869 ff. — Statut. Löw. Gernla & Comp. 1881. Alexi 1882. — Lagerhäuser der Ersten Siebenb. Bank zu Kronstadt. Betriebs-Reglement und Tarife. Gültig vom 4. Oktober 1882 bis auf Weiters. Johann Gött & Sohn Heinrich 1882. 12°. *(deutsch, magyarisch und romänisch.)*

1639. Feuerwehr-Vereins Statuten 1869. 1884. Johann Gött &

Sohn Heinrich. — Dienst-Ordnung. 1874. 1881. Johann Gött & Sohn Heinrich Schuster K. Ueber Landfeuerwehren Vortrag. Johann Gött & Sohn Heinrich. 8° 8 S. — Exerzier-Reglement. 1881. Johann Gött & Sohn Heinrich. — Rechenschafts-Bericht über das Jahr 1874 5 ff. Kronstadt. Johann Gött & Sohn Heinrich.

1640. Statuten des Vereines der Kronstädter Industriellen Statuten. Johann Gött & Sohn Heinrich. 1869.

1641. A. Brassóvidéki népnevelési egylet alapszabályai. Römer és Kamner. 1870.

1642. Gesellschaftsvertrag. Vereinbart am 1. September 1871 — 31. August. 1876 zwischen den... Kronstädter Seilermeistern. Römer und Kamner 1872.

1643. Gesellschafts-Vertrag vereinbart am 19. Juni 1872 zwischen den.. Kronstädter Wollenwebern. Römer und Kamner 1872.

1644. *Erster Jahresbericht des siebenb. Alpenvereines in Kronstadt. 1873 4. Johann Gött & Sohn Heinrich. 8° 54. S.

1645. Statuten des Fortschrittvereines junger Kaufleute Johann Gött & Sohn Heinrich. 1873.

1646. Statuten des Frauen-Vereins zur Unterstützung der ev. Mädchenschule in Kronstadt 1873.
Jahresberichte 1873—1886. Johann Gött & Sohn Heinrich.

1647. A Brassóvidéki néptanitók egyletének alapszabályai. Pollák és Herrmann. 1873.

1648. A Brassói magyar polgári kör alapszabályai. Pollák és Herrmann 1873. Römer és Kamner 1879.

1649. A Brassói csizmadia társulat alapszabályai. Statuten der Kronstädter Tschismenmacher-Genossenschaft. Römer und Kamner. 1873. — A Brassói csizmadiák segély- és temetkezési egyletének alapszabályai. Alexi 1886.

1650. Statuten des Fortbildungs- und Unterstützung-Verein junger Gewerbsleute. — 1874. Johann Gött & Sohn Heinrich
Jahresbericht für das Jahr 1877. Johann Gött & Sohn Heinrich 1878.

1651. *Actele reuniunei învețiatoresci Giorgiu Lazaru cu facsimile și adresse. Cartea I. Cuprindiendu tóte lucrările Reuniunei dela a ei urdire pana la a cincia adunare generale din anii 1872 și 3. edate la lumina de presiedintele séu Iónu Dima Petrascu. Tip. Iónn Gött si filiulu Enrico. 8° 152 S.

1652. Statuten der Kronstädter deutschen Schneider-Genossenschaft. Römer & Kamner. 1875.

1653. A Brassói röm.-kath. Árvaház alapitó nöegylet alapszabályai. Römer és Kamner. 1875. (*Deutsch und magyarisch.*)

1654. Statut des Kronstädter Spar- und Vorschuss-Consortiums des Ersten Allgemeinen Beamten-Vereins der österr.-ungar. Monarchie. Römer & Kamner. 1876. — Instruktion für den Aufsichtsrath etc.

Römer & Kammer. 1881. — Bestimmungen über den Vorgang beim Eintritt ins Consortium etc. — Geschäfts-Berichte für das Jahr 1870 ff. Römer & Kammer.

1655. A Brassai Ügyvédi kamara ügyrende. Gött János és fia Henrik. 1876.

1656. A Brassói magyar dalárda alapszabályai. Römer és Kammer. 1876. — A „Brassói magyar dalkör" alapszabályai. Gött János és fia Henrik. 1881. — A Brassói magyar dalegylet alapszabályai. Gött János és fia Henrik. 1884.

1657. Statuten für die Pensionirung der bei dem privilegirten Kronstädter Versatzamt angestellten Beamten und deren Waisen. 1877. Statuten des Kronstädter Versatzamtes. Kronstadt. Johann Gött & Sohn Heinrich 1880. Geschäftsordnung. 1880.

1658. Statut des Vereines für den Bau eines Theaters mit Redout in Kronstadt 1879.

1659. Statuten der Landwirthschaftlichen Spar-Kassa in Kronstadt. Johann Gött & Sohn Heinrich. 1879. *(Deutsch u. maggyarisch.)* — A Gazdasági takarékpénztár Brassóban 1881. April. hó 21-én tartott 1-ső rendes közgyűlésének jegyzökönyve és zárszámlája. Brassó. Gött János és fia Henrik. 1881.

1660. Burzenländer landwirthschaftlicher Bezirks-Verein. Wie können wir unserer Landwirthschaft wieder aufhelfen? Vom Burzenl. l. B.-V. gekrönte Preisschrift. Kronstadt. Johann Gött & Sohn Heinrich. 1879. 8° 36.

1661. Religion und Kirche in der Gegenwart (für den Verein für jüdische Wissenschaft in Kronstadt von C. **Josef Trausch**). Kronstadt. Römer & Kammer. 1879. 4° 1 Bl. — Das erste Osterlamm, die Mission unter Israel. Flug-Blatt Nr. 5. Römer & Kammer. 1879. 8° 1 Bl.

1662. A Brassó megyei tanító-testület alapszabályai. Römer és Kammer. 1879.

1663. Statutele fondului de pensiune pentru preoții dela biserica s. Nicolae și s. Treimi, și pentru profesorii și invĕțătorii dela școlele centrale române gr. or. din Brașov. Tip. Römer & Kammer. 8° 22 S.

1664. Statutele casinei române din Brașov, înființate in anul 1846. Römer & Kammer. 8° 12 S.

1665. Statuten des Bartholomäer Frauenvereines zur Unterstützung der Mädchen-Arbeitsschule an der Barthol. Volksschule A. B. in Kronstadt. 1880. Johann Gött & Sohn Heinrich.

1666. A brassói magyar protestáns jótékony-nöegylet alapszabályai. Brassó. Tontsch & Kelemen. 1880.

1667. Statuten des Kronstädter israelitischen Frauen-Vereines. Johann Gött & Sohn Heinrich. 1881.

1668. Statuten des Kronstädter Eislauf-Vereines. Johann Gött & Sohn Heinrich. 1881.

1669. Statut des Kronstädter Verschönerungs-Vereines. (Auch ungarisch und romänisch.) Johann Gött & Sohn Heinrich. 1881. — Jahresberichte 1884, 1885.

1670. Kürschner-Gesellschafts-Regeln in Kronstadt. Römer & Kamner. 1881.

1671. Societatea industrială a macelarilor români. Statute. Alexi. 1881.

1672. Statutele Asociaţiunei pentru sprijinirea învĕţăceilor şi sodalilor români meseriaşi în Braşov. Tip. Römer & Kamner. 1881. 8⁰ 8 S. — Raport despre activitatea asociaţiunei pentru sprijinirea învĕţăceilor şi sodalilor români meseriasi dela înterneierea ei 1871 până inclusive 1881, de Comitetul Asociaţiunii. Tip. Alexi. 1882. 8⁰ 32 S.

1673. Statuten des Kronstädter ev. Kirchen-Musik-Vereines. 1882. Johann Gött & Sohn Heinrich. — Jahresberichte 1881/2—1883/4. Johann Gött & Sohn Heinrich. 1884/5. Römer & Kamner.

1674. Statuten des Vereines zur Unterstützung eines Erziehungshauses für unbemittelte sächsische Schüler in Kronstadt Johann Gött & Sohn Heinrich. 1882. — Erster Jahresbericht 1883. Johann Gött & Sohn Heinrich. — Zweiter Jahresbericht 1885. Johann Gött & Sohn Heinrich.

1675. A Brassói polgári kereskedelmi testület mint ipartársulat alapszabályai. Statuten des Kronstädter bürgerlichen Handels-Gremiums als Gewerbeverein. Römer & Kamner. 1882.

1676. A Brassói iparos ifjuk általános önképző betegsegélyző egylet alapszabályai. Selbstbildungs- und Krankheits-Aushilfs-Verein der Kronstädter jungen Gewerbetreibenden. Alexi. 1882. 1885. — Hausordnung. Kronstadt. Alexi. 1884.

1677. Statuten des landwirthschaftlichen Vereines im Kronstädter Komitat. Johann Gött & Sohn Heinrich. 1883. — 1. und 2. Jahresbericht. 1884 und 1885. Johann Gött & Sohn Heinrich. — Aufruf an alle Freunde des Obstbaues in Kronstadt und Umgebung. 1884. — Geschäftsordnung der III. Sektion (pomologische S.) — Welche Obstsorten sollen wir anbauen? 8⁰ 11 S. — Bericht über den landwirthschaftlichen Theil der Budapester Landesaustellung 1885. Von W. Morres. Johann Gött & Sohn Heinrich. 8⁰ 24 S. (Separatabdruck aus der „Kronstädter Zeitung".)

1678. Statuten des Kronstädter Schulkinder-Bekleidungs-Vereines. 1883. Johann Gött & Sohn Heinrich. — 1.—3. Jahresbericht. 1884 bis 1886. Johann Gött & Sohn Heinrich.

1679. Statuten des Kronstädter Ortsvereins des allgemeinen Frauenvereins der evangelischen Landeskirche A. B. in Siebenbürgen. Johann Gött & Sohn Heinrich. 1884. — Vorberathungen des Kronstädter Mädchenschulvereins-Ausschusses über den geplanten allgemeinen Frauenverein der evang. Landeskirche A. B. in Siebenbürgen. Johann Gött & Sohn Heinrich. — Jahresberichte 1884/5 1885/6. Johann Gött & Sohn Heinrich. — Aufruf betreffend die Gründung einer Anstalt zur Ausbildung von freiwilligen Krankenpflegerinnen in Kronstadt. Johann Gött & Sohn Heinrich. 1884.

1680. Statuten des Kronstädter Kellner-Vereins. Römer & Kamner. 1884.

1682. Allgemeiner Selbstbildungs- und Unterstützungsverein der Kronstädter Gewerbejugend. Alexi. 1884.

1683. Statuten des Sträflings-Unterstützungsvereines. *(deutsch, magyarisch, rumänisch.)* Alexi. 1884. — Berichte über die Jahre 1884 und 1886. Alexi. 1885 und 1886. *(Deutsch, magyarisch, rumänisch.)*

1684. Verein zum Schutze der Interessenten der „allgemeinen Versorgungsanstalt in Wien. Statuten. Johann Gött & Sohn Heinrich. 1884. *(Auch magyarisch.)*

1685. Alapszabályai Brassó megye községjegyzői egyletének. Statuten des Gemeinde-Notär-Vereins im Kronstädter Kromitat. Alexi. 1884. 4° 32 S. — Gemeinde-Notär-Verein. Hausordnung für den Gemeinde-Notärs-Verein im Kronstädter Komitat. Kronstadt. Johann Gött & Sohn Heinrich. 1885. 8° 13 S. *(Magyarisch und deutsch.)*

1686. Statutele reuniunei (corporatiunei) invĕţătorilorŭ dela şcólele gr. or. române din districtulu Braşovŭ alu Archidiecesei Transilvaniei. Tip. Alexi. 8° 16 S.

1687. Statutele Societătii tinerilor comercianti, români in Braşov. Alexi. 1884. 16° 20 S.

1688. Statutele reuniuni femeiloru române din Braşovu şi Săcele pentru ajutorarea vĕduvĕloră scăpătate ort. res. din Braşovu şi Săcele. Tip. Römer & Kamner. 8° 16 S.

1689. Statutele Societatii pentru ajutorarea prisonierilor din Braşov. Alexi. 1884. 8° 16 S.

1690. Statuten des Kronstädter Jagdvereines. Kronstadt. Johann Gött & Sohn Heinrich 1885. *(Deutsch und magyarisch.)*

1691. Statuten des Verein's für Handel und Industrie in Kronstadt. Alexi 1885.

Memorandum. Alexi 1885. *(Deutsch, magyarisch und rumänisch.)* Folio 11 S

1692. Statuten-Entwurf des Kronstädter Bicycle-Clubs. — Fahrordnung. Johann Gött & Sohn Heinrich 1885

1693. Az „erdélyi ág. hitv. ev. magyar gyámintézet" alapszabályai. Römer és Kamner 1885. Fol. 1 Bl. — Első Értesitője 1885. Összeállította **Moór Gyula** gyámintézeti jegyző. Brassó. Alexi. 8° 31 S.

1694. Alapszabályai a Brassóban létezett kőmives-czéh helyébe alakitott kőmives ipartársulatnak Brassóban. Alexi 1885.

1695. A Brassói első takarék és önsegélyző szövetkezet Alapszabályai. Alexi 1886.
1696. Az országos középiskolai tanáregyesület brassói körének ügyrendje. Alexi. 1886.
1697. Proiect de statututs pentru o asociane de bancă a meseriaşilor românî. Alexi. 1886. 8° 15 S.

2. Vereine u. s. w. ausserhalb des Kronstädter Komitates.

1698. A Sepsi-Sz.-Györgyi Társalkodó egyesület Alap-rendszabályai. 1838 und 1839. 8° 24 S.
1699. *Statuten des Vereins für siebenbürg. Landeskunde Johann Gött. 1842. 8° 8 S.
1700. A Kézdivásárhelyi Polgári Társalkodó alapitó részvényeseinek névsora betűrenddel s annak alapszabályai 1843-ban Május 25-én. Gött János. 12° 17 S.
1701. *Statuten des pomologischen Vereins in Grossschenk. Johann Gött. 1844.
1702. Statuten des Schässburger Gewerbeverein's. Johann Gött. 1858.
1703. Statuten des Mediascher Gewerbevereines verfasst im Jahre 1845. Johann Gött. 1857.
1704. Programm der Bergbehördlich genehmigten Eisenwerks-Gewerkschaft Transilvania zu Kovászna in Siebenb. und Aufforderung zur Theilnahme an derselben mittelst Kuxenankaufes. Römer und Kamner. 1860.
1705. Bericht über die erste Hauptversammlung des evang. Hauptvereins der Gustav-Adolf-Stiftung für Siebenbürgen, abgehalten in Mediasch am 5. und 6. August 1862. Im Auftrage dieser Hauptversammlung veröffentlicht von Franz Obert, Pfarrer in Schaas. Kronstadt 1863. Johann Gött. 12° 56 S.
1706. *Bericht über die 2. Hauptversammlung des evang. Haupt-Vereines der Gustav-Adolf-Stiftung für Siebenbürgen abgehalten in Grossschenk am 4. und 5. August 1863. Im Auftrage des Hauptvorstandes zusammengestellt von Fr. Friedrich Fronius Pfarramts Substituten in Arkeden. Kronstadt. Gedruckt und im Verlage bei Johann Gött. 1863. 8° 37 S.
1707. Betriebsbericht des Balánbányaer Kupferwerkes für das Jahr 1862. Johann Gött. 1863. 4° 8 S.
1708. Protokoll des am 3. 4. 5. 6. 23. Februar 9. und 10. März 1863 in Kronstadt abgehaltenen Gewerkentages des k. k. und gew. Csik-Szent-Domokoser Kupfer-Berg-Hütten- und Hammerwerkes. Johann Gött 1863. 14. Januar 1864. — Protokoll 10. Juli 1865. Johann Gött 1864/1865.
1709. Alapszabályai a Háromszéki ev. hitv. egyházközönség egyházi

személyei özvegy-árva Gyám-Intézetén. Römer és Kammer. 8° 15. S.

1710. *Bericht über die 1867er General-Versammlung des Kisder Kapitular-Wittwen- und Waisen-Pension's Institutes. Johann Gött & Sohn Heinrich. 1867.

1711. A Baróth Városában temetési Társulat alapszabályai. Gött János és fia Henrik 1868. 12° 8 S.

1712. A Három- és törvényesen egyesült Miklosvárszéki Deák-kör alapszabályai. Römer és Kammer. 1872. 8° 8 S.

1713. Nemes Három- és törvényesen egyesült Miklosvárszékeknek törvényhatosági szervezete. Römer és Kammer. 1872. 8° 62 S.

1714. Sajo-Vidéki kölesönös kibázusitó egylet alapszabályai. Römer és Kammer. 8° 16 S.

1715. A Kézdi-Vásárhelyi takarék-pénztár alapszabályai. Römer és Kammer. 1873. 8° 27 S.

1716. Az oltári szentség imádása .. alakúlt Kézdi-Vásárhelyi oltár-egylet alapszabályai. Gött János és fia Henrik. 1876. 8° 15 S.

1717. Az Erdélyi kereskedelmi- és hitelbánk. Erdövidéki kőszénbányinál alkalmazott bányamunkások társládájának alapszabályai. Römer és Kammer. 8° 22 S.

1718. Statuten-Entwurf der Háromszék-Burzenländer Vizinal-Eisenbahn-Aktiengesellschaft. Johann Gött & Sohn Heinrich. 1881.

1719. Az Elöpataki Gyógyfürdö birtokosainak szövetkezete részére megállapitott alapszabályok. Alexi. 1882. 8° 15 S.

1720. A Négyfalusi elsö temetkezési egylet alapszabálya. Alexi. 1883. 48 S.

1721. A nagy küküllömegye által. tanitó egyesület értesitője. Alexi. 1885. 8° 34 S.

VI. Auf Theater und Musik in Kronstadt bezügliche Schriften.

1722. Theaterzettel über die von öffentlichen Schauspielern von 1794 bis 1851/2 in Kronstadt aufgeführten Stücke.

29 Bände in der ev. Gymnasialbibliothek zu Kronstadt.

Trausch Manukr. 4⁰ 18 b. S. 141:

„Im Jahre 1789 wurden in Kronstadt zum erstenmale Schauspiele und zwar auf dem sogenannten Kaufhause von der Lippischen Gesellschaft aufgeführt. In Ermangelung eines eigenen Theatergebäudes wurde der Ballsaal in dem Hause des Stadtthürmers Johann Abraham (Am Fischmarkt Nr. 98. Auf dem Grunde, auf welchem dieses Haus sich befindet, standen drei Häuser, welche Abraham durch Kauf an sich brachte und vereinigte) von dem Eigenthümer nothdürftig mit einer Bühne versehen und der vordere Theil des Saales sammt Gallerie für die Zuschauer eingerichtet, wie dies bis auf den heutigen Tag fortbestehet. Wenn keine Schauspiele aufgeführt werden, wird die Bühne abgetragen und der ganze Saal zu Hochzeitsfeiern, Bällen u. s. w. benützt, wovon der Haus-Eigenthümer ein grosses Einkommen hat. In dem genannten Lokal sind Schauspiele meist nur in den Wintermonaten, und bisweilen auch Opern und Singspiele, so wie Concerte öffentlich aufgeführt worden." (Es folgt ein Verzeichnis der Schauspielgesellschaften von 1794—1871.)

Verzeichniss der hier von der Felderischen Schauspieler-Gesellschaft aufgeführten Trauer-, Lust-, Schau- und Singspiele, denen verehrungswürdigen Theaterfreunden und hochzuverehrenden Gönnern in Unterthänigkeit gewidmet von Tobias Lindenbauer, Mitglied der Gesellschaft. In der Albrich'schen Druckerei gedruckt durch Johann Hardt. 1795. 8⁰ VI. 24 S.

Trausch Katalog.

1722. Theaterzettel der Kronstädter Dilettanten-Theater-Gesellschaft. 1815, 1819, 1834, 1835, 1838.

1 Band in der ev. Gymnasialbibliothek zu Kronstadt.

1723. Theater-Taschenbuch für 1832. Sämmtlichen hohen und verehrungswürdigen Gönnern und Freunden des Schauspiels sehr ehrfurchtsvoll

gewidmet von Karl Buchenhain. Schauspieler und Souffleur der Schauspiel-Gesellschaft in Kronstadt. Bei Fr. v. Schobeln. 1832. 16 S.
Trausch Katalog.

1724. Theater-Almanach der k. fr. Stadt Kronstadt. Zum Abschied ehrfurchtsvoll gewidmet von C. Ferd. d'Olbrich, Souffleur. Johann Gött. 1837. 8° 16 S.

Theater-Almanach zum Jahreswechsel vom Souffleur. Johann Gött. 1838. 8° 8 S.

Theater-Almanach zum Abschiede (als Fortsetzung von 841). 1842. 8° 8 S.

Theater-Almanach von Kronstadt zum neuen Jahre 1846. Allen Gönnern und Freunden der Kunst mit Hochachtung gewidmet, von E. Joh. Neuhoff, Souffleur. Johann Gött. 12° 8 S.

Theater-Almanach für das Jahr 1848. Den edlen Gönnern gewidmet von Georg Fischer, Souffleur. Johann Gött. 8° 8 S.
Trausch, Katalog.

1725. Theater-Journal zum Abschiede. 1839.

Theater-Journal zum Jahreswechsel. 8° 8 S. Johann Gött. 1841.

Theater-Journal zum Jahreswechsel. Johann Gött. 1843. 16° 16 S.
Trausch, Katalog.

1726. *Moltke Leopold. Bühnen-Kaleidoskop für Kronstadts Theaterfreunde und Theaterliebhaber überhaupt. Herausgegeben von —tk. Johann Gött. 1841. 8° 28 S.

(*Enthält Kritiken über die vom 28. Oktober bis 3. Dezember 1841 in Kronstadt aufgeführten dramatischen Vorstellungen*).

Dasselbe. 1843.
Trausch, Katalog.

Ueber Theater und Musik in Kronstadt und über daselbst aufgeführte vaterländische Dramen sind noch zu vergleichen die Druckschriften in Trausch, Manuskr. 51 II. 52. 53 I. und Blätter für Geist, Gemüth und Vaterlandskunde, 1839, Nr. 17—19.

Schlussverzeichnisse.*)

1. Verzeichnis der Verfasser und Herausgeber nebst Anfangs- oder Schlagworten der namenlos erschienenen Werke.**)

A.

B.

*) Die Zahlen beziehen sich auf die fortlaufenden Nummern.

**) Vgl. das Vorwort. Die cursiv gedruckten Namen bezeichnen die ausser den Verfassern und Herausgebern sonst noch in Titeln und Anmerkungen vorkommenden Namen, soweit sie auf unser Vaterland Bezug haben.

C.

I.

J.

K.

L.

O.

P.

Q.

R.

2. Namensverzeichnis zu den Kronstadter Hochzeits- und Leichengedichten.*)

*) Die vorkommenden Verfasser sind in das erste Verzeichnis eingereiht worden.

3. Verzeichnis der in Abteilung V genannten Kronstädter Vereine u. s. w.

4. Chronologisches Verzeichnis der genannten Drucker.

1553: bey M. Valent. Wagner.
1554: bey Valent. Wagner.
1555: ex officina Typographica Val. Wagneri.
1557: Industria ac impensis M. Val. Wagneri Coron.
1580: praelo Honteriano. — in Officina Ioannis Nirei Cibiniensis.
1581: Excudebat Joannes Nyroe Cibiniensis.
1583: durch George Greus.
1627: durch Martinum Wolffgangum.
1630: per Mart. Wolfgangum.
1632: excudebat Martinus Wolffgang.
1638: Typis & sumptibus Mich. Hermani.
1643: Typis Michaelis Hermanni.
1644: Typis Mich. Herrmanni.
1646: Typis Herrmannianis.
1648: Typis Michaelis Hermanni Judiicis (!) Coron.
1649: Typis Michaelis Hermanni.
1655: Typis Michaelis Hermanni.
1656: Prelo Michaelis Herrmanni, Judicis Coronensis.
1657: Typis & sumptibus Michaelis Herrmanni. — expressum, manibus Nicolai Mülleri.
1658: Typis & sumptibus Michaelis Herrmanni.
1659: Apud Michaëlem Herrmannum, p. t. Judicem Coronensem.
1660: Coronae, Typis Michaelis Herrmanni ejusd. Reip. Judicis.
1666: In der Herrmannischen Drukkerey, drukts Nic. Müller.
1670: Apud Nicol. Molitorem venalia exstant.
1672: in Petri Pfannenschmidts und Jakobi Jeckelii Drukkerey druckts Nicolaus Müller.
1673: Excudebatur Typis — Herrmannianis.
1674: Typis Michaelis Herrmanni sumptibus vero Stephani Jüngling, Typog. Cibin.
1675: Typis & Figuris Petri Pfannenschmidii excudit Nicol. Molitor.
1676: Gedruckt in Petri Pfannenschmieds Druckerey, durch Nicolaus Müller.
1677: Typis Petri Pfannenschmiedii excudit Nicolaus Molitor.
1678: bey der verwittibten Martha

Pfannenschmiedin druckts Nicolaus Müller. — in der Herrmannischen Druckerey, druckts Nicolaus Müller.

1679: Typis Herrmannianis mandavit Nicolaus Molitor.

1680: In der Herrmannischen Drukkerey, gedruckt durch Nicolaum Müllern.

1681: In der Herrmannischen Drukkerey, druckts Nicolaus Müller.

1682: In der Herrmannischen Drukkerey.

1683: In der Herrmannischen Drukkerey, gedruckt durch Nicolaum Müllern.

1685: In der Herrmannischen Drukkerey, druckts Nic. Müller. — impensis Marthae Pfannenschmidin recudit Nicol. Molitor.

1686: In der Herrmannischen Drukkerey gedruckt und verlegt durch Nicolaum Müllern.

1687: Gedruckt in der Herrmannischen Druckerey durch Nicolaus Müllern.

1688: Typis Michaelis Herrmanni. — Typis Lucae Seuleri excudit Nicolaus Molitor.

1689: bei Michael Hermann Druckts Nicolaus Müller.

1690: Typis Michaelis Herrmanni.

1691: Typis Michaelis Herrmanni mandavit Nicolaus Molitor.

1692: Charactere Herrmanniano mandavit Nicolaus Molitor.

1693: Typ. Lucae Seuleri M. D. mandavit Nicolaus Molitor.

1694: Typ. Lucae Seuleri M. D. mandavit Nicolaus Molitor.

1696: Typis & Impensis Lucae Seulers, M. D. recudit Nicolaus Molitor.

1697: Typis Seulerianis, impressit Nicolaus Molitor.

1698: Typis Seulerianis, praesentavit Nicolaus Molitor.

1699: Mit Lucas Seulers M. D. Schriften druckts Nicolaus Müller.

1700: Typis Lucae Seulers, M. D. excudit Nicolaus Molitor.

1701: Typis & Impensis Lucae Seulers, M. D. excudit Nicolaus Molitor.

1702: bei Lucas Seuler.

1703: Apud Lucam Seulerum M. D. per Michaelem Heltzdörffer. — bei Luca Seulern druckts Stephan Müller.

1704: bei Lucas Seulern, M. D. druckts Stephanus Müller.

1705: bei Lucas Seulern, M. D. Druckts Stephanus Müller.

1706: in Lucas Seulers Druckerey Druckts Stephanus Müller.

1707: In der Seulerischen Druckerey, druckts Stephanus Müller.

1708: mit Seulerischen Schriften druckts Stephanus Müller.

1709: mit Seulerischen Schriften, druckts Stephanus Müller.

1710: mit Seulerschen Schriften drukts Stephanus Müller.

1711: Gedruckt mit Seulerischen Schriften.

1712: mit Seulerischen Schriften, druckts Stephanus Müller.

1713: mit Seulerischen Schriften, druckts Stephan Müller.

1714: Bey und in Verlegung Lucae Seulers M. D. druckts Stephanus Müller.

1715: mit Seulerschen Schriften, Druckts Stephanus Müller.

1716: mit Seulerischen Schriften.

1717: in der Seulerischen Buchdruckerey druckts Mich. Heltzdörffer. — mit Seulerischen Schriften druckts St. Müller.

1718: Typis et impensis Seulerianis, impressit Mich. Heltzdörffer. mit Seulerischen Schriften, durch Stephanum Müller.

1721: mit Seulerischen Schriften druckts Michael Heltzdörfer.

1722: in der Seulerischen Buchdruckerey druckts Michael Heltzdörffer.

1723: in der Seulerischen Buchdruckerey druckts Michael Heltzdörfer.

1724: in der Seulerischen Buchdruckerey, druckts Michael Heltzdörffer.

1725: in der Seulerischen Buchdruckerey druckts Michael Heltzdörffer.

1726: typis Seulerianis excudit Mich. Heltzdörffer.
1727: in der Seulerschen Buchdruckerey druckts Michael Heltzdörffer.
1728: in der Seulerischen Buchdruckerey druckts Mich. Heltzdörffer.
1729: Typis Seulerianis recudit Mich. Heltzdörffer.
1730: Typis Seulerianis per Michaelem Heltzdörffer.
1731: in der Seulerischen Buchdruckerey. Druckts Michael Heltzdörffer.
1732: In der Seulerischen Buchdruckerey. - Druckts Michael Heltzdörffer.
1733: Typis Seulerianis recudit Mich. Heltzdörffer.
1734: in der Seulerischen Buchdruckerey. Druckts Michael Heltzdörffer.
1735: Typis Seulerianis exudit Mich. Heltzdörffer.
1736: Druckts Michael Heltzdörffer.
1737: Druckts Michael Heltzdörffer.
1738: Druckts Michael Heltzdörffer.
1739: In der Seulerischen Buchdruckerey druckts Michael Heltzdörffer. — In der Seulerischen Buchdruckerey druckts Georgius Klein.
1740: In der Seulerischen Buch-Druckerey druckts Martinus Fernolend.
1741: Gedruckt v. Martino Fernolend.
1742: Druckts Martinus Fernolend.
1743: Gedruckt von Mart. Fernolend.
1744: Gedruckt von Mart. Fernolend.
1745: Gedruckt von Mart. Fernolend.
1748: In der Seulerischen Buchdruckerey gedruckt von Mart. Fernolend.
1749: Gedruckt von Mart. Fernolend.
1750: In der Seulerischen Buchdruckerey gedruckt von Mart. Fernolend.
1751: In der Seulerischen Buchdruckerey gedruckt von Mart. Fernolend.
1752: In der Seulerischen Buchdr. gedruckt von Mart. Fernolend.
1753: In der Seulerischen Buchdruckerey gedruckt v. Georgio Weinisch.
1754: In der Seulerischen Buchdruckerey gedruckt von Georg Weinisch.
1755: In der Seulerischen Buchdruckerey druckts Christian Lehmann.
1756: In der Seulerischen Buchdruckerey druckts Christian Lehmann.
1757: In der Seulerischen Buchdruckerey druckts Christian Lehmann.
1758: In der Seulerischen Buchdruckerey druckts Christian Lehmann.
1759: In Officina Seuleriana typis expressit Joh. Georg Keller.
1761: In Officina Seuleriana Impress. per Martinum Brenndörffer.
1762: In der Seulerischen Buchdruckerey gedruckt von Martin Brenndörffer.
1763: In der Seulerischen Buchdruckerey gedruckt von Martin Brenndörffer.
1764: In der Seulerischen Buchdruckerey, gedruckt von Martin Brenndörffer.
1765: In der Seulerischen Buchdruckerey, druckts Martin Brenndörffer.
1766: In der Seulerischen Buchdruckerey, gedruckt von Martin Brenndörffer.
1767: Gedruckt von M Brenndörffer.
1768: in der Seulerischen Buchdr., druckts Martin Brenndörffer.
1769: In der Seulerischen Buchdr., gedruckt von M. Brenndörffer.
1770: druckts Martin Brenndörffer.
1771: druckts Martin Brenndörffer.
1772: In der Seulerischen Buchdruckerey, gedruckt von Martin Brenndörffer.
1773: In der Albrichischen Buchdruckerey, druckts Martin Brenndörffer.
1774: In der Albrichischen Buchdruckerey, druckts Martin Brenndörffer.

1775: In der Albrichschen Buchdr., gedruckt von M. Brenndörffer.
1777: In der Albrichischen Buchgedruckt von M. Brenndörffer.
1779: In der Albrichischen Buchdr., druckts Martin Brenndörffer.
1780: Druckts Martin Brenndörffer.
1781: In der Albrichischen Buchdruckerey, gedruckt von Martin
1783: In der Albrichischen Buchdr., druckts Martin Brenndörfer. Brenndörffer.
1784: Typis Martini Hochmeister, druckts Martin Brenndörffer.
1785: In der Albrichischen Buchdr., gedruckt von M. Brenndörffer.
1786: Az Albrich Betükkel Nyomtatta Brenndörffer Márton.
1787: Druckts Martin Brenndörffer.
1789: Typis Martini Hochmeister. Druckts Martin Brenndörffer.
1790: In der Albrichischen Buchdr., druckts Martin Brenndörffer.
1791: In der Albrichischen Buchdr., gedruckt von M. Brenndörffer.
1793: Druckts Martin Brenndörfer.
1795: In der Albrichischen Buchdr., druckts Stephanus Onjert.
1796: In der Albrichischen Buchdr., druckts Johann Hardt.
1797: Typis exscripsit Johann Hardt.
1798: In der I. G. Edlen v. Schobeln'schen druckerey, Typis Martini Hochmeister.
1800: Typis Johannis Georgii Nobilis de Schobeln, impressit Fridericus Aug. Herfurth.
1801: gedruckt in der Johann Georg Edlen v. Schobeln'schen Buchdruckerey von Fr. A. Herfurth.
1802: Typis Johannis Georgii de Schobeln impressit F. A. Herfurth.
1803: gedruckt in der von Schobeln'schen Buchdruckerey von Fr. A. Herfurth.
1804: In der J. G. v. Schobeln'schen Druckerey, gedruckt von Friedrich August Herfurth.
1805: gedruckt in der v. Schobeln'schen Buchdruckerey von F. A. Herfurth.
1806: gedruckt in der v. Schobeln'schen Buchdruckerey von F. A. Herfurth.
1807: In der v. Schobeln'schen Buchdr. von Fr. Aug. Herfurth.
1809: In der J. G. v. Schobeln'schen Buchdruckerey, gedruckt von Friedrich August Herfurth.
1810: In der J. G. v. Schobeln'schen Buchdruckerey, gedruckt von F. A. Herfurth.
1811: in der J. G. Edlen v. Schobeln'schen Buchdruckerey gedruckt von Fr. A. Herfurth.
1812: In der J. G. von Schobeln'schen Buchdruckerey, gedruckt von Fr. A. Herfurth.
1813: in der J. G. Edlen v. Schobeln'schen Buchdruckerey, gedruckt von Fr. A. Herfurth.
1814: Gedruckt in der v. Schobeln'schen Buchdr. von F.A.Herfurth.
1818: Gedruckt in der Franz v. Schobeln'schen Buchdruckerey von F. A. Herfurth.
1819: A. M. Nemes Schobeln Franz betüivel nyomatott Herfurth Friedrich Nyomtató által.
1820: N. Schobeln Ferentz költségén könyvnyomtató Herfurth Fridrik által.
1822: Typis Francisci Nobilis de Schobeln impressit Fridericus Aug. Herfurth.
1823: gedruckt in der Franz v. Schobelnschen Buchdruckerey von F. A. Herfurth.
1824: A. N. Schobeln Ferentz betüivel nyomtatott Herfurth Fridrik Nyomtató által.
1827: gedruckt in der Franz v. Schobeln'schen Buchdruckerey von F. A. Herfurth.
1831: N. Schobeln F. betüivel.
1833: Typis Francisci de Schobeln. — Gött János betüivel.
1835—1865: Johann Gött.
1851—1886: Römer & Kamner.
1866—1886: Joh Gött & Sohn H.
1872—1873: Pollák és Herrmann (?)
1880: Tontsch & Kellemen.
1880—1881: Löw, Gerula & Comp.
1881—1886: Theochar Alexi.

Verbesserungen.

Nr. 42 folgt nach Nr. 35 statt nach Nr. 41.
„ 92 fehlt das Sternchen.
„ 932 Petru vor Soanul zu setzen.
„ 933 Costandin vor Boghici zu setzen.
„ 941 Vasilie vor Popp zu setzen.
„ 950 Constantin vor Boghici zu setzen.
„ 951 Rudolf vor Orghidan zu setzen.
„ 954 Nicolae vor Pavlovici zu setzen.
„ 956 Rudolf vor Orghidan zu setzen.
„ 964 Vasilie vor Moga zu setzen.
„ 998 G. vor Bariţiă zu setzen.
„ 1033 Scarlatŭ vor Rosetti zu setzen.
„ Alexi statt Aexli.
„ 1075 Georghe vor Cristureanu zu setzen.
„ 1196 Braudt statt Bradt.
„ 1347 Herbertsheim statt Herbersheim.
„ 1423 M. T. statt M. F.
„ Fritz statt Eritz.

Zu ergänzen: Alexi Th., Hundert Blätter. Kronstadt. Alexi 1883. 8° 200 S.

www.ingramcontent.com/pod-product-compliance
Lightning Source LLC
Chambersburg PA
CBHW030829270326
41928CB00007B/958

* 9 7 8 3 7 4 3 6 5 7 4 5 8 *